身边的民法

（第三版）

陈慧芳　编著

上海大学出版社
·上海·

内 容 提 要

2020年5月28日,第十三届全国人民代表大会第三次会议审议通过了《中华人民共和国民法典》(以下简称《民法典》),标志着我国正式进入民法的法典化时代。本书根据我国《民法典》编写,主要包括民法概述、物权、债权、人格权、婚姻家庭、继承及侵权等七章,在内容上,涵盖了对《民法典》的条文并结合最高人民法院的司法解释,同时理论联系实际,通过对近百个案例的分析,较为系统地论述了民法的基本理论、基本制度和基本知识,可为学习《经济法》《商法》等法律规定打下扎实的基础,同时也是学习《民法典》的入门级读物。

图书在版编目(CIP)数据

身边的民法 / 陈慧芳编著. —3 版. —上海:上海大学出版社,2022.3
 ISBN 978-7-5671-4452-1

Ⅰ. ①身… Ⅱ. ①陈… Ⅲ. ①民法-基本知识-中国 Ⅳ. ①D923.04

中国版本图书馆 CIP 数据核字(2022)第 031637 号

责任编辑 傅玉芳 刘 强
封面设计 柯国富
技术编辑 金 鑫 钱宇坤

身边的民法(第三版)

陈慧芳 编著

上海大学出版社出版发行
(上海市上大路 99 号 邮政编码 200444)
(http://www.shupress.cn 发行热线 021-66135112)
出版人 戴骏豪
*
南京展望文化发展有限公司排版
江阴市机关印刷服务有限公司印刷 各地新华书店经销
开本 710mm×1000mm 1/16 印张 19 字数 340 千
2022 年 3 月第 3 版 2022 年 3 月第 1 次印刷
ISBN 978-7-5671-4452-1/D·248 定价 45.00 元

版权所有 侵权必究
如发现本书有印装质量问题请与印刷厂质量科联系
联系电话:0510-86688678

目 录

第一章 民法概述 ... 1

第一节 民法的概念及调整对象 ... 1
一、民法的概念 ... 1
二、民法的调整对象 ... 2
三、民法与商法的关系 ... 6

第二节 民法的基本原则 ... 7
一、平等原则 ... 7
二、自愿原则 ... 7
三、公平原则 ... 8
四、诚实信用原则 ... 8
五、守法和公序良俗原则 ... 9
六、绿色原则 ... 9
七、民法法源与顺序原则 ... 10

第三节 民事法律关系 ... 14
一、民事法律关系的概念和特征 ... 14
二、民事法律关系的分类 ... 16
三、民事法律关系的产生、变更与消灭 ... 17
四、民事法律关系的要素 ... 18

第四节 代理 ... 31
一、代理的概念和特征 ... 31
二、代理的分类 ... 32
三、代理权 ... 37
四、无权代理 ... 40

第五节 诉讼时效 ... 43

一、诉讼时效的概念 ……………………………………………… 43
　　二、诉讼时效的法律要件和法律效果 …………………………… 46
　　三、诉讼时效期间 ………………………………………………… 47
　　四、诉讼时效期间的计算 ………………………………………… 48
　【本章思考题】 ………………………………………………………… 52

第二章　物权 ……………………………………………………………… 54
　第一节　物权总论 …………………………………………………… 54
　　一、物权的概念、调整范围与特征 ……………………………… 54
　　二、物权的效力 …………………………………………………… 55
　　三、物权的类型 …………………………………………………… 60
　　四、物权的变动 …………………………………………………… 61
　第二节　所有权 ……………………………………………………… 69
　　一、所有权的概述 ………………………………………………… 69
　　二、不动产所有权 ………………………………………………… 72
　第三节　共有 ………………………………………………………… 89
　　一、共有的概述 …………………………………………………… 89
　　二、共有的种类 …………………………………………………… 90
　第四节　用益物权 …………………………………………………… 96
　　一、用益物权的概述 ……………………………………………… 96
　　二、用益物权的种类 ……………………………………………… 97
　第五节　担保物权 …………………………………………………… 109
　　一、担保物权的概述 ……………………………………………… 109
　　二、担保物权的种类 ……………………………………………… 109
　第六节　占有 ………………………………………………………… 122
　　一、占有的概念 …………………………………………………… 122
　　二、占有的分类 …………………………………………………… 122
　　三、占有保护请求权 ……………………………………………… 127
　【本章思考题】 ………………………………………………………… 127

第三章　债权 ……………………………………………………………… 129
　第一节　债权概述 …………………………………………………… 129

一、债的概念、特征和要素 ……………………………………… 129
　　二、债的发生原因 ………………………………………………… 135
　第二节　债的分类 …………………………………………………… 142
　　一、意定之债与法定之债 ………………………………………… 142
　　二、特定之债与种类之债 ………………………………………… 142
　　三、单一之债与多数人之债 ……………………………………… 143
　　四、按份之债与连带之债 ………………………………………… 143
　　五、简单之债与选择之债 ………………………………………… 144
　　六、主债与从债 …………………………………………………… 145
　　七、财物之债与劳务之债 ………………………………………… 145
【本章思考题】………………………………………………………… 146

第四章　人格权 …………………………………………………… 147
　第一节　人格权概述 ………………………………………………… 147
　　一、人格权的概念与特征 ………………………………………… 147
　　二、人格权的性质 ………………………………………………… 148
　第二节　一般人格权 ………………………………………………… 148
　　一、一般人格权的概念和特征 …………………………………… 148
　　二、一般人格权制度的功能 ……………………………………… 149
　　三、一般人格权的内容 …………………………………………… 150
　第三节　各种具体的人格权 ………………………………………… 153
　　一、生命权 ………………………………………………………… 153
　　二、健康权 ………………………………………………………… 153
　　三、身体权 ………………………………………………………… 154
　　四、姓名权 ………………………………………………………… 154
　　五、名称权 ………………………………………………………… 155
　　六、肖像权 ………………………………………………………… 156
　　七、名誉权 ………………………………………………………… 156
　　八、人身自由权 …………………………………………………… 157
　　九、荣誉权 ………………………………………………………… 158
　　十、隐私权 ………………………………………………………… 158
　　十一、个人信息保护 ……………………………………………… 159

【本章思考题】……169

第五章 婚姻家庭……170
第一节 一般规定……170
一、婚姻家庭编概述……170
二、婚姻家庭编的基本原则……171

第二节 结婚……174
一、结婚的概念和特征……174
二、无效婚姻和可撤销婚姻……175

第三节 家庭关系……180
一、夫妻关系……180
二、父母子女关系和其他近亲属关系……187

第四节 离婚……189
一、婚姻关系的解除……189
二、婚姻关系解除后的子女与共同财产的处理……194

第五节 收养……199
一、收养关系的成立……199
二、收养的效力……203
三、收养关系的解除……206

【本章思考题】……208

第六章 继承权……210
第一节 继承权概述……210
一、继承权的概念和特征……210
二、继承权的取得、放弃、丧失和保护……211
三、《民法典》的基本原则……213

第二节 法定继承……214
一、法定继承的概念和适用范围……214
二、法定继承人的范围和继承顺序……215
三、代位继承的概念和适用范围……217
四、法定继承中的遗产分配……219

第三节 遗嘱继承、遗嘱和遗赠、遗赠扶养协议……222

一、遗嘱继承 ··· 222
　　二、遗嘱 ··· 223
　　三、遗赠 ··· 229
　　四、遗赠扶养协议 ··· 229
第四节　遗产的处理 ··· 232
　　一、继承的开始 ··· 232
　　二、遗产 ··· 233
　　三、遗产的分割和债务清偿 ··· 234
【本章思考题】 ··· 236

第七章　侵权 ··· 237
　第一节　侵权行为的概述 ··· 237
　　一、侵权行为的概念与特征 ··· 237
　　二、侵权行为的分类 ··· 238
　第二节　侵权行为归责原则 ··· 239
　　一、侵权行为归责原则的概念 ··· 239
　　二、侵权行为归责原则的体系 ··· 240
　第三节　一般侵权行为的构成要件 ··· 245
　　一、有侵害行为 ··· 245
　　二、有损害事实的客观存在 ··· 245
　　三、侵害行为与损害事实间的因果关系 ······································· 246
　　四、行为人主观上具有过错 ··· 247
　　五、关于特殊侵权责任的构成要件 ··· 247
　第四节　免责事由 ··· 250
　　一、免责事由的概念 ··· 250
　　二、免责事由的分类 ··· 250
　第五节　共同侵权责任 ··· 258
　　一、共同侵权的概念和特征 ··· 258
　　二、共同侵权的类型 ··· 259
　第六节　责任主体的特殊规定 ··· 264
　　一、监护人的责任 ··· 264
　　二、用人单位替代责任及劳务派遣责任 ······································· 266

三、承揽人、定作人的侵权责任 …………………………………… 267
　　四、网络用户、网络服务者的侵权责任 …………………………… 268
　　五、违反安全保障义务的侵权责任 ………………………………… 273
　　六、教育机构的责任 ………………………………………………… 276
　第七节　特殊侵权行为 ………………………………………………… 277
　　一、特殊侵权行为的概念、特征与归责原则 ……………………… 277
　　二、特殊侵权行为的分类 …………………………………………… 278
　　三、一般侵权与特殊侵权的区别 …………………………………… 291
　【本章思考题】………………………………………………………… 291

参考文献 ………………………………………………………………… 294

第一章 民法概述

教学要求

本章通过理论陈述及案例分析,让学生了解民法的概念、调整对象、基本原则;掌握民事法律关系的基本原理,了解民事权利、民事义务、民事责任的概念;掌握有关的代理制度和原理,了解代理的概念和特征、分类,无权代理和表见代理及诉讼时效的法律规定。

第一节 民法的概念及调整对象

一、民法的概念

民法是大陆法系特有的术语,是人类对法律体系,尤其是部门法学科认识的产物。在法律体系中,民法属于实体部门法,是与刑法、行政法并列的,仅次于宪法的实体部门法。与这些实体部门法相对应的是程序法。

民法是从古代的罗马法发展而来的,罗马法是奴隶制简单商品交换的最一般的行为规则;到了资产阶级革命时期,随着资本主义萌芽的诞生,罗马法复兴了,成为资本主义商品交换的最一般的行为规则,所以《法国民法典》《德国民法典》是资本主义商品交换的最一般的行为规则;1917年十月社会主义革命后,在苏联新经济政策的历史背景下,由列宁主持制定并于1922年颁布了《苏俄民法典》,它是社会主义时期商品交换的最一般的行为规则。从1949年开始,我国的民事立法经历了非法典化时期和类法典化时期到开启法典化的进程。2020年5月28日,第十三届全国人民代表大会第三次会议审议通过了《中华人民共和国民法典》(以下简称

《民法典》),标志着我国正式进入民法的法典化时代。

民法被称为社会生活的百科全书,民法与国家其他领域的法律规范一起,支撑着国家法律治理体系。在民法这个法律当中,以个人利益为核心,以人的平等和自治为理念,当事人之间处于平等的地位;与私法判然有别的是公法,它是以国家利益为核心,体现公共秩序、政治管理的法律,在这个法律当中,当事人之间是命令与服从关系,处于不平等的地位。

据此,可将民法定义为:调整平等主体的自然人、法人和非法人组织之间的人身关系和财产关系。

《民法典》作为新中国成立以来第一部以"法典"命名的法律,是法治思想和法治观念不断发展的结果,是我们中国自己的民法典,是新时代"中国特色"的法治表达,包括总则、物权、合同、人格权、婚姻家庭、继承、侵权责任等七编,共1 260条。无论是立法体例还是具体内容,都具有鲜明特色。可以看到,我国《民法典》包含了我国民事法律关系调整的全部范围和基本规则,是一本具有中国特色的百科全书,它是我国在社会主义商品经济条件之下的商品交换的最一般的行为规则。

二、民法的调整对象

《民法典》第二条规定:"民法调整平等主体的自然人、法人和非法人组织之间的人身关系和财产关系。"即民法调整的对象就是平等主体之间的人身关系和财产关系。

(一)民法调整的人身关系

人身关系,是人们在社会生活中形成的具有人身属性,与主体的人身不可分离的、不是以经济利益而是以特定精神利益为内容的社会关系。人身关系是人格关系和身份关系的合称。

所谓人格,是自然人主体性要素的总称,人格关系是自然人基于彼此的人格或者人格要素而形成的关系。人格要素是与自然人人身不能分离的,没有直接经济内容,包括生命、身体、健康等物质性要素和姓名、肖像、名誉、荣誉、隐私等精神性要素。人格在法律上不得抛弃、不得转让并不得掠夺。根据《民法典》的规定,法人也享有名称权、名誉权、荣誉权等有限人格权。

所谓身份,是指自然人基于彼此的身份形成的相互关系,包括父母子女、兄弟姐妹、祖父母、外祖父母等亲属关系。身份关系仅存在于自然人之间,不得抛弃和转让。该身份关系的特点:

(1) 主体的地位平等。民法所调整的人身关系的主体地位是平等的，主体相互间没有管理和被管理、命令和被命令、领导和被领导的关系，任何一方都不能支配另一方，而应平等相待，互不干涉。凡是主体地位不平等、相互间一方可支配另一方的人身关系，不由民法调整。

(2) 与民事权利的享受和行使有关。人身关系，有的与民事权利的享受与行使有关；有的与政治权利的享受与行使有关，而与民事权利的享受和行使无关。民法只调整前者而不调整后者。例如，基于自然人的身体、健康、姓名、名誉而发生的人身关系，与自然人享受和行使民事权利有关，属于民法调整的人身关系；而基于选民身份或者基于某一党团成员身份而发生的人身关系，与民事权利的享受与行使无关，则不属于民法的调整对象。

(3) 与主体的人身不可分离且不具有经济内容。人身关系是基于体现自身属性的价格和身份而发生的社会关系，与主体的人身是不可分离的。这类社会关系不具有经济内容，而是以特定的精神利益为内容的。当然，这并不是说民法所调整的人身关系无任何内容。有的人身关系与财产关系无直接的联系，却是主体存在的条件，是主体取得财产利益的前提，如自然人的生命健康关系；有的人身关系是与财产关系有直接联系的，如基于自然人因发明而发生的人身关系。

(二) 民法调整的财产关系

财产是人们可以支配的有经济价值的资源和物品，财产关系是人们基于财产的支配和交易而形成的社会关系。该财产关系的特点：

(1) 具有经济价值的有形和无形财产。

(2) 可以被支配。不能被支配的资源，如日月星辰、气流风暴等，不能作为财产。

(3) 受法律保护的具有经济价值的利益，如人身的物质要素不能作为财产。

财产关系是以商品经济为基础的财产所有和财产流转关系，一般具有平等自愿和等价有偿的性质。平等主体之间的财产关系可分为两类，即支配型与流转型。支配型财产关系表述的财产主要是表现财产的归属和人对其的控制状态，回答财产"是谁的"或"由谁利用"这样的问题。在支配型财产关系中，对物的支配，民法上称之为物权关系；对智力成果的支配，民法上称之为知识产权。流转型财产关系反映的是商品交换中的财产关系，表述财产在交易中即财产因买卖、租赁、借贷、承揽等行为而发生的移转状态。流转型的财产关系，民法上称之为债的关系。

但并不是所有的社会关系都属于民法调整的对象。比如道德范畴就不是民法调整的对象。

例如：甲应允乙同看演出，但迟到半小时，乙要求甲赔偿损失；再例如：甲对乙承诺，如乙比赛夺冠，甲将陪同乙出国旅游，后乙果然夺冠，甲失信，乙要求甲承担赔偿责任。两例中"应允同看演出"与"承诺陪同旅游"都属于道德范畴，不属于民法的调整对象，受道德调整。但是，如果甲与其妻乙约定，如因甲出轨导致离婚，甲应补偿乙 50 万元，后两人果然因此离婚，乙要求甲依约赔偿。像这种夫妻之间对出轨导致离婚的补偿协议，符合民法中意思自治的原则，该协议有效，乙依照协议约定主张的请求权能得到支持。

【案情】 原告王甲于 1993 年 4 月取得被告居民组户口，就学、生活一直在被告西峰山村西中居民组（以下简称居民组），至今仍在被告居民组；原告刘某于 2012 年 12 月 5 日与原告王甲结婚，2013 年 1 月 7 日取得被告居民组户口；原告王乙 2013 年 6 月 7 日出生，于 2013 年 6 月 26 日取得被告居民组户口。原告王甲 1993 年 4 月至 2011 年 6 月之前未享受被告居民组成员的相关分配权；2011 年 6 月至 2015 年底期间，三原告与本村其他村民享有同等的分配权。2016 年春节，被告为村民每人分配大米 30 斤或食用油 3 桶（二选一），2016 年妇女节，被告为居民组妇女每人分配卫生纸 1 提、洗衣液 1 桶，2016 年 3 月 16 日，被告为村民每人分配土地补偿款 6 000 元，被告以原告王甲不具有合法的西峰山村西中居民组集体经济组织成员资格而取消了三原告享受村民福利待遇的权利。又查明：被告居民组成员王丙 1981 年与丈夫宋某离婚，其与丈夫生育一子王丁，由宋某抚养，至今王丙未再结婚。原告王甲系王丙妹妹之子，其出生后便由王丙抚养，后结婚生子均在被告居民组并与王丙共同生活。户主为王丙的常住人口登记卡上所记载的王丙与原告王甲之间的关系为"母子"，原告刘某为"儿媳"，原告王乙为"孙子"。经原、被告确认，大米 30 斤或食用油 3 桶价值为 55 元，卫生纸 1 提价值 15 元，洗衣液 1 桶价值 15 元，以上物品被告居民组均未向三原告分配。

【问题】 被告的行为是否侵犯了原告的人身权权利、财产权利及其他合法权益？

【法律规定】 《民法典》第三条规定："民事主体的人身权利、财产权利以及其他合法权益受法律保护，任何组织或者个人不得侵犯。"《村民委员会组织法》第二十七条第二款规定："村民自治章程、村规民约以及村民会议或者村民代表会议的决定不得与宪法、法律、法规和国家的政策相抵触,不得有侵犯村民的人身权利、民主权利和合法财产权利的内容。"

【法律运用及结果】 原告王甲1993年4月20日取得被告居民组的户口,至今户口仍在被告居民组,从形式上来看,原告王甲具有被告居民组成员的身份。实质上,原告王甲并非当然的被告居民组成员,因其是被告居民组成员王丙在其他村落的妹妹之子,其出生后由王丙抱养回家中抚养长大,并以母子身份长期生活在一起。王丙自1981年离婚之后未再婚,也未生育其他子女,其与前夫生育有一子王丁,王丁一直与其父亲生活在一起,也就是说是原告王甲与王丙长期以来共同相依生活,无论从称呼还是户籍登记上均可以看出原告王甲与王丙之间已形成了事实上的收养关系。另外,原告王甲落户到被告居民组是经过被告居民组同意的,其除了被告居民组的户口再无其他户口,被告居民组户口是原告王甲唯一的户籍所在地,原告王甲在被告居民组生活期间,不仅履行着该居民组的相关义务,也未在其他村集体组织中享有相关权益,所以原告王甲应为被告居民组的合法成员。至于原告王甲如何落户到被告居民组,是否因超生及逃避缴纳社会抚养费,均不能改变其在被告居民组居住生活20余年、属被告居民组合法成员的既成事实,其应享有与户籍所在地其他村民同等的权利并履行相关义务,其中包括组织内的经济权利。关于原告刘某、王乙是否应当享受被告居民组分配权,法院认为原告刘某与原告王甲结婚后,其户口迁入被告居民组是经过被告居民组同意的。被告王乙自出生起即取得被告居民组的户口,也是经过被告居民组同意的,三原告均属被告居民组组织成员。现被告以原告王甲不具有合法的西峰山村西中居民组集体经济组织成员资格为由,不让三原告参与被告居民组分配,于法无据,其主张不应采纳。判决被告给付三原告2016年福利折价款195元及2016年土地补偿款18 000元,共计18 195元。二审法院经审理认为,被上诉人王甲自幼被其姨妈收养,户口也随迁其姨妈户口所在地上诉人处,王甲自迁入上诉人处后,再未在其出生地享有村民待遇,其与王丙形成事实上的收养关系。而此前上诉人亦同意王甲自2011年起与本村村民享有同等待遇。被上诉人刘某与王甲因婚姻关系户口随迁上诉人处,王乙因出生取得户籍。三被上诉人户口在上诉人西中居民组,其三人具有西中居民组成员的资格,依法享有西中居民组成员享有的权利。现上诉人西中居民组以王甲与王丙之间收养关系不成立为由,否认王甲的村民资格,以《西峰山村村民自治条例》、村民会议决议为由否认三被上诉人参与分配的权利,侵犯了三被上诉人的合法权益,其行为无效。综上所述,上诉人的上诉请求不能成立,应予驳回。一审判决认定事实清楚,适用法律正确,应予维持。依照《民事诉讼法》第一百七十条第一款第(一)项规定,判决驳回上诉,维持原判。

(案件改编自山西省运城市垣曲县人民法院裁判文书,案号:〔2016〕晋 0827 民初 313 号;山西省运城市中级人民法院裁判文书,案号:〔2016〕晋 08 民终 1518 号)

三、民法与商法的关系

民法是调整商品交换关系的最一般的行为规则,所以民法的内容就是:人、物、债。

人,指商品的所有人。《民法典》中所谓的自然人(即公民)、法人、非法人组织,就是《民法典》的第一部分民事主体。第二部分是法律行为,即商品买卖行为、商品交换行为都看作是一种法律行为。第三部分是民事权利,包括物权、债权、知识产权、人身权等。

物,指商品。《民法典》物权编就是研究商品所有权以及与商品所有权有关的各种财产权,即自物权(所有权)、他物权、用益物权、担保物权。

债是商品交换的最一般的法律形式。合同是商品交换最一般的法律形式中的典型表现,债是合同在民法理论中的高度抽象。

所以民法调整的对象是平等主体之间的财产关系和人身关系,还包括一些人身非财产关系。民法的调整对象是商品交换关系,所以民法的三个最基本的结构内容就是商品交换的三要素即商品所有人、商品、商品交换的最基本的法律形式。

所谓商法,在形式上是指《公司法》《票据法》《海商法》《保险法》以及商事登记制度,我们将这几部分内容称为传统的商法的内容。商法的一个重要特点,以《公司法》为例,设立公司的申请、批准、管理,肯定是一个国家的经济行政管理法律。中华人民共和国工商局是国家行政机关,其所实施的批准公司成立、年检制度都是行政行为,但是公司交易权、签订合同权、经营管理权等是一种民事上的权利,其本质是一种商业上的权利。

民法是调整商品交换关系的最一般的行为规则,所以民法是一般法,凡是平等主体之间的财产关系、人身关系,只要没有专门的、特别的规定,其都要适用《民法典》或者民事基本法中的一般性规定。商法是特别法、单行法。特殊法优于一般法原则,是指当单行法、特别法中有特殊规定时要优先适用单行法、特别法。反之,当单行法、特别法中没有专门性规定时,则要适用《民法典》中的一般性规定。

第二节　民法的基本原则

民法基本原则是指民事立法、民事司法和民事活动的基本准则。民法的基本原则反映民事生活的根本属性,尤其是市民社会生活的一般条件、趋势和要求。我国《民法典》第四至第十条对我国民法的原则作了规定,概括其内容,大约可以分为两类:一类是对民法内容有普遍约束力的原则,是指导民事立法、民事审判和民事活动的基本准则,如平等、自愿等原则;另一类是适用于特定民事法律关系的原则,如公平、诚实信用、公序良俗等原则。基本原则的法律效力在于它是解释、理解以及裁判民事案件法律的依据,同时也是从事民事活动的准则。违反基本原则的行为也就是违反民事法律、法规的行为。

一、平等原则

民法中的平等是指主体的身份平等,身份平等是特权的对立物,是指不论其自然条件和社会处境如何,其法律资格亦即权利能力一律平等。《民法典》第四条规定:"民事主体的法律地位一律平等。"任何自然人、法人和非法人在民事法律关系中平等地享有权利,其权利平等地受到保护。平等原则主要体现在以下几个方面:第一,民事主体的资格平等,即所有的民事主体的民事权利能力一律平等。第二,民事主体的地位平等,在适用法律时平等对待,在法律面前人人平等,任何一方都不具备凌驾于或优越于他方的法律地位。第三,民事主体平等地享有权利和负担义务,平等地享有物权、债权、知识产权、继承权、人格权等民事权利,平等地承担民事义务。第四,民事主体的民事权益平等地受到法律保护,当出现他人侵害民事权益时,法律予以平等保护。

二、自愿原则

自愿原则的实质,就是在民事活动中当事人的意思自治。《民法典》第五条规定:"民事主体从事民事活动,应当遵循自愿原则,按照自己的意思设立、变更和终止民事法律关系。"即当事人可以根据自己的判断,去从事民事活动,国家一般不干预当事人的自由意志,充分尊重当事人的选择。其内容应该包括自己行为和自己责任两个方面。自己行为，即当事人可以根据自己的意愿决定是否参与民事活动以及参与的内容、行为方式等；自己责任，即民事主体要对自己参与民事活动所导致的结果负担责任。

自愿原则的内容主要体现在：第一，意思自治原则的实质，就是赋予民事主体以行为自由，在法律允许的范围内，自主决定自己的事务，自由从事各种民事活动，确定参与社会生活的交往方式，最充分地实现自己的价值。第二，确立民事主体自由实施法律行为，调整民事主体之间的相互关系。第三，确立"法无明文禁止即可为"的原则，在私法领域中，民事主体实施民事法律行为，只要法律未设立明文禁止的规范，民事主体即可为之，只要不违反法律的强制性规定，就可以自由行使自己的民事权利。

三、公平原则

公平原则是指在民事活动中以利益均衡作为价值判断标准，在民事主体之间发生利益关系摩擦时，以权利和义务是否均衡来平衡双方的利益。《民法典》第六条规定："民事主体从事民事活动，应当遵循公平原则，合理确定各方的权利和义务。"公平原则是一条法律适用的原则，即当民法规范缺乏规定时，可以根据公平原则来变动当事人之间的权利义务；公平原则又是一条司法原则，即法官的司法判决要做到公平合理，当法律缺乏规定时，应根据公平原则作出合理的判决。

公平原则主要体现在：第一，分配正义，对民事利益分配关系达到均衡。对民事主体进行利益分配，要体现公正、正直、不偏袒、公道的特质和品质以及公平交易或者正当行事的理念，保证民法分配正义的实现。第二，在民事利益交换中，体现民法的正义要求，不得滥用权利，侵害他人的合法权益，防止造成不公平的后果，以实现交换正义。第三，确定民事活动目的性的评价标准，以实现实质正义。判断民事活动是否违背公平原则，主要是从结果上判断是否符合公平的要求，如果交易的结果导致当事人之间的利益失衡，除非当事人自愿接受，否则法律就应当作出适当调整。第四，法官在适用法律裁判民事纠纷时，应当严格依照公平理念作出判断，公正无私地进行司法活动，保障裁判正义的实现。

四、诚实信用原则

所谓诚实信用，其本意是要求按照市场制度的互惠性行事。《民法典》第七条规定："民事主体从事民事活动，应当遵循诚信原则，秉持诚实，恪守承诺。"具体表现在缔结约定的民事活动中，在缔约时诚实并不欺不诈，在缔约后守信用并自觉履行。如果说任何自由都是受制约的自由,那么诚实信用应是题中之意。然而,市场经济的复杂性和多变性昭示:无论法律多么严谨,也无法限制复杂多变的市场制度中暴露出的种种弊端,总会表现出某种局限性。民法规定该原则,一方面,使法院在审理具体案件中,能主动干预民事活动,调整当事人利益摩擦,使民事法律关系符合正义的要求;另一方面,法院可根据该原则作出司法解释,填补法律的漏洞。但由于该原则位阶高、不确定性强,用而不当也可能会成为司法专横的工具,对该原则的运用,必须与其他原则结合起来统筹考虑。

五、守法和公序良俗原则

守法和公序良俗原则是指民事主体的行为应当遵守公共秩序,符合善良风俗,不得违反国家的公共秩序和社会的一般道德。公序良俗是公共秩序与善良风俗的简称。《民法典》第八条规定:"民事主体从事民事活动,不得违反法律,不得违背公序良俗。"公序良俗可以解读为公共秩序和善良风俗。公共秩序是指国家社会的存在及其发展所必需的一般秩序。善良风俗是指国家社会的存在及其发展所必需的一般道德。违反公序良俗的类型:第一,危害国家公序类型。第二,危害家庭关系类型。第三,违反道德行为类型。第四,射幸行为类型。所谓"射幸",即"侥幸",它的本意是碰运气的意思,是指当事人一方是否履行义务有赖于偶然事件的出现的一种合同。这种合同的效果在于订约时带有不确定性。如保险合同就是射幸合同的一种,在合同有效期间,如发生保险标的的损失,则被保险人从保险人那里得到的赔偿金额可能远远超出其所支出的保险费,反之,如果无损失发生,则被保险人只能付出保费而无任何收入。射幸行为是指以他人的损失而受偶然利益之行为,因有害于一般秩序而应无效,如赌博、买空卖空、彩票、巨奖销售等;但经政府特许者除外。第五,违反人权和人格尊严的行为类型。第六,限制经济自由的行为类型。第七,违反公平竞争的行为类型。第八,违反消费者保护的行为类型。第九,违反劳动者保护的行为类型。第十,暴力行为类型。

六、绿色原则

《民法典》第九条规定:"民事主体从事民事活动,应当有利于节约资源、保护生态环境。"这一原则要求民事主体在从事民事活动中要体现人与自然和谐发展的传统文化思想,也因应了绿色发展理念。

民事主体从事民事活动遵循绿色原则的目的,就是节约资源,保护生态环境,促进人与自然的和谐发展。民事主体行使民事权利,要贯彻绿色原则,不仅要严格执行侵权责任编对环境污染和生态破坏责任的规定,更要在行使物权、债权、知识产权等财产权利时,充分发挥物的效能,防止和避免资源被滥用和环境污染,使有限的资源在一定范围内得到更充分的利用,达到利益最大化。

七、民法法源与顺序原则

《民法典》第十条规定:"处理民事纠纷,应当依照法律;法律没有规定的,可以适用习惯,但是不得违背公序良俗。"这条是对民法法源的规定。

民法法源,是民法的表现形式。民法除了成文法之外,还有其他表现形式,即成文法是普通法源,习惯与法理是补充法源。对于同一种类之事物,由多数人继续通行而视为准则的,就是习惯。在民法的成文法之外规定习惯和法理是民法的法源,是因为市民社会的生活过于复杂,民事法律关系的种类纷繁多样,再完备的民法也不可能把全部市民社会的法律关系都概括进来,必定会有遗漏。因而在法律没有明文规定时,适用习惯处理民事纠纷;没有成熟的习惯作为习惯法时,应当用法理予以补充。

在民事裁判中适用民事习惯作为请求权法律基础的规则是:第一,该请求权确系法律所未规定者,需要民事习惯予以补充。第二,该民事习惯具有通用性,被多数人所相信,并且在一定期间内就同一事项反复为同一的适用。第三,该民事习惯不违反民法平等、公平、诚实信用和公序良俗规则。符合这样要求的习惯,就是习惯法,就可以予以适用,作为司法裁判的依据。

【案情一】 原告付甲前妻尚某即原告付乙的母亲于1976年去世,其坟墓位于巩义市孝北村广陵路东。2014年清明节原告回家祭祀时,发现被告王某在尚某坟墓所在位置建起四层住宅楼。原告在诉讼过程中提交康某、付丙两份证人证言,证明被告将其住宅建在尚某的坟上,且被告在建造住房前后未通知原告,巩义市孝北村网格信息联系人付丁在该两份证人证言上签名并注明情况属实,巩义市孝义街道办事处孝北村民委员会在该两份证人证言上加盖公章并注明情况属实。原告付甲于2009年在其前妻坟上修建了一道一米高、两米长的砖墙用于防止他人向坟上倾倒垃圾,原告付甲称其前妻坟墓墓底最深处距地面约1.6米。被告在诉讼中称其住房是按照巩义市孝北村委指定的地址进行建造并向村委缴纳了3300元费用,于2011年8月左右建造的四层住宅,该住宅占地面积为129平方米,在地基上共打了30多根八九米深的桩子。另查明,被告建造住房并未办理相关规划审批许可手续,亦未取得集体土地建设用地使用证,被告及相邻居民住宅楼周边的空地上存在有其他几处坟墓。

【问题】 被告在坟墓上建造房屋的行为,是否违反公序良俗?

【法律规定】《民法典》第八条规定:"民事主体从事民事活动,不得违反法律,不得违背公序良俗。"《最高人民法院关于确定民事侵权精神损害赔偿责任若干问题的解释》第一条规定:"自然人因下列人格权利遭受非法侵害,向人民法院起诉请求赔偿精神损害的,人民法院应当依法予以受理:(一)生命权、健康权、身体权;(二)姓名权、肖像权、名誉权、荣誉权;(三)人格尊严权、人身自由权。违反社会公共利益、社会公德侵害他人隐私或者其他人格利益,受害人以侵权为由向人民法院起诉请求赔偿精神损害的,人民法院应当依法予以受理。"该解释第三条规定:"自然人死亡后,其近亲属因下列侵权行为遭受精神痛苦,向人民法院起诉请求赔偿精神损害的,人民法院应当依法予以受理:(一)以侮辱、诽谤、贬损、丑化或者违反社会公共利益、社会公德的其他方式,侵害死者姓名、肖像、名誉、荣誉;(二)非法披露、利用死者隐私,或者以违反社会公共利益、社会公德的其他方式侵害死者隐私;(三)非法利用、损害遗体、遗骨,或者以违反社会公共利益、社会公德的其他方式侵害遗体、遗骨。"

【法律运用及结果】 一审法院经审理认为,坟墓是人们追忆、祭祀已逝亲属的特定场所,对后人存在着重大的精神寄托,被告在建房时应当充分注意,采取合理措施,避免对他人坟墓造成损坏,而被告将其住房建造在尚某的坟墓上,有悖社会公德、有违公序良俗,使作为死者亲属的原告遭受了感情创伤和精神痛苦,结合被告的主观过错、坟墓的损害程度、当地的经济发展水平,酌定被告赔偿付甲、付乙精神损害抚慰金4万元为宜。因被告在该块土地进行地基建设建起四层住宅,且原告在诉讼中未提供充分证据证明被告建房之前的尚某坟墓原状的具体情况,故原审法院对原告要求被告将尚某的坟墓恢复原状的诉讼请求,不予支持。依照《民法典》第八条和《最高人民法院关于确定民事侵权精神损害赔偿责任若干问题的解释》第一条、第三条之规定,判决被告赔偿原告精神损害抚慰金4万元。

一审宣判后,原审被告不服,提起上诉。

二审法院经审理认为,坟墓是人们追忆、祭祀已逝亲属的特定场所,对后人存在着重大的精神寄托。上诉人将其住房建造在尚某的坟墓上,使死者亲属被上诉人遭受了感情创伤和精神痛苦,酌定上诉人赔偿被上诉人精神损害抚慰金 4 万元并无不妥。诉讼时效从被上诉人知道或应当知道权利被侵害之日开始计算,诉讼时效并未经过。原审判决认定事实清楚,审判程序合法,实体处理适当,依据《民事诉讼法》第一百七十条第一款第(一)项之规定,判决驳回上诉,维持原判。

（案例改编自福建省龙岩市新罗区人民法院裁判文书,案号:〔2016〕闽 0802 民初 57 号;福建省龙岩市中级人民法院裁判文书,案号:〔2016〕闽 08 民终 786 号）

【案情二】 案外人某香港公司与案外人海运公司签订合作协议,约定自 2013 年 12 月 7 日始,双方在华北关西航线上共同派船、舱位互换的事宜。某海运公司在该航线上运营的三条船舶的船名依次为青岛快航、大连快航、天津快航。依据某公司与某香港公司签订的船舶代理协议,某香港公司将其控制的所有船舶在挂靠内地所有港口时均委托某公司作为其船舶代理;某公司负责在内地代付某香港公司委托的港口船舶使费等所有款项;某公司将正本航次账单送达某香港公司,某香港公司审核无误后,向某公司支付相关港口船舶使费。2013 年 12 月至 2014 年 3 月,本案诉争港口费用涉及该国际班轮运输航线的 19 个航次,其中均有某香港公司与共同海运公司互换的舱位。集装箱运输公司是涉案航线的总船代,涉案 19 个航次中某香港公司所占舱位产生的港口费用共计 795 307 元未付。另查明,某公司是某香港公司的国际船舶代理人,某天津公司是某公司的分支机构,在天津港具体实施国际船舶代理人的事务,其不具有法人资格,不是独立核算的分支机构。某香港公司未取得交通运输部颁发的国际班轮运输经营资格登记证。港口作业人某码头公司作为原告向天津海事法院提起诉讼,请求判令某天津公司、某公司向其支付港口费用 795 307 元及利息,并由某天津公司、某公司承担本案的诉讼费用。

【问题】 在法律法规无法为法官提供充分的裁判依据时,可否以习惯可以补充作为裁判依据?

【法律规定】 《民法典》第十条规定:"处理民事纠纷,应当依照法律;法律没有规定的,可以适用习惯,但是不得违背公序良俗。"

【法律运用及结果】 一审法院经审理认为,本案涉及国际班轮运输中舱位互换的经营模式。在行业实践中,舱位互换是指有两家以上的集装箱船公司组成的航运集团,各船公司分别提供一艘或多艘性能及设备相近的集装箱船,通过相互协商,共同调整班期,各船公司在彼此的集装箱船上都拥有一定比例的舱位使用权,以承运集装箱货物或者空集装箱;船公司之间独立承揽各自的集装箱货,各船公司在彼此的集装箱船上互用舱位,但互不支付运费,仅支付各自有关集装箱的港口费,港口船舶使用费仍由所属船公司自行支付。关于某公司、某天津公司与原告之间是否存在港口业合同关系,天津海事法院认为,在港口作业操作实务中,鉴于海外国际班轮运输经营者在境内支付相关港口费用的局限性,存在港口作业方要求国际船舶代理人支付其代理的船舶或舱位所产生的港口费用的交易习惯,因此,在涉案19航次中,某码头公司与某天津公司成立港口作业合同关系,某天津公司为委托人,某码头公司为受托人,某码头公司完成港口作业服务后,某天津公司应当支付相关报酬。由于某天津公司不是独立核算的分支机构,民事责任由其上级法人某公司承担。天津海事法院于2014年8月15日判决某天津公司、某公司给付某码头公司港口费用795 307元;某天津公司、某公司给付某码头公司上述款项的利息;驳回某码头公司的其他诉讼请求。

一审宣判后,某天津公司、某公司提起上诉。

二审法院经审理认为,本案为与海上运输相关的港口作业合同纠纷。该纠纷涉及国际班轮运输中舱位互换经营模式,目前无论是相关法律还是行业实践,对此种经营模式均不存在统一、明确的定义。一审判决依据行业实践,对舱位互换的表述基本能够涵盖舱位互换的具体操作流程及费用承担,应予以确认。本案中,某香港公司未取得国际班轮运输经营资格登记证,其所占舱位在内地港口产生的相关费用通过其委托代理人进行支付。某香港公司与某公司通过签订船舶代理协议及议定书,形成委托合同关系,某香港公司是委托人,某公司是受托人。据此,应适用《民法典》间接代理之规定。本案诉讼期间,在某天津公司、某公司向某码头公司披露委托人为某香港公司后,某码头公司并未申请变更诉讼主体,应视为其有效行使了选择权,某天津公司负有向某码头公司支付港口费用的义务。由于某天津公司不具备法人资格,因此某公司作为其总公司亦应承担责任。天津市高级人民法院于2014年11月13日判决驳回上诉,维持原判。

(案例改编自天津海事法院裁判文书,案号:〔2014〕津海法商初字第

514—524号、第639—646号;天津市高级人民法院裁判文书,案号:〔2014〕津高民四终字第91—109号)

第三节 民事法律关系

一、民事法律关系的概念和特征

(一)民事法律关系的概念

民事法律关系是平等主体之间发生的、符合民事法律规范的、以民事权利和民事义务为内容的社会关系。民事法律关系是民法调整平等主体间的人身关系和财产关系的结果,是平等主体间的人身关系和财产关系与民事法律形式相结合的产物,本质上是受民法强制保护的社会关系。

民法对民事关系的调整:

民法调整的第一步是在对各种各样的民事关系加以评价的基础上,用法律的语言对那些民法认为值得强制保护的民事关系加以表述的过程。其结果就是在民法上形成一系列由民法规范构成的民事权利义务模型,即民事法权模型。此乃规范意义上的民事法律关系,具有抽象性和规范性,作为法权模型,只是观念上的民事法律关系。

民法调整的第二步是由精神到物质的过程。当具体民事主体间的某一民事关系符合某类民事法权模型,能够得到民法的保护时,民事法权模型中规定的客观意义上的权利义务即转化为具体民事主体依法享有或承担的主观实体意义上的权利义务,其相互间的民事关系就具有了民事权利义务的内容,成为一个民事法律关系,此即事实意义上的民事法律关系。

(二)民事法律关系的特征

民事法律关系是法律关系之一种,它既具有法律关系的共性,也具有区别于其他法律关系的特殊性。

法律关系的共性:是人与人之间的关系;体现国家的意志,是属于社会上层建筑范畴的思想社会关系;不是依靠社会舆论和人的道德观念来实现的道德关系,而是由国家强制力保证实现的具有权利义务内容的法权关系。

民事法律关系不同于其他法律关系的特征:

(1)民事法律关系是平等主体间的法律关系。由于民法调整的社会关系是平等主体之间的财产关系和人身关系,按民法规范确立的法律关系也就只能是平等主体之间的关系。同时,民事法律关系不仅符合国家的意志,更体现着当事人的意志,一般是由当事人依自己的意思自愿设立的。只要当事人依其意思实施的行为不违反法律规定,所设立的法律关系就受法律保护,是由国家强制力保障实现的社会关系。

(2)民事法律关系是民法确认的法律关系,具有特定的范围。它是以民事权利和义务为内容的法律关系。民法调整社会关系是赋予民事主体权利和义务,因此,民事法律关系也就是民事权利义务关系。民事法律关系一经确立,当事人一方即享有民事权利,而另一方便负有相应的民事义务。

(3)保障措施具有补偿性和财产性。民法调整对象的平等性和财产性也表现在民事法律关系的保障手段上,即民事责任以财产补偿为主要内容,惩罚性和非财产性责任不是主要的民事责任形式。

(4)民事法律关系所体现的利益是民事主体的私益,包括他们的物质利益和人身利益。

【案情】 王某已年近70岁,经诊断发现患有胃癌。为治癌症,四处求医,几乎耗尽全部家产。后被确诊还患有骨癌,虽经多方面治疗,仍不见好转,每日疼痛难忍,只能靠药物维持生命。为摆脱痛苦,他自己数次自杀,都因被及时发现经抢救生还。最终因实在无法忍受病痛,便请求医生给他施行"安乐死"。王某的妻子与其子女也都觉得王某与其活着受病痛的折磨倒不如早日摆脱,所以都表示可以接受,并均在王某亲笔书写的请求安乐死的申请书上签字捺印;王某的工作单位也难以承担如此巨大的医疗费用,对王某的要求并未表示任何异议。

医院经研究后认为:病人确实患了不治之症,目前人为地维持生命,只能增加病人和家属的痛苦,对其施行"安乐死"是解除病人痛苦的唯一办法。但为免于日后惹出不必要的麻烦,最好能由公证机关对此事进行法律公证。于是,王某的子女便去公证机关要求对王亲笔书写的"安乐死"申请书进行公证。

【问题】 实施"安乐死"会产生怎样的法律后果?

【法律规定】

(1)民事法律关系是经过民事法律规范调整的、具有民事权利义务内容的社会关系,是为民法所调整的财产关系和人身关系在法律上的表现。

（2）民事法律关系的特征。

（3）公证是国家公证组织根据公民和法人的申请，对法律行为和具有法律意义的事实及文书，依照法定程序，证明其真实性与合法性的特殊证明活动。

（4）由于法律没有有关"安乐死"的规定，"安乐死"这种社会关系目前不符合法律关系的特征，不是民事法律关系，也不是其他法律关系。

【法律运用及结果】 公证机关经研究后答复，由于我国目前对"安乐死"尚无任何法律规定，因此公证机关不宜办理无法律依据的"安乐死"方面的公证事项。

（案例改编自百度文库，wenku.baidu.com/view/e63389791711cc7931b7）

二、民事法律关系的分类

（一）财产法律关系与人身法律关系

标准：是否直接具有财产内容。财产法律关系是指直接与财产有关的具有财产内容的民事法律关系；人身关系是指与主体不可分离的、不直接具有财产内容的民事法律关系。

意义：一是有利于正确认识法律关系内容的性质即权利能否转让或继承；二是有利于根据不同性质的法律关系采取相应的保护方法，如财产补救的方式或非财产补救的方式。

（二）绝对法律关系与相对法律关系

标准：义务主体是否特定。绝对法律关系是指义务主体不特定、权利人以外的一切人均为义务人的民事法律关系；相对法律关系是指义务主体为特定人的民事法律关系。

意义：一是有利于确定法律关系的义务主体及其所承担的义务；二是有利于确定权利主体所享有的权利及其行使和实现的方式，从而准确适用民事法律规范。

（三）调整性法律关系与保护性法律关系

标准：法律关系形成与实现的不同特点。调整性法律关系是指因主体的合法行为而形成的、主体的权利能够正常实现的民事法律关系；保护性法律关系是指因不合法的行为而产生的民事法律关系。

意义：有利于认清这两种法律关系产生的原因，从而通过各种途径增加调整性法律关系，减少保护性法律关系。

（四）单一法律关系与复合法律关系

标准：复杂程度不同。单一法律关系是指只有一组对应的权利义务的民事法律关系；复合法律关系是指由两组以上的权利义务构成的民事法律关系。

意义：有利于正确适用民事法律规范，确定当事人的权利义务。

（五）主民事法律关系与从民事法律关系

标准：能否独立存在不同。主民事法律关系是指无须依赖其他法律关系而能独立存在的民事法律关系；从民事法律关系是指必须依赖或附属于其他法律关系而存在的民事法律关系。

意义：原则上，从以主的存在为前提，是对主法律关系的加强或补充，从随主的变更或消灭而变更或消灭。

三、民事法律关系的产生、变更与消灭

（一）民事法律关系的产生、变更与消灭的含义

民事法律关系的产生是指因一定的民事法律事实出现，民事主体之间形成民事权利义务关系。

民事法律关系的变更是指因一定的民事法律事实出现，原有的民事法律关系发生了变化，包括主体变更、客体变更和内容变更。

民事法律关系的消灭是指因一定的民事法律事实出现，原有的民事法律关系的终结。

（二）民事法律关系变动的法律原因：民法规范

民法规范为一般人的行为提供模式、标准或者方向，并赋予一种确定的法律后果，其逻辑结构分为行为模式和保证手段两部分。

民法规范是引起民事法律关系变动的规范原因和法律依据。任何民事法律关系的发生、变更、消灭都必须依法进行，也就是依据民法规范所确认的法权模型进行。

（三）民事法律关系变动的事实原因：民事法律事实

民事法律事实简称法律事实，是符合民事规范，能够引起民事法律关系发生、变更、消灭的客观现象。民事法律关系是法律规范对社会关系调整的结果，而一项法律规范在逻辑上是由一个主项和一个谓项结合构成的。其中主项表述了某种法律上必须具备的事实，即法律要件，而谓项则表述了法律上将要产生的后果，即法律效果。因此，法律事实是构成法律要件的内容，一旦某项法律要件要求的法律事实具备，相应变动民事法律关系的法律效果便发生。例如，一个房屋所有权移转法

律关系中,其构成的法律事实包含须有房屋存在、缔结房屋买卖合同、办理登记手续。以上法律要件中的法律事实若被当事人充分运用,那么房屋所有权移转的法律效果便发生。

法律事实的种类繁多,民法上根据事实是否与人的意志有关,将其分为事件和行为两大类。

1. 事件

事件是与人的意志无关的法律事实。事件本是自然现象,只是能引起民事法律关系的变动,才被列为法律事实,如人的死亡、自然灾害等。前者可能导致继承关系的发生;而后者若致使房屋损毁导致所有权的消灭,事前若投保时,又会使保险赔偿关系发生。

2. 行为

行为是与人的意志有关的法律事实。行为是法律要件中最常使用的法律事实。行为虽与人的意志有关,但根据意志是否需明确对外作意思表示,行为又被划分为表意行为和非表意行为。

(1) 表意行为是行为人通过意思表示,旨在设立、变更或消灭民事法律关系的行为。民事法律行为是合法的表意行为,因行为人有预期的效果意思,所以该行为能产生当事人意欲达到的民事法律关系产生、变更和消灭的效果。

(2) 非表意行为是行为人主观上没有产生民事法律关系效果的意思表示,客观上引起法律效果发生的行为。如侵权行为,行为人主观上并没有效果意思,但客观上却导致赔偿的发生。

在大多数情况下,民事法律关系是由当事人根据其意思自主设定的,法律只对意思表示规定严格的条件。但是,这并不是说民事法律关系只能由当事人自主设立,在事件作为法律是事实作为法律事实时,就不以当事人的意志为转移。

四、民事法律关系的要素

民事法律关系的要素是指构成民事法律关系的必要因素。任何民事法律关系都由几项要素构成,要素发生变化,具体的民事法律关系就随之而变化。民事法律关系包括主体、客体和内容三个要素。

(一) 民事法律关系的主体

1. 民事法律关系的主体的概念和特征

民事法律关系的主体简称民事主体,是指参加民事法律关系,享受民事权利并承担民事义务的人,包括自然人、法人、非法人组织等。其特征如下:

（1）法律地位的平等性。即任何自然人从其出生起至死亡止,都有资格成为民事法律关系的主体;任何法人、非法人组织在其权利能力范围内,都有资格成为民事法律关系的主体。在民事法律关系中,双方当事人地位完全平等,一方不得把自己的意志强加给另一方,主体资格平等和适用法律平等。

（2）主体范围的广泛性。即作为民事法律关系主体的人,既包括具有自然生命的公民(自然人),也包括不具有自然生命的组织体——法人、非法人组织。在某些特殊的情况下,国家也可以成为民事法律关系的主体,如国家向单位或公民发行国库券,就是以民事法律关系主体的资格进行的。

（3）权利主体和义务主体的人数既可以是单一的,也可以是多数的,既可以是特定的,也可以是不特定的。如债权关系中,债权人和债务人每一方既可以是一个人,也可以是几个人;在所有权关系中,权利主体是特定的,义务主体是不特定的。

（4）权利义务的一致性。根据权利义务的承受情况,民事法律关系主体可分为权利主体和义务主体。享受权利的一方称为权利主体,承担义务的一方称为义务主体。在大多数情况下,当事人双方既享受权利又承担义务,因而既是权利主体又是义务主体。但在某些场合下,一方只享受权利,另一方只承担义务。如在赠与关系中,赠与人只负担将赠与财产交归受赠人所有的义务,受赠人只享受接受赠与的权利。

2. 民事主体的种类

从民事主体的概念中我们知道自然人、法人、非法人组织等能成为民事主体,但他们必须具有民事权利能力和民事行为能力。民事权利能力是依法享有民事权利和承担民事义务的资格。民事行为能力是民事主体能够以自己的独立行为依法享有民事权利和承担民事义务,从而使民事法律关系发生、变更和消灭的能力。

（1）自然人:

自然人是基于自然规律而出生的人。在我国出生的自然人即为我国公民。公民的民事权利能力从出生时起到死亡时止,依法享有民事权利,承担民事义务。自然人的出生时间和死亡时间,以出生证明、死亡证明记载的时间为准;没有出生证明、死亡证明的,以户籍登记的时间为准。有其他证据足以推翻以上时间的,以相关证据证明的时间为准。公民的民事权利能力一律平等。涉及遗产继承、接受赠与等胎儿利益的保护,胎儿视为具有民事权利能力。但是,胎儿娩出时为死体的,其民事权利能力自始不存在。18周岁以上的自然人是成年人,具有完全民事行为能力,可以独立进行民事活动,是完全民事行为能力人。16周岁以上不满18周岁的公民,以自己的劳动收入为主要生活来源的,视为完全民事行为能力人。8周岁以上的未成年人是限制民事行为能力人,可以独立实施纯获利益的民事法律行为或者与其年龄、智力相适应的民事法律行为;其他民事活动由其法定代理人代理,或者征得其法定代理人的同意、追认。不满8周岁的未成年人是无民事行为能力人,由其法定代理人代理民事活动。不能辨认自己行为的成年人是无民事行为能力人,由其法定代理人代理民事法律行为。不能完全辨认自己行为的成年人是限制民事行为能力人,可以独立实施纯获利益的民事法律行为或者与其智力、精神健康状况相适应的民事法律行为;其他民事活动由其法定代理人代理,或者征得其法定代理人的同意、追认。无民事行为能力人、限制民事行为能力人的监护人是其法定代理人。

不能辨认或者不能完全辨认自己行为的成年人,其利害关系人,可以向人民法院申请认定该成年人为无民事行为能力人或者限制民事行为能力人。被人民法院认定为无民事行为能力人或者限制民事行为能力人的,根据其智力、精神健康恢复的状况,经本人、利害关系人或者有关组织申请,人民法院可以根据其智力、精神健康恢复的状况,认定该成年人其恢复为限制民事行为能力人或者完全民事行为能力人。该有关组织包括:居民委员会、村民委员会、学校、医疗卫生机构、妇女联合会、残疾人联合会、依法设立的老年人组织、民政部门等。

父母对未成年子女负有抚养、教育和保护的义务,成年子女对父母负有赡养、照顾和保护的义务。

未成年人的父母是未成年人的监护人。未成年人的父母已经死亡或者没有监护能力的,由下列有监护能力的人按顺序担任监护人:一是祖父母、外祖父母;二是兄、姐;三是其他愿意承担监护责任的个人或者有关组织,但是需经未成年人住所地的居民委员会、村民委员会或者民政部门同意的。

无民事行为能力或者限制民事行为能力的成年人,由下列有监护能力的人按顺序担任监护人:一是配偶;二是父母、子女;三是其他近亲属;四是其他愿意承担监护人的个人或者组织,但是需经被监护人住所地的居民委员会、村民委员会或者民政部门同意的。

被监护人的父母担任监护人的,可以通过遗嘱指定监护人。依法具有监护资格的人之间可以协议确定监护人。协议确定监护人应当尊重被监护人的真实意愿。

对担任监护人有争议的,由被监护人住所地的居民委员会、村民委员会或者民政部门指定监护人,有关当事人对指定不服的,可以向人民法院提起申请指定监护人;有关当事人也可以直接向人民法院提出申请,由人民法院指定监护人。

另外,《民法典》规定了成年协议监护,即具有完全民事行为能力的成年人,可以与其近亲属、其他愿意承担监护人的个人或者组织事先协商,以书面形式确定自己的监护人。协商确定的监护人在该成年人丧失或者部分丧失民事行为能力时,承担监护职责。

《民法典》第三十四条、第三十五条规定了监护人的职责:"监护人的职责是代理被监护人实施民事法律行为,保护被监护人的人身权利、财产权利以及其他合法权益等。监护人依法履行监护职责产生的权利,受法律保护。监护人不履行监护职责或者侵害被监护人合法权益的,应当承担法律责任。因发生突发事件等紧急情况,监护人暂时无法履行监护职责,被监护人的生活处于无人照料状态的,被监护人住所地的居民委员会、村民委员会或者民政部门应当为被监护人安排必要的临时生活照料措施。""监护人应当按照最有利于被监护人的原则履行监护职责,监护人除为被监护人利益外,不得处分被监护人的财产。未成年人的监护人履行监护职责,在作出与被监护人权益有关的决定时,应当根据被监护人的年龄和智力状况,尊重被监护人的真实意愿。成年人的监护人履行监护职责,应当最大限度地尊重被监护人的意愿,保障并协助被监护人独立实施与其智力、精神健康状况相适应的民事法律行为;对被监护人有能力独立处理的事务,监护人不得干涉。"

(2)法人:

法人是指具有民事权利能力和民事行为能力,依法独立享有民事权利和承担民事义务的组织。法人的民事权利能力受法律、法规的限制,且某些自然人专属的权利不能享有。法人的民事行为能力与权利能力同时产生、终止。

法人应具备的条件:第一,依法成立社会组织的合法性,是其取得法人资格的必要条件。在我国,法人的设立程序主要有两种:一是根据法律规定或行政命令设立;二是经过核准登记设立。第二,有必要的独立财产。法人的独立财产是指法人能够根据自己的意志在法定范围内独立进行占有、使用、收益和处分的财产。法人的独立财产具有三层含义:一是法人的财产与法人成员的个人财产是相分离的;二是法人的财产与法人投资者的其他财产是相分离的;三是不同法人组织相互之间,其在各自的财产上是相分离的,即法人组织之间的行政隶属关系不影响法人财产的独立性。第三,有自己的名称、组织机构和场所。法人组织的名称是一个法人组织区别于其他社会组织的标志。法人的组织机构称为法人的机关,其通常包括三部分:一是意思机关,即法人的权力机关与决策机关(如公司企业法人的股东大会);二是执行机关,即执行法人意志,代表法人对外参加民事活动的机关(如公司的董事或董事会);三是监督机关,即监督法人依章程及法律规定进行活动的机关(如公司的监事或监事会)。法人组织的场所是其从事生产经营活动或其他活动的固定地点。法人的主要办事机构所在地为法人的住所。第四,能够独立承担民事责任。法人的独立责任区别于法人投资者的有限责任。有限责任是指法人的投资者对于法人的债务,仅以其投资额为限承担清偿责任,亦即法人的投资者仅以其投资部分的财产,对法人的经营活动承担风险。当法人因其全部财产不足以清偿到期债务而破产时,法人的投资者对法人不能清偿的债务不承担清偿责任。

法人对它的法定代表人和其他工作人员的经营活动,承担民事责任。法人分立、合并或者有其他重要事项变更,应当向登记机关办理登记并公告。企业法人分立、合并,它的权利和义务由变更后的法人享有和承担。企业法人由于下列原因之一终止:一是法人解散;二是法人被宣告破产;三是法律规定的其他原因。企业法人终止,应当向登记机关办理注销登记并公告。企业法人解散,应当成立清算组织,进行清算。

根据法人设立的宗旨和所从事的活动的性质,《民法典》将法人分为如下三类:

一是营利性法人。

营利性法人是以取得利润并分配给其股东等出资为目的成立的法人。营利性法人包括有限责任公司、股份有限公司和其他企业法人等。

营利性法人依法至登记机关登记设立,登记机关营业执照签发日期为营利性法人的成立日期,在此之前不得从事经营活动。

营利性法人在申请设立时应当依法制定、提交法人章程。营利法人应当设执行机构以及监事会或者监事等监督机构的,完成召集权力机构会议、决定法人的经营计划和投资方案、决定法人内部管理机构的设置和法人章程规定的其他职权,以及依法行使检查法人财务、监督执行机构成员、高级管理人员执行法人职务的行为和法人章程规定的其他职权。

出资人不得滥用出资人权利损害法人或者其他出资人的利益。滥用出资人权利给法人或者其他出资人造成损失的,应当依法承担民事责任。

营利法人从事经营活动,应当遵守商业道德,维护交易安全,接受政府和社会的监督,承担社会责任。虽然营利性法人的出资人承担有限责任,但是营利法人的出资人不得滥用法人独立地位和出资人有限责任损害法人的债权人利益。如果滥用法人独立地位和出资人有限责任,逃避债务,严重损害法人的债权人利益的,应当对法人债务承担连带责任。

在关联交易中,营利法人的控股出资人、实际控制人、董事、监事、高级管理人员不得利用其关联关系损害法人的利益。利用关联关系给法人造成损失的,应当承担赔偿责任。

二是非营利性法人。

非营利性法人是指为公益目的或者其他非营利目的成立的法人,不向出资人、设立人或者会员分配所取得利润的法人。非营利法人包括事业单位、社会团体、基金会、社会服务机构等:

① 事业单位法人:具备法人条件,为适应经济社会发展需要,提供公益服务设立的事业单位,经依法登记成立,取得事业单位法人资格;依法不需要办理法人登记的,从成立之日起,具有事业单位法人资格。如从事文化、教育、卫生、体育、新闻、出版等公益事业的单位。事业单位法人设理事会的,除法律另有规定外,理事会为其决策机构。事业单位法人的法定代表人依照法律、行政法规或者法人章程的规定产生。

② 社会团体法人:具备法人条件,基于会员共同意愿,为实现公益目的或者会员共同利益等非营利目的设立的社会团体,经依法登记成立,取得社会团体法人资格;依法不需要办理法人登记的,从成立之日起,具有社会团体法人资格。社会团体包括的范围十分广泛,如人民群众团体、社会公益团体、学术研究团体、文学艺术团体、宗教团体等。

③ 财团法人:具备法人条件,为公益目的以捐助财产设立的基金会社会服务机构等,经依法登记成立,取得捐助法人资格。依法设立的宗教活动场所,具备法人条件的,可以申请法人登记,取得捐助法人资格。法律、行政法规对宗教活动场所有规定的,依照其规定。财团法人应当设理事会、民主管理组织等决策机构,设执行机构和监督机构并制定章程。理事长等负责人依照法人章程的规定担任法定代表人。捐助人有权向捐助法人查询捐助财产的使用、管理情况,并提出意见和建议,捐助法人应当及时、如实答复。捐助法人的决策机构、执行机构或者其法定代表人作出的决定违反法律、行政法规、法人章程的,或者决定内容违反法人章程的,捐助人等利害关系人或者主管机关可以请求人民法院予以撤销。但是捐助法人依据该决定与善意相对人形成的民事法律关系不受影响。

为公益目的成立的非营利法人终止时,不得向出资人、设立人或者会员分配剩余财产。剩余财产应当按照法人章程的规定或者权力机构的决议用于公益目的;无法按照法人章程的规定或者权力机构的决议处理的,由主管机关主持转给宗旨相同或者相近的法人,并向社会公告。

三是特别法人。

特别法人是指机关法人、农村集体经济组织法人、城镇农村的合作经济组织法人、基层群众性自治组织法人。

① 机关法人：有独立经费的机关和承担行政职能的法定机构从成立之日起，取得机关法人资格，可以从事为履行职能所需要的民事活动。机关法人被撤销的，法人终止，其民事权利和义务由继任的机关法人享有和承担；没有继任的机关法人的，由作出撤销决定的机关法人享有和承担。

② 农村集体经济组织法人：农村集体经济组织依照法律、行政法规对农村集体经济组织的规定取得法人资格。

③ 城镇农村的合作经济组织法人：城镇农村的合作经济组织依照法律、行政法规对城镇农村的合作经济组织的规定取得法人资格。

④ 基层群众性自治组织法人：居民委员会、村民委员会具有基层群众性自治组织法人资格，可以从事为履行职能所需要的民事活动。未设立村集体经济组织的，村民委员会可以依法代行村集体经济组织的职能。

(3) 非法人组织：

非法人组织是不具有法人资格，但是依法能够以自己的名义从事民事活动的组织。

非法人组织包括个人独资企业、合伙企业、不具有法人资格的专业服务机构等。非法人组织应当依照法律的规定登记。非法人组织可以确定一人或者数人作为非法人组织的负责人代表该组织从事民事活动。非法人组织的负责人对非法人组织的财产不足以清偿债务的，承担无限责任。

有下列情形之一的，非法人组织解散：一是章程规定的存续期间届满或者章程规定的其他解散事由出现；二是出资人或者设立人决定解散；三是法律规定的其他情形。非法人组织解散的，应当依法进行清算。

【案情一】 高中生钱某于2000年9月2日出生。2018年6月1日在校将同学李某打伤，致其花去医药费2 000元。钱某毕业后进入一家炼钢厂工作。2019年2月，李某起诉要求钱某赔偿医药费。

【问题】 限制行为能力人致损的责任由谁承担？

【法律规定】《民法典》第一千一百八十八条规定："无民事行为能力人、限制民事行为能力人造成他人损害的，由监护人承担侵权责任。监护人尽到监护职责的，可以减轻其侵权责任。有财产的无民事行为能力人、限制民事行为能力人造成他人损害的，从本人财产中支付赔偿费用；不足部分，由监护人赔偿。"

【法律运用及结果】 本案中,钱某虽然是在2018年6月1日在校将同学李某打伤,但到李某起诉要求钱某赔偿医药费时已是2019年2月,此时钱某已经是完全民事行为能力人,且有劳动收入。因此,依法该民事责任应由钱某自己承担。

(案例改编自三人行司法考试题库,www.sikaoketang.com/tiku/show156461.html 2012620)

【案情二】 德胜公司注册地在萨摩国并在该国设有总部和分支机构,但主要营业机构位于中国深圳,是一家由我国台湾地区凯旋集团公司全资设立的法人企业。由于决策失误,德胜公司在中国欠下700万元债务。

【问题】 对此欠下的债务应当由谁承担?分支机构在中国欠下的债务,是否可以向其母公司追讨?

【法律规定】 法人作为民事主体,不仅享有权利,而且还要负担义务。所谓的法人独立承担民事责任,就是法人要以自己的全部财产对外清偿债务,而不是以设立人或其成员的财产去承担这份责任。

【法律运用及结果】 本案中,德胜公司是一家法人企业,虽然其总部、分支机构以及主营业机构所在的地方不同,但是这不影响德胜公司以其全部资产清偿债务。因此,只要是德胜公司的财产,都要用来清偿公司债务,而德胜公司的财产包括深圳主营机构和萨摩国总部及分支机构的全部财产。该债务应以深圳主营机构和萨摩国总部及分支机构的全部财产清偿。

(案例改编自2008年司法考试真题卷三第2题)

(二)民事法律关系的内容

1. 民事法律关系的内容的概念

民事法律关系的内容是指民事法律关系的主体所享有的民事权利和承担的民事义务。民事法律关系的内容是民事主体之间基于客体所形成的具体联系,即民事权利和民事义务,其权利义务可以是当事人的自主设定,也可以是法律直接规定的。

(1)民事权利:

民事权利是指民事主体为实现某种利益而依法为一定行为或者不为一定行为

的自由。民事权利的概念有如下三层含义：一是权利人依法直接享有某种利益或者为一定行为的自由；二是权利人为实现某种利益有请求义务人为一定行为或不为一定行为的自由；三是权利受到侵犯时，权利人有权请求国家机关予以保护。

（2）民事义务：

民事义务是指义务人为满足权利人的利益要求而应当为一定行为或者不为一定行为的拘束。包括：一是义务人应当依法律的规定或者合同的约定，为一定行为或不为一定行为，从而满足权利人的利益要求；二是义务人必须履行其义务，否则应当依法承担民事责任。

（3）民事责任：

民事责任是指民事主体因违反民事义务而应当承担的不利法律后果。

2. 民事权利与民事义务的分类

（1）民事权利的分类：

一是人身权、财产权。这是依民事权利的客体所体现的利益为标准而作的划分。人身权是以人身之要素为客体的权利。人身权所体现的利益与人的尊严和人际的血缘联系有关，故人身权与其主体不可分离。人身权可以进一步划分为人格权和身份权。财产权是以具有经济价值的利益为客体的权利。财产权与人身权不同，财产权可以予以经济评价并可转让。以权利的效力和内容为标准，财产权还可以进一步划分为物权、债权和继承权。物权是支配物并具有排他性效力的财产权；债权是得请求债务人为特定行为的财产权。知识产权是以受保护的智慧成果为客体的权利；继承权是按遗嘱或法律的直接规定承受被继承人遗产的权利。

二是支配权、请求权、形成权、抗辩权。这是依民事权利的效力特点为标准而作的划分。支配权是对权利客体进行直接的排他性支配并享受其利益的权利。支配权的行使无须其他人积极义务的配合，只要容忍、不行使同样的支配行为即可。人身权、物权、知识产权中财产权等属于支配权。请求权是特定人得请求特定他人为一定行为或不为一定行为的权利。请求权人对权利客体不能直接支配，其权利的实现有赖于义务人的协助，没有排他效力。债权是典型的请求权，物权、人身权、知识产权虽为支配权，但在受侵害时，需以请求权作为救济，故请求权在民事权利中的地位殊为重要。形成权是依权利人单方意思表示就能使权利发生、变更或者消灭的权利。形成权的独特性在于只要有权利人一方的意思表示就足以使权利发生法律效力。撤销权、解除权、追认权、抵消权等都属形成权。抗辩权是能够阻止请求权效力的权利。抗辩权主要是针对请求权的，通过行使抗辩权，一方面可以阻止请求权效力，另一方面可以使权利人能够拒绝向相对人履行义务。合同中的同时履行抗辩权、不安抗辩权、先诉抗辩权等皆属于抗辩权。

三是绝对权与相对权。这是依民事权利的效力所及相对人的范围为标准而作的划分。绝对权是权利效力所及相对人为不特定人的权利。绝对权的义务人是权利人之外的一切人,故又称"对世权"。物权、人身权等均属绝对权。相对权是权利效力所及相对人仅为特定人的权利。相对权的效力仅仅及于特定的义务人,故又称"对人权"。债权就是典型的相对权。

四是主权利与从权利,原权利与救济权。这是在相互关联的民事权利中,依各权利的地位而作的划分。主权利是不依赖其他权利为条件而能够独立存在的权利,从权利则是以主权利的存在为前提而存在的权利。在担保中,被担保的债权为主权利,而担保权则是从权利。在基础权利受到侵害时,援助基础权利的权利为救济权,而基础权利则为原权。民法上有所谓"无救济则无权利"之说,救济权是原权的保障,否则权利就难以实现。

五是专属权与非专属权。这是按民事权利与权利人的联系而作的划分。专属权是指专属于特定的民事主体的权利,人格权、身份权等均属于专属权,该权利与主体不能分离,不得转让、继承。非专属权指可以转让、继承的权利,物权、债权等财产权均属于非专属权。

六是既得权与期待权。这是按权利是否现实取得而作的划分。既得权是指已经取得并能享受其利益的权利。期待权是指因法律要件未充分具备而尚未取得的权利,如被继承人没有死亡,继承人的继承权就属于期待权。

(2) 民事义务的分类:

一是法定义务与约定义务。以义务产生的原因分,义务可分为法定义务和约定义务。法定义务是直接由民法规范规定的义务,如对物权的不作为义务、对父母的赡养义务,等等。约定义务是按当事人意思确定的义务,如合同义务等,约定义务以不违反法律的强制性规定为界限,否则法律不予承认。

二是积极义务与消极义务。以行为方式为标准,义务可分为积极义务与消极义务。以作为的方式履行的义务为积极义务,以不作为方式实施的义务为消极义务。

三是基本义务与附随义务。这是对合同义务的分类,前者是指合同本身约定的义务,主要指给付义务;后者是指在当事人约定之外,基于诚信原则,为辅助债权人实现其利益,随合同关系的发生而发生的义务,如注意、告知、照顾、保密等义务。

3. 民事权利行使的原则、方法和民事权利的保护

(1) 民事权利行使的原则:

一是禁止权利滥用的原则,即民事权利的行使应遵循合法、诚实信用、公序良

俗的精神，尊重他人的合法权益。

二是构成权利滥用的条件，即权利人有该项权利；权利人实施了行使该项权利的行为；权利人行使该项权利的行为有悖于设立该项权利的宗旨；权利人行使该项权利的行为有损他人的合法权益。

三是滥用权利的主要民事法律后果，即滥用权利的行为无效；受害者可以请求行为人排除妨碍、消除危险、赔偿损失；限制或剥夺滥用者的权利；权利失效。权利失效是指权利人在相当期间内不行使权利，依特别情事足以使义务人、正当信任权利人不欲其履行义务时，则基于诚信原则权利人不得再主张权利。如除斥期间已过，则权利消失。但诉讼时效已过，债权并不消灭，变成自然债权。

(2) 民事权利行使的方式：

一是依据行使权利行为的性质可分为事实方式与法律方式，前者为事实行为（对物的事实上的支配），后者则是通过法律行为（权利放弃，内容的变更，权利的转让等）；

二是依据行使权利行为的实际执行情况可分为自己行使、代理行使和转移他人享有并行使。

(3) 民事权利的保护：民事权利的保护是指为确保民事权利不受侵犯或恢复被损害的民事权利而采取的各种合法措施。无救济则无权利，民法对民事权利的保护，主要体现在救济制度上，即赋予当事人救济权，许可当事人在某些场合依靠自身力量实施自力救济，更着重于为权利人提供公力救济。

一是民事权利的公力救济。公力救济是权利人通过行使诉权，诉请法院依民事诉讼和强制执行程序保护自己权利的措施。在现代文明社会中，公力救济是保护民事权利的主要手段，在能够援用公力救济保护民事权利的场合，则排除适用自力救济。可以提起诉讼的类型有：确认之诉、给付之诉或变更、形成之诉。

二是民事权利的自力救济。自力救济是权利人依靠自己的力量强制他人捍卫自己权利的行为，包括自卫行为和自助行为。自卫行为指民事主体为使自己或他人的权利免受不法侵害而采取的自卫或躲避措施，包括正当防卫和紧急避险。自助行为指权利人为保护自己的民事权利，在情况紧迫又来不及请求国家机关救助的情况下，对加害人的财产或人身施加扣押、拘束等措施，而为法律和社会公德认可的行为。如公共汽车售票员扣留逃票的乘客等。由于自力救济易演变为侵权行为，故只有在来不及援用公力救济而权利正有被侵犯的现实危险时，才允许被例外使用，以弥补公力救济的不足。当民事权利受到侵害时，权利人有权请求行为人停止侵害、排除妨碍、返还财产、赔偿损失等，以恢复被损害的权利。请求适用于各种民事权利的保护。

（三）民事法律关系的客体

1. 民事法律关系的客体的概念和特征

（1）概念：民事法律关系的客体是指民事主体享有的民事权利和承担的民事义务所共同指向的对象。包括物、行为、智力成果和人身利益。其中行为包括作为与不作为。

（2）特征：一是客观性，指独立于人的意识之外并能为人的意识所感知和人的行为所支配的客观世界中的各种现象；二是效益性，指能够满足主体的物质利益需要或精神利益需要；三是法定性，指客体须是得到国家法律规范确认和保护的客观现象。

2. 民事法律关系客体的范围

关于民事法律关系的客体，应当区分不同的民事法律关系而确定，具体来讲，可以作为民事法律关系客体的事物有：物、行为、智慧财产和人身利益。

（1）物。物是存在于人身之外，能满足人们的社会需要而又能为人所控制和支配的物质资料。其特征如下：一是存在于人身之外；二是有用性，它能满足人们的社会需要；三是可控性，它能为人力所实际控制和支配；四是原则上为有体物。

物可以分为以下几类：

第一，动产和不动产。它们的分类标准是以能否移动或移动会损害其价值或用途来判断的。因此，不动产就是土地及其地上定着物。土地是指一定范围的地球表面并及于土地的上下。地上定着物是指非为土地构成部分，而有独立使用价值的物，包括房屋及其他建筑物。区分它们的意义在于：① 物权变动的法定要件不同。不动产的让与必须以书面的形式，依登记而生效；动产的让与不要求必须以书面的形式，依交付而生效。② 物权类型不同。用益物权只能设立于不动产，质押权、留置权只能设立于动产。③ 诉讼管辖不同。不动产涉诉实行由不动产所在地的法院专属管辖。

第二，流通物、限制流通物和禁止流通物。它们的分类标准是以是否具有流通性及是否受限来判断的。区分它们的意义在于认定交易的效力。

第三，特定物和种类物。它们的分类标准是以是否具有独立特征或被权利人指定来判断的。特定物是指不可替代物，包括独一无二的物或被当事人指定的特定化的物。种类物是指可替代物。区分它们的意义在于：① 种类债的债务人只须于全体种类物中，任取某个或某些别物体给付即可，而特定之债的债务人必须给付业已指定的特定物体。② 物灭失的后果两者不同。在种类物之债，原则上不会发生事实上或法律上的客观履行不能。而特定物之债，一旦因事实上或法律上的原因导致不能履行,债权人的实际履行请求权即告消灭。

第四,可分物与不可分物。它们的分类标准在于能否分割,或分割后是否损害其价值或用途来判断的。区分它们的意义在于:① 便于共有物的分割。对于可分物,分割时就用实物分割。对于不可分物,分割时变价分割或作价补偿。② 便于明确多数人之债的债权债务。可分物一般都是按份之债或按份债务;不可分物一般都承担连带之债或连带债务。

第五,消耗物与非消耗物。它们的分类标准是以使用后形态是否变化来判断的。如果一次使用就消灭或改变形态的就是消耗物;反之即是非消耗物。区分它们的意义在于:消耗物不能作为转移使用权的债的标的物,只能作为消费借贷或转移所有权的债的标的物。

第六,有主物和无主物。它们的分类标准是以是否有所有人来判断的。区分它们的意义在于:对于无主物,在没有法律特别规定时,依照先占原则取得所有权;有特别规定的,依照特别规定。

第七,单一物、合成物和集合物。它们的分类标准是以由一个物组成还是由多个物组成来判断的。单一物是独立成一体的物。合成物是由数个单一物构成的物。集合物是由多个单一物或合成物聚合而成的,在法律或交易上视为一体的物的总体。区分它们的意义在于:① 作为客体,法律上和观念上都是一个完整的物,只能设定一个所有权或相容的数个他物权,或另行设定他物权。② 作为交易客体时,不得随意变更物的组合状况,否则构成债的不履行。

第八,主物与从物。它们的分类标准是以两个关系是否相互独立且经济用途相联系的物的关系来判断的。区分它们的意义在于:① 主物所有权转移时,效力及于从物;② 因主物不合约定解除合同时,效力及于从物;③ 对主物所有权的限制,效力及于从物。

第九,原物和孳息。它们的分类标准是以一物是否由另一物所生的关系来判断的。原物是指依照法律规定或依其自然性质产生新物的物。孳息是指因物或权益而生的收益。孳息分天然孳息和法定孳息两种:天然孳息是依照物的自然性质而产生的收益物,法定孳息是依照法律规定而产生的收益物。区分它们的意义在于:① 确定孳息收取权:天然孳息,由所有权人取得;既有所有权人又有用益物权人的,由用益物权人取得;当事人另有约定的,按照约定取得。② 孳息收取权:法定孳息,当事人有约定的,按照约定取得;没有约定或者约定不明确的,按照交易习惯取得。

(2)行为。作为民事法律关系客体的行为,是指能够满足权利主体某种利益的行为。有三类行为：一是给付财产的行为；二是完成一定工作并交付工作成果的行为；三是提供劳务或服务。

(3) 智慧财产。智慧财产是指人们通过智力劳动所创造出来的并以一定的客观形式表现出来的非物质财富。其特征为：创造性、非物质性和客观表现性。智慧财产的主要类型有：① 作品；② 我国《专利法》保护的权利客体：发明、实用新型和外观设计；③ 科学发现；④ 商标；⑤ 其他：商誉、商号、原产地证书、商业秘密等。

(4) 人身利益。人身利益是多方面的，包括人格利益和身份利益。人身利益虽然与主体人身不能分离，但并非主体本身。否则，人身权法律关系也就没有了客体。

第四节　代　理

一、代理的概念和特征

(一) 代理的概念

代理是代理人于代理权限内，以本人名义向第三人为意思表示或受领意思表示，该意思表示直接对本人生效的民事法律行为。代理制度其实是一种跟民事法律行为紧密结合在一起的制度，是为了辅助民事法律行为的实现。

(二) 代理的特征

(1) 代理是一种民事法律行为。由于代理行为一定是以意思表示为核心，能够在被代理人和第三人之间设立、变更和终止民事权利和民事义务，所以说，代理行为主要体现为民事法律行为。

(2) 代理是指以被代理人的名义为民事法律行为。在实践操作中有例外，如隐名代理。

(3) 代理人是在代理权限内独立向第三人进行意思表示。

(4) 代理人所为民事行为的法律后果，直接归属于被代理人，也即代理行为直接对被代理人发生效力，与代理人并无直接的关系。

(三) 代理的适用范围

代理主要适用于民事法律行为。凡是民事主体有关权利、义务的设立、变更、消灭的民事法律行为，都可以适用代理制度。

1. 可代理的行为

(1) 双方或者多方的法律行为，如代理买卖、租赁、借贷、承揽、保险等；

(2) 单方法律行为,如代理他人行使追认权、撤销权等;

(3) 准法律行为,如代理他人进行要约邀请、要约撤回、承诺撤回、债权的主张和承认等;

(4) 申请行为,如代理申请注册商标;

(5) 申报行为,如代理申报纳税行为;

(6) 诉讼行为,代理诉讼中的当事人进行各种诉讼行为(包括申请仲裁的行为)。

2. 不得代理的行为

(1) 法律规定不得适用代理的行为不得适用代理,如设立遗嘱不得代理,结婚、离婚不得代理;

(2) 当事人约定某些事项不得代理,则不得适用代理;

(3) 根据民事法律行为的性质,该种民事法律行为的性质不得适用代理的,也不能适用代理;

(4) 人身行为,如婚姻登记、收养子女等;

(5) 人身性质的债务,如受约演出不得代为演出。

(四) 代理和相关概念之间的区别

1. 代理和委托

委托又称委任,是双方当事人约定由一方为他方处理事务的法律行为。代理一定是三方当事人之间的关系,而委托是指委托人和受托人之间的法律关系。两者之间有差异:只要是三方当事人的关系,一般来说是代理的法律关系;而委托强调的是代理人与被代理人之间的关系。

2. 代理与代表

主要体现在代理有两个人格,代表实际上人格只是一元的。作为代表人实施的行为不存在效果归属的问题,代理则存在。

3. 行纪与代理

行纪一定是有偿的,而代理可以是有偿的也可以是无偿的。另外,行纪的行纪人一定是以自己的名义进行法律行为的,而作为代理中的代理人则是以被代理人的名义进行法律行为的。

二、代理的分类

(一) 以代理权产生原因的不同为标准

代理关系是基于一定法律事实而产生的,我国《民法典》第一百六十三条根据产生代理关系的各种法律事实,规定了代理的分类,包括委托代理、法定代理。

1. 委托代理

委托代理是指委托代理人按照被代理人的委托行使代理权。相应的,被代理人又称为委托代理人,代理人又称为被委托人。委托代理一般建立在特定的基础法律关系之上,可以是劳动合同关系、合伙关系、工作职务关系,而多数是委托合同关系,即委托人和受托人约定,由受托人处理委托人事务的合同,正是在此种意义上称之为委托代理。同时,还必须经过被代理人向代理人授予代理权,委托代理关系才能确立。可见,委托代理赖以存在的基础法律关系一般是委托合同,而代理权的产生根据则是授权行为。委托代理是公民、法人进行商品交换的重要手段之一。其适用范围最为广泛。

2. 法定代理

法定代理是指法定代理人依照法律的规定行使代理权。法定代理主要是为保护无民事行为能力人和限制民事行为能力人的合法权益而设定的。主要形式:一是父母对未成年子女的法定代理权;二是其他对未成年子女担任监护人的人是该未成年子女的法定代理人;三是夫妻日常家事代理权,也是法定代理;四是基于紧急状态法律特别授权的代理,例如作为货主的代理人。

(二)民法上的代理和诉讼法上的代理

尽管民事诉讼代理人与民事代理人存在着某些共同点,如代理人都必须以被代理人的名义并且为了维护被代理人的利益进行代理活动,代理人都必须在代理权限范围内进行代理,代理人都必须有行为能力,代理的法律后果都是由被代理人承担,等等。但是民事诉讼代理人毕竟与民事代理人存在很多区别:

1. 代理的内容和后果不同

在民事诉讼代理中,代理人所代理的是民事诉讼行为,其后果是导致代理人和被代理人同法院之间民事诉讼法律关系的发生、变更和消灭;在民事代理中,代理人所代理的是民事法律行为,其后果是导致被代理人与第三人之间民事法律关系的发生、变更和消灭。

2. 代理的对象不同

民事诉讼代理人代理的对象是案件中的原告、被告和第三人;民事代理人代理的对象是参加民事活动的公民、法人和其他组织。

3. 代理的法律依据不同

民事诉讼代理人的代理活动以民事诉讼法为依据;民事代理人的代理活动以民事实体法为依据。

（三）以代理权限范围为标准分为一般代理与特别代理

民事诉讼中有关诉讼代理，分为一般代理和特别代理，而民法中代理分类中，一般代理又叫全权代理，特别代理是针对特别事项的代理。

（四）以代理权属于一人还是多人分为单独代理与共同代理

单独代理是代理权属一人的代理。其特征是代理权属于一人，但被代理人是一人还是数人，在所不问。共同代理是数人为同一委托事项的代理人的，应当共同行使代理权，法律另有规定或者当事人另有约定的除外。共同代理人如果共同实施代理，则形成共同关系，可以各自行使代理权，也可以约定依多数表决同意原则行使代理权。

（五）以代理权是由被代理人授予还是由代理人转托为标准分为本代理与复代理

根据代理人是由谁选任的，代理又可以分为本代理和复代理。本代理，代理人是由被代理人选任或者依照法律规定而产生的代理，本代理是相对复代理而言的，没有复代理也就无所谓本代理。复代理，代理人需要转委托第三人代理的，应当取得被代理人的同意或者追认。转委托代理经被代理人同意或者追认的，被代理人可以就代理事务直接指示转委托的第三人，代理人仅就第三人的选任及其对第三人的指示承担责任。转委托代理未经被代理人同意或者追认的，代理人应当对转委托的第三人的行为承担责任，但是在紧急情况下代理人为了维护被代理人的利益需要转委托第三人代理的除外。

（六）直接代理与间接代理

根据我国《民法典》第一百六十二条的规定，代理人在代理权限内，以被代理人名义实施的民事法律行为，对被代理人发生效力。所以我国《民法典》只规定直接代理这种代理形式，没有间接代理形式的有关规定。

但我国在单行法律及行政规章中确立了间接代理制度，原经贸部1991年8月29日颁布实施的《关于对外贸易代理制度的暂行规定》（以下称《暂行规定》）第十五条进一步规定："受托人根据委托协议以自己的名义与外商签订进出口合同，并应及时将合同的副本送达委托人。受托人与外商修改进出口合同时不得违背委托协议。受托人对外商承担合同义务，享有合同权利。"因此，我国外贸代理制确立了代理人（受托人）在其代理权限内，以自己名义与第三人（外商）实施民事法律行为（签订合同）的间接代理形式。事实上，我国间接代理制度在其他行政规章中也有体现，如中国人民银行银行法〔1992〕13号《关于对〈关于委托贷款有关问题的请示〉的复函》认为："委托贷款行为与《民法通则》的代理制度不同，是指金融机构根据委托人的委托,在委托贷款协议所确定的权限内,按照委托人确定的金额、期限、用途、利率等,以金融机构自己名义,同委托人指定的借款人订立借款合同的行为。"又如国家工商局颁布实施的《期货经纪公司登记管理暂行规定》第二条规定:"本办法所称期货经纪公司,是指依照国家法律、法规及办法设立的接受客户委托,用自己名义进行期货买卖,以获取佣金为业的公司。"所以,金融机构接受委托贷款协议的贷款及期货公司的期货买卖也是一种间接代理。

直接代理与间接代理的区别主要表现在以下几个方面:

1. 代理权的取得

代理权的取得是产生代理的基础,直接代理与间接代理有取得代理权的共同基础及形式,两者均可因委托合同产生,但两者又有不同的规定。依据《民法典》第一百六十三条规定,直接代理的代理权可通过委托、法定而取得。间接代理权的取得,依《对外贸易法》第十三条"委托方与被委托方应当签订委托合同,双方的权利义务由合同约定"的规定,原经贸部的《暂行规定》第五条"委托协议应采用书面形式,一般应包括下列内容……"及中国人民银行法〔1992〕13号"根据委托贷款协议书所确定的权限范围办理放贷手续"等规定,间接代理的基础只能是书面的委托合同。

2. 代理权的行使

在代理权的行使过程中,直接代理和间接代理的代理人都应在代理权限内实施民事法律行为,两者代理人不履行代理职责或未获得授权进行代理的法律后果,应由代理人自行承担责任。但两者存在显著区别:

(1) 代理的名义不同。在直接代理中,代理的任务和目的就是通过代理人的代理行为,在被代理人与第三人之间设立、变更或者终止某种民事权利义务。所以,代理人必须以被代理人的名义与第三人实施民事法律行为;在间接代理中,是由代理人与第三人订立合同,取得民事权利或者承担民事义务后,再移转给委托人,委托人与第三人间并不直接发生民事法律关系。由此,代理人应以自己名义与第三人实施民事法律行为。

(2) 代理的适用范围不同。直接代理除法律规定必须由当事人亲自实施的民事法律行为(如结婚行为)或虽法律未作规定但其性质不宜代理的民事法律行为(如立遗嘱行为)及依约定须由当事人亲自实施的民事法律行为外,其他民事法律行为均可代理;而间接代理只有法律明文规定的民事法律行为才能代理,一般仅在买卖等交易中产生。据我国现有法律规定,只有外贸代理、委托贷款、证券及期货买卖等才允许间接代理。

3. 有偿性与无偿性

直接代理可能是有偿也可能是无偿的,如法定代理和因职务关系、合伙合同产生的委托代理,一般是无偿的,只有部分委托合同的代理是有偿的;而间接代理一定是有偿的,间接代理因是据双方协商一致的委托协议产生的,受托人接受代理的目的是收取一定手续费。

4. 代理的法律后果承担

在直接代理中,因被代理人通过代理人行为与第三人直接建立合同关系,则被代理人直接对第三人承担责任;而在间接代理中,被代理人是通过代理人与第三人间的合同和自身发生法律上的关系,被代理人与第三人不产生直接的合同关系。因此,被代理人不直接对第三人承担责任,其责任应由代理人承担。在间接代理中,理论与实践上有个不可回避的问题,就是委托人是否享有介入权。我国间接代理人的委托人是否享有介入权,现有法律、行政规章均未规定,只在最高人民法院《关于如何确定委托贷款协议纠纷诉讼主体资格的批复》中体现,该批复规定:"在履行委托贷款过程中,借款人不按期归还贷款而发生纠纷的,贷款人(受托人)可以借款合同纠纷为由向人民法院提起诉讼;贷款人坚持不起诉的,委托人可以委托贷款协议的受托人为被告、以借款人为第三人向人民法院提起诉讼。"由此看出,我国间接代理的委托人享有限制的介入权,只有代理人坚持不起诉第三人时,委托人才享有介入权。

(七)以代理人是否处于主动地位标准分为积极代理与消极代理

代理人对第三人为意思表示的,是积极代理,也称能动代理或意思表示表出的代理。代理人受理第三人所为的意思表示,称为消极代理,又称受动代理或意思表示受领代理。

(八)以代理人有无代理权限为标准分为有权代理和无权代理

有权代理是指代理人在授权的范围内以被代理人的名义行使代理权,其行为由被代理人承担。有权代理必须具备下列要件:一是代理人有代理权。二是代理人须作出或者接受法律行为上的意思表示;代理人的意思表示不仅包括双方意思表示,还包括单方意思表示。例如,代理人可以行使形成权,即仅凭自己一方的行为使自己与他人的法律关系发生、变更或终止,这就是单方行为;可以为订立合同等双方法律行为。三是代理人为代理行为须以被代理人的名义。四是代理人应当遵守法律规定的或当事人约定的代理义务。五是代理应当在法律规定的范围内适用。原则上,任何法律行为均允许代理,作为例外,具有身份性质的行为,如结婚、离婚、立遗嘱等,此类身份行为强调特定主体的本人的意愿,故不允许代理。

无权代理是指在没有代理权的情况下以他人名义实施的民事行为，无权代理包括：行为人没有他人授权，或者超越了授权范围，或者授权终止后依然以之前被代理人的名义实施行为。无权代理人签订的合同效力待定。如果被代理人不追认，则合同不发生效力，其结果由无权代理人承担。

三、代理权

(一) 代理权的概念与性质

1. 代理权的概念

代理权是指代理人基于被代理人的意思表示或法律的直接规定或有关机关的指定，能够以被代理人的名义为意思表示或受领意思表示，其法律效果直接归于被代理人的资格。

2. 代理权的性质

代理权是一种资格和地位。

(二) 代理权的发生

1. 基于法律规定而发生

法定代理权因具备法律规定的法律事实而取得。这种事实既可以是《民法典》规定的亲属或其他具备资格的自然人、社会组织，也可以是在有该资格的人发生争议时，由有指定权的机关选定，或由法院判决指定。

2. 基于被代理人的授权行为而发生

委托代理权的取得根据是被代理人的授权行为。授权行为相当重要。重大事务的授权，以用书面形式为妥。用书面形式授权即签署授权委托书，授权委托书应当记载代理人的姓名或者名称、代理事项、代理权限及期限。建立委托代理关系的更审慎方式是订立委托合同，通过合同，规定双方权利义务，代理人取得代理权。有书面授权委托合同，就无须单独的授权委托书。

授权行为与契约关系的区别：一是性质不同。授权行为是单方民事法律行为，契约关系如委托、雇佣等均是契约，属双方民事法律行为。二是效果不同。授权行为发生代理权，代理人行使代理权得与第三人为民事法律行为并由本人承受该行为效果，契约关系只对缔约的当事人有效，受托人与他人之行为并不当然对本人生效。三是授权行为是独立的民事法律行为，并不以契约关系为必要。

3. 基于人民法院或其他机关的指定而发生

指定代理既不是基于亲权或监护权而发生，也不是基于当事人委托而发生，而是源于受诉法院在特定情况下的临时指定，人民法院根据需要与可能，可以指定律师或其他人担任诉讼代理人，也可以指定其他适当的公民担任诉讼代理人。指定诉讼代理人，一般是在无诉讼行为能力的当事人没有法定代理人或其法定代理人不能行使代理权的情况下，由法院依职权为该当事人指定的诉讼代理人，从审判实践来看，指定诉讼代理人主要适用于以下两种情况：无诉讼行为能力的当事人没有法定代理人，而诉讼又不得不进行；无诉讼行为能力的当事人虽有法定代理人，但其法定代理人不能行使诉讼代理权，又无其他人可作法定代理人的。另外，在破产案件中，由人民法院指定破产企业的管理人。

4. 依"外表授权"而发生

指本属于无权代理，但因本人与无权代理人之间的关系具有授予代理权的外观（即外表授权），致使相对人相信代理人有代理权而与其为法律行为，法律使之发生与有权代理同样的法律效果的代理。

(三) 代理权的授予

1. 授予之代理权范围

在法定代理中，代理权的内容与范围应以法律规定为准；在委托代理中，应以授权行为的意思表示确定。代理权的授予与代理权的范围有关联，也就是代理权的范围通常以代理权之授予行为作为判断标准：一是授权范围仅及于特定法律行为的，属于特别代理，代理人只能就该特别事项为代理；二是授权范围及于某类事项，属于类别代理，代理人可就授权的这一类事务行使代理权；三是代理人在授权范围内，有代理一切法律行为的，属于概括代理，也称全权代理；四是若代理人有数人的，各代理人之代理事项不交叉的，除有特别约定外，各代理人为独立代理；事项有交叉的，为共同代理，除有特别约定外，各代理人仅就自己的代理行为负责，不负连带责任。

2. 授予代理权之方式

根据意思自治原则，代理权以何种方式授予，由当事人自行确定。根据《民法典》第一百六十五条规定，民事法律行为的委托代理，必须用书面形式，代理权的授予方式必须足以将代理权授予行为的意思向第三人表示清楚，法律特别规定以书面方式时，授权方式必须以授权书的形式为之，例如诉讼代理。在书面授权时，书面委托代理的授权委托书应当载明代理人的姓名或者名称、代理事项、权限和期间，并由被代理人签名或者盖章。

3. 代理授权违法的责任

代理人知道或者应当知道代理的事项违法仍然实施代理行为，或者被代理人知道或者应当知道代理人的代理行为违法未作反对表示的，被代理人和代理人应当承担连带责任。

（四）代理权的行使

代理人在行使代理权的过程中应当遵循以下原则：

（1）代理人应在代理权限范围内行使代理权，不得无权代理。在代理权限范围之外，代理人有权为保存行为、利用行为和改良行为。

（2）代理人应亲自行使代理权，不得任意转托他人代理。

（3）代理人应积极行使代理权，尽勤勉和谨慎的义务。代理人首先应对代理事务尽相当的注意义务。无偿代理的代理人实施代理行为必须尽与处理自己事务相同的注意义务，有偿代理的代理人应尽善良管理人的注意义务。其次，委托代理的代理人应根据被代理人的指示进行代理活动，并尽报告与保密的义务。

（五）滥用代理权的禁止

1. 滥用代理权的概念

滥用代理权，是代理人为自己的利益或为他人利益，损害被代理人利益而行使代理权。代理权制度的价值在于"为本人利益"，而非为代理人利益，因此，滥用代理权行为，为法律所禁止。

2. 滥用代理权的类型

（1）双方代理。双方代理指代理人既代理本人又代理第三人为同一民事法律行为的代理。广义的双方代理包括自己代理，这里指的是狭义双方代理的概念。在双方代理的同一民事法律行为中，由于代理人既要为本人代理，又要为第三人代理，代理要为本人利益，双方代理之代理人为"二主"哪一主利益，就成了两难。结果很可能会损害其中之一方被代理人的利益，甚至双方都认为被损害了。《民法典》第一百六十八条第二款规定了禁止双方代理："代理人不得以被代理人的名义与自己同时代理的其他人实施民事法律行为，但是被代理的双方同意或者追认的除外。"

（2）自己代理。这是指代理本人与自己订立合同。《民法典》第一百六十八条第一款规定了禁止自己代理："代理人不得以被代理人的名义与自己实施民事法律行为，但是被代理人同意或者追认的除外。"自己代理被禁止，其法理在于，代理本以为本人利益为宗旨，自己代理因相对人是代理人自己，就难以再为本人利益考量。但自己代理在交易习惯或当事人允诺时，也可以予以必要的弹性。如证券交易中，证券公司自己代理时，因证券价格是由交易所竞价系统确定，合同意思由格式条款充任，所以可以有效。

3. 滥用代理权与无权代理、超越代理权的不同

（1）滥用代理权，是有权代理，代理人的代理行为仍在代理权范围内。越权行为构成无权代理，不适用滥用代理权。

（2）滥用代理权导致本人的损害，即滥用代理权的结果是本人受害，而代理人或第三人受益。如果本人受损害非滥用代理权所致，则也不能适用滥用代理权。无权代理的着重在代理权，而非代理效果，因为无权代理行为的效果，有可能是对本人有利的，也有可能是对本人不利的，但纵使对本人有利，本人也有权拒绝接受该效果。

（六）代理权的消灭

1. 委托代理权的消灭原因

（1）代理期间届满或者代理事务完成的；

（2）被代理人取消委托或者代理人辞去委托的；

（3）代理人丧失民事行为能力的；

（4）代理人或者被代理人死亡的；

（5）作为代理人或者被代理人的法人、非法人组织终止的。

被代理人死亡后，有下列情形之一的，委托代理人实施的代理行为有效：

（1）代理人不知道并且不应当知道被代理人死亡的；

（2）被代理人的继承人均予以承认的；

（3）授权中明确代理权在代理事项完成时终止的；

（4）在被代理人死亡前已经实施，在被代理人死亡后为了被代理人继承人的利益继续完成的。

2. 法定代理权的消灭原因

（1）被代理人取得或者恢复完全民事行为能力的；

（2）代理人丧失民事行为能力的；

（3）被代理人或者代理人死亡的；

（4）有法律规定的其他情形的。

四、无权代理

（一）无权代理的概念与特征

1. 无权代理的概念

无权代理是指代理人不具有代理权，但以本人的名义与第三人进行民事活动。

2. 无权代理的特征

（1）行为人所实施的民事行为，符合代理行为的表面特征；

（2）行为人不具有代理权；

（3）无权代理并非绝对不能产生代理的法律效果。

(二) 狭义无权代理

1. 狭义无权代理的原因

(1) 行为人自始没有代理权。指行为人既没有经委托授权,又没有法律上的根据,也没有人民法院或者主管机关的指定,而以他人名义实施民事法律行为之代理。

(2) 行为人超越代理权。指代理人超越代理权限范围而进行代理行为。

(3) 代理权终止后的代理。指代理人因代理期限届满或者约定的代理事务完成甚至被解除代理权后,仍以被代理人的名义进行的代理活动。

2. 狭义无权代理的法律后果

(1) 本人有追认权和拒绝权。追认是本人接受无权代理之行为效果的意思表示。《民法典》第一百七十一条规定本人的追认权和拒绝权,相对人可以催告被代理人在三十天内予以追认。被代理人未作表示的,视为拒绝追认。无权代理经追认溯及行为开始对本人生效,本人拒绝承认的,无权代理效果由行为人自己承受。追认权与拒绝权只需本人一方意思表示即生效,故属于形成权。

(2) 相对人催告权和撤销权。催告是相对人请求本人于确定的期限内作出追认或拒绝的意思表示;撤销是相对人确认无权代理为无效的意思表示。催告权和撤销权只需相对人一方意思表示即生效,故属于形成权。根据《民法典》第一百七十一条第二款规定:"相对人可以催告被代理人自收到通知之日起三十天内予以追认。被代理人未作表示的,视为拒绝追认。行为人实施的行为被追认前,善意相对人有撤销的权利。撤销应当以通知的方式作出。"对于无权代理行为,从效力未定至效力确定,本人有权利,相对人也应有权利。否则,本人未知可否,相对人若信其默认时,本人又拒绝了,对相对人颇为不利。撤销权旨在保护善意相对人利益,故须是善意相对人才得享有,若是相对人恶意,就有"串通"之嫌,适用前述滥用代理权的规定。

(3) 相对人获赔偿权。行为人实施的行为未被追认的,善意相对人有权请求行为人履行债务或者就其受到的损害要求无权代理人赔偿,但是赔偿的范围不得超过被代理人追认时相对人所能获得的利益。相对人知道或者应当知道代理人无权代理的,相对人和行为人按照各自的过错承担责任。

(三) 表见代理

1. 表见代理的概念

表见代理是指行为人没有代理权但具有外表授权的特征,致使相对人有理由相信行为人有代理权而与其进行民事法律行为,法律使之发生与有权代理相同的法律效果。

2. 表见代理的构成要件

（1）须代理人无代理权，包括代理行为当时无代理权或对于所实施的代理行为无代理权、超越代理权或者代理权终止的情形。

（2）须该无权代理人有让相对人有理由相信其被授予代理权的外表或假象，即存在外表授权。存在外表授权，是成立表见代理的根据。无代理权的情况主要有如下几种：一是无权代理人曾经被授予代理权，但实施代理行为时代理权已经终止，理论上称为代理权消灭后的表见代理。二是代理人于实施代理行为当时仍拥有代理权，只是所实施的代理行为超越了代理权范围，理论上称为越权的表见代理；代理人自始就未曾被授予代理权，如被代理人曾明示或默示授予代理权而实际并未授予代理权，理论上称为因本人明示或默示的表见代理。三是须相对人相信该无权代理人有代理权，并且相对人的信赖应有正当理由。相对人的信赖是否有正当理由，应依实施法律行为的具体情形判断。四是相对人基于此信赖而与该无权代理人成立法律行为。只有在相对人基于此信赖与该无权代理人成立了法律行为，才可能发生表见代理问题。相对人也可以依狭义无权代理的规定，撤回其所为的法律行为。

【案情一】 甲公司业务经理乙长期在丙餐厅签单招待客户，餐费由公司按月结清。后乙因故辞职，月底餐厅前去结账时，甲公司认为，乙当月的几次用餐都是招待私人朋友，因而拒付乙所签单的餐费。

【问题】 甲公司是否应当付款？乙的行为是否构成表见代理？

【法律规定】 《民法典》第一百七十二条规定："行为人没有代理权、超越代理权或者代理权终止后，仍然实施代理行为，相对人有理由相信行为人有代理权的，代理行为有效。"

【法律运用及结果】 本案中，虽然乙因故辞职，但是因为乙长期在丙餐厅签约招待客户，使丙餐厅有理由相信乙是有代理权的，形成表见代理，所以甲公司应该付款。

（案例改编自2007年司法考试卷三）

【案情二】 原告李某的丈夫20世纪50年代向深圳南头信用合作社投资认购股份二股（1元一股）。1987年深圳市发展银行成立时，将上述二股转为股票180股。1990年分红、扩股时，180股又增至288股。原认股人原告李某的丈夫于1988年去世，288股的股票由原告持有。以前，原告李某的丈夫曾委托被告张某到证券公司领取股息,办理扩股等手续。1990年4月,原告将股票交由被告,委托其代领股息。1990年4月25日,被告通过证券公司以每股3.56元的价格,将原告李某丈夫名下的288股股票,过户到其妹妹、第三人张某琴的名下。事后,被告扣除税款和手续费后,托其母吴某友将过户股票的股息及卖股票款980元交给原告。同年8月25日,原告将票据交给女婿看后,发现288股发展银行的股票已被被告过户到第三人的名下。原告向被告索要股票,被告予以拒绝,遂于1991年4月向法院提起诉讼。在审理过程中,李某自愿放弃讼争股票1991年派发的红股,只要求张某购还发展银行288股股票。张某表示同意,应予准许。

【问题】 原告只委托被告代理其领取股息,但被告却擅自将原告的股票低价出卖并过户给第三人张某,是否属于无权代理行为?

【法律规定】《民法典》第一百七十一条的规定:"行为人没有代理权、超越代理权或者代理权终止后,仍然实施代理行为,未经被代理人追认的,对被代理人不发生效力。"

【法律运用及结果】 法院认为,代理人在代理权限内,以被代理人的名义实施民事法律行为。代理人超越代理权的行为,只有经过被代理人的追认,被代理人才承担民事责任。未经追认的行为,由行为人承担民事责任。原告李某只委托被告张某代理其领取股息,但张某却擅自将李某的股票低价出卖并过户给第三人,其行为违反了《民法典》第一百七十一条的规定,超越代理权,应当承担民事责任。经过调解,原告与被告达成如下协议:一是被告张某于1991年9月14日前用原告李某的身份证和姓名购买深圳发展银行股票288股给李某,所需股金及手续费用,由张某承担。二是原告李某将被告张某1990年4月交与的890元当庭退还被告。

(案件改编自《最高人民法院公报》1993年第1期)

第五节 诉讼时效

一、诉讼时效的概念

(一)时效与诉讼时效

时效,是指一定的事实状态持续地达到一定期间而发生一定的财产法效果的法律事实。时效是一种期限,但与一般的期限由当事人约定不同,时效是法定的。时效依其适用的权利和法律效果区分,可分为取得时效和消灭时效,取得实效也称占有时效,是适用于物权的时效,我国法律没有规定。消灭时效,也称诉讼时效,是指民事权利受到侵害的权利人在法定的时效期间内不行使权利,当时效期间届满时,人民法院对权利人的权利不再进行保护的制度。我国《民法典》等民事法律规范规定的时效,就属于诉讼时效。在法律规定的诉讼时效期间内,权利人提出请求的,人民法院就强制义务人履行所承担的义务。而在法定的诉讼时效期间届满之后,权利人行使请求权的,人民法院就不再予以保护。值得注意的是,诉讼时效届满后,义务人虽可拒绝履行其义务,权利人请求权的行使仅发生障碍,权利本身及请求权并不消灭。当事人超过诉讼时效后起诉的,人民法院应当受理。受理后查明无中止、中断、延长事由的,判决驳回其诉讼请求。

(二)诉讼时效的特征

(1)诉讼时效不受当事人的意志控制并能发生权利消灭属于法律事实中的事件。

(2)诉讼时效具有强行性,由法律规定的,不得由当事人自行约定或规定。

(3)诉讼时效的效果是期间与事实的结合。

(4)诉讼时效仅适用于请求权,但并非所有的请求权如物上请求权。

(5)法官无权主动释明并适用该时效的规定,需要当事人提出适用该制度。

(三)除斥期间

1. 除斥期间的概念

除斥期间是指法律预定某种权利于存续期间届满当然消灭的期间,又称预定期间。《民法典》第一百九十九条规定:"法律规定或者当事人约定的撤销权、解除权等权利的存续期间,除法律另有规定外,自权利人知道或者应当知道权利产生之日起计算,不适用有关诉讼时效中止、中断和延长的规定。存续期间届满,撤销权、解除权等权利消灭。"

2. 除斥期间的主要特征

(1)除斥期间必须是由法律规定的,期限不可能是当事人约定的。

(2)除斥期间是权利的存续期间,在该期限内权利才能存在。法律规定除斥期间制度的目的在于督促权利人及时行使权利。如撤销权的存续期间为一年,超过该期限权利将会丧失。

(3)除斥期间的适用对象主要为形成权。因为形成权将会根据一方的意志而发生法律关系发生、变更和消灭的效果,期限的限制对他人的权利和社会公共利益都有一定的关联。因此,法律一般以除斥期间对之加以限制,从而在较短时间内消灭该形成权。

(4)除斥期间届满后,法院可以主动依职权来确定该期间届满的效果。由于除斥期间作为形成权的存续期间,其完成的法律后果就是使形成权绝对、当然、确定地消灭。所以在一方主张形成权以后,不论另一方是否就此种权利的存在提出了抗辩,法院都应当对该权利存在与否加以审查,这就必然涉及该权利是否因除斥期间届满而消灭的问题。

3. 除斥期间与诉讼时效的区别

(1)制度价值上的不同。虽然诉讼时效期间与除斥期间都有督促权利人积极行使权利的作用,但由于形成权和请求权本身的区别,它们的价值取向仍有不同。法律之所以设定除斥期间,其意义在于促使权利人及时纠正自己意思表示中的瑕疵,同时促使当事人及时辅助效力待定的民事行为。通过适用除斥期间的规定,消灭的是形成权这一权利本身,权利的不稳定状态消除后,不会形成新的秩序,而是原有的秩序得以继续存在。而诉讼时效是消灭怠于行使的公力救济权,请求权这一权利本身并没有消灭,消除权利的不稳定状态后,会形成新的秩序。所以,诉讼时效是对新秩序的保护。

(2)适用范围不同。即客体、对象不同。诉讼时效主要适用于债的请求权;除斥期间主要适用于形成权,在特殊情况下可依据法律规定而使用于请求权。正是由于适用范围不同,所以决定了诉讼时效和除斥期间在使用中各自具有不同的特点。由于请求权的范围远远大于形成权,因此诉讼时效的规定应当置于《民法典》总则之中进行抽象规定。而除斥期间则应当根据所限制的形成权的具体内容而分别进行具体规定。

(3)构成要件不同。诉讼时效要求同时具备法定期间的经过和权利人不行使权利的事实状态这两个构成要件;而除斥期间只有一个构成要件,那就是一定法定期间的经过。

(4)法律效力不同。诉讼时效的法律效力并不消灭实体权利本身,仅发生受法院保护的权利消灭或抗辩权产生的效力,在时效届满以后,使原来的请求权变成一种"自然债"。除斥期间在性质上是一种权利存续期间,一旦期限届满,直接消灭权利本身。超过除斥期间,则权利本身即不复存在。时效期限届满以后,义务人抛弃期限利益的行为,可以视为创设了某种权利。从法律效果上来看,诉讼时效将产生抗辩权发生的效果,而除斥期间都是权利的存续期间,期间届满将发生权利的消灭。

(5) 起算时间不同。诉讼时效期间一般自权利人能够行使请求权之日起计算,若权利人不能行使请求法律保护的权利,则一般不开始计算时效期间;除斥期间一般自权利成立之日起计算,至于权利人能否行使权利,一般不影响期间计算。

(6) 期间弹性不同。诉讼时效在性质上是可变期间,可因法定事由而中止、中断,例外情形下还可以延长。除斥期间从性质上来说,是不能适用中止、中断的,因为引起中断的事实是权利人行使权利的行为,除斥期间主要针对的是形成权,而形成权一旦行使,权利也就相应地产生和消灭,所以就没有必要重新计算权利的存续期间。

(7) 是否可允许当事人自我约定上存在不同。除斥期间可以是法定的,也可以是约定的,法定如可撤销法律行为的撤销权的行使期限,约定如双方约定的合同解除权的行使期限;而诉讼时效均为法定期限,不得允许当事人为约定变更。

(8) 是否允许法院主动援引不同。诉讼时效的抗辩只能在诉讼中由当事人援引,法院不得主动依职权审查;对除斥期间而言,由于其届满将导致实体权利消灭,从保护权利人的利益出发,法院裁判是应当主动依法审查。

(9) 法律条文表述不同。对于诉讼时效,法律条文一般直接表述为"时效",或者表述为某项请求权因多长时间不行使而消灭或者不受保护等;对除斥期间,法律条文一般仅表述为某权利,如撤销权,其存续期间为多长时间,或者因多长时间不行使而消灭,或应于何期间内行使。

二、诉讼时效的法律要件和法律效果

(一) 诉讼时效的法律要件

诉讼时效的要件是指适用诉讼时效的要件。

1. 须有请求权的存在

诉讼时效是对请求权的限制,没有请求权,也就无从适用诉讼时效。

2. 须有怠于行使权利的事实

诉讼时效是对权利人的督促,实际上也是对义务人的保护,如果权利人怠于行使权利经过一定的期间,又没有其他事由致使诉讼时效中止、中断,则诉讼时效产生法律效果。

3. 怠于行使权利的事实持续存在,致使诉讼时效期间届满

届满有时又称为诉讼时效结束、诉讼时效完成。诉讼时效届满,权利人的胜诉权自动消灭。如果有使诉讼时效中断、中止的事实,诉讼时效还可以"拉长",即中断时重新计算,中止时,将中止时间段剔除后继续计算。

（二）诉讼时效的法律效果

1. 胜诉权的消灭

《民法典》第一百八十八条规定："向人民法院请求保护民事权利的诉讼时效期间为三年。法律另有规定的，依照其规定。"法律规定中，将诉讼时效期限届满所消灭的权利限定为"向人民法院请求保护"的民事权利，即诉讼时效届满时，权利人丧失的是胜诉权，而不是实体权利。

2. 实体权利不消灭

《民法典》第一百九十二条第二款规定："诉讼时效期间届满后，义务人同意履行的，不得以诉讼时效期间届满为由抗辩；义务人已自愿履行的，不得请求返还。"即诉讼时效届满，实体权利不消灭，债权人对于债务人自愿履行的债务，仍享有受领保持力，债务人履行义务后，不得请求返还。

三、诉讼时效期间

（一）普通诉讼时效

普通诉讼时效是指由《民法典》规定的，适用于一般民事法律关系的诉讼时效期间。依照《民法典》的规定，可分为三类：

1. 一般诉讼时效

是指由民法统一规定的适用于一般民事法律关系的时效。除特别法另有规定外，所有的民事法律关系均适用普通诉讼时效。我国《民法典》第一百八十八规定了普通诉讼时效的期间为三年。

2. 短期诉讼期间

下列民事法律关系适用一年诉讼时效：

（1）身体受到伤害要求赔偿的；但身体伤害是因环境污染导致，损害赔偿提起诉讼的时效为三年。因产品存在缺陷造成损害要求赔偿的诉讼时效期间为两年。

（2）出售质量不合格的商品未声明的。

（3）延付或拒付租金的。

（4）寄存财物被丢失或损毁的。

3. 最长诉讼时效

最长诉讼时效指民法规定的保护民事权利期间最长的诉讼时效。我国《民法典》第一百八十八条规定："自权利受到损害之日起超过二十年的，人民法院不予保护。"即最长诉讼时效期间为二十年。

（二）特殊诉讼时效

特殊诉讼时效是指由民事特别法规定的适用于某些民事法律关系的时效。

比如，我国《民法典》第五百九十四条规定："因国际货物买卖合同和技术引进出口合同争议提起诉讼或申请仲裁的期限为四年。"由于这两类合同有效期长、涉及金额大、具有涉外因素，适用两年的普通诉讼时效往往不够用，法律赋予其比较长的诉讼时效期间。这一规定也是关于诉讼时效期间的特别规定，属于特殊诉讼时效。《海商法》第二百五十七条规定，"就海上货物运输向承运人要求赔偿的请求权，时效期间为一年"，"在时效期内或者时效届满后，被认定为负有责任的人向第三人提起追偿请求的，时效期间为九十日"。《海商法》第二百五十八条第一项规定："有关旅客人身伤害的请求权，自旅客离船或者应当离船之日起计算。"

四、诉讼时效期间的计算

（一）诉讼时效期间的起算

我国《民法典》第一百八十八条第二款规定："诉讼时效期间自权利人知道或者应当知道权利受到损害以及义务人之日起开始计算，法律另有规定的，依照其规定。"实践中由于客观情况复杂多变，诉讼时效期间的起算点也各不相同。

1. 普通诉讼时效期间和特别诉讼时效期间的起算

应从权利人知道或应该知道权利被侵害之日起计算。

（1）规定了履行期限的债权关系，诉讼时效期间应从履行期限届满之日起的第二天开始计算。因为履行期限未满，债权人利益不会受到侵害，也就无所谓诉讼时效的计算。

（2）没有规定履行期限的债权关系，应从权利人主张权利之时，或者知道债务人表示不再向他履行义务之时开始计算。由于债权关系没有约定履行期限，只要权利人没主张权利就可以认为其权利没有被侵害，所以诉讼时效期间从债权人主张权利时开始计算，但是不得超过最长诉讼时效期间二十年。

（3）附条件、附期限的民事法律关系，诉讼时效应从条件成就之时或期限到来之时开始计算。

（4）侵权行为引起的损害赔偿法律关系，应从权利人知道或应当知道权利被侵害之时起开始计算。

（5）当事人约定同一债务分期履行的，诉讼时效期间从最后一期履行期限届满之日起计算。

（6）无民事行为能力人或者限制民事行为能力人对其法定代理人的请求权的

诉讼时效期间,自该法定代理终止之日起计算。

(7) 未成年人遭受性侵害的损害赔偿请求权的诉讼时效期间,自受害人年满十八周岁之日起计算。

2. 最长诉讼时效期间的起算

应从权利被侵害之日起开始计算。根据我国《民法典》第一百八十八条的规定,二十年是我国法律对权利保护的最长诉讼时效期间。并且这一期间不以权利人主观上是否知道或应当知道为开端,其目的是为了社会经济秩序的稳定。

(二) 诉讼时效的中止

诉讼时效的中止,是指在诉讼时效期间的最后六个月内,因存在法定的障碍使权利人不能行使请求权的,诉讼时效期间暂停计算,待中止原因消除后,诉讼时效期间继续计算的诉讼时效制度。诉讼时效的中止制度设立的目的是保证权利人真正享有完整的诉讼时效期间。在我国,它适应于普通诉讼时效和特殊诉讼时效。依据我国《民法典》第一百九十四条规定,诉讼时效中止需要具备两个条件:

1. 权利人因下列障碍,不能行使请求权

(1) 不可抗力;

(2) 无民事行为能力人或者限制民事行为能力人没有法定代理人,或者法定代理人死亡、丧失民事行为能力或者丧失代理权;

(3) 继承开始后未确定继承人或者遗产管理人;

(4) 权利人被义务人或者其他人控制;

(5) 其他导致权利人不能行使请求权的障碍。

由于以上五种原因使权利人请求权不能正常行使,因而可以导致诉讼时效中止。

2. 权利人不能行使请求权的事由发生在诉讼时效期间的最后六个月内

如果发生在最后六个月以前的时间,则不发生诉讼时效中止的效力。有一种情况例外,如果有关事由开始时,诉讼时效还有六个月以上的时间,但是延续到了六个月以内,那么应从诉讼时效期间最后六个月的时刻开始,发生诉讼时效的中止。

只有同时符合以上条件,才能产生中止的效力。待中止原因消除后,诉讼时效期间继续计算,即中止之前已进行的时效期间继续有效。

(三) 诉讼时效的中断

诉讼时效的中断是指在诉讼时效进行中,因法定事由的出现致使已经过的诉讼时效期间全部归于无效,待中断事由消除后诉讼时效期间重新计算的诉讼时效制度。这一制度适应于普通诉讼时效和特殊诉讼时效。我国《民法典》第一百九十五条规定了在下列法定事由出现时，诉讼时效中断，从中断、有关程序终结时起，诉讼时效期间重新计算：

(1) 权利人向义务人提出履行请求的。这里所说的"请求"是指权利人直接要求义务人履行义务的口头或书面的意思表示。请求是诉讼时效中断最常见的原因。除了向义务人直接要求外，权利人向义务人的保证人或其他代理人等主张权利，也可认定诉讼时效中断。

(2) 义务人同意履行义务的。义务人同意履行义务，其同意的方式很多，如直接表示同意或明确承认义务等都发生同样的效力。

(3) 权利人提起诉讼或者申请仲裁的。起诉是民事主体的一项法定权利，从起诉之日起，诉讼时效中断。由于起诉是权利人通过诉讼程序保护民事权利的行为，是权利人行使民事权利的行为。它不仅包括权利人向法院起诉，而且包括权利人具有同样性质的其他行为，如向有关行政机关提出保护权利的请求等行为。

(4) 有与提起诉讼或者申请仲裁具有同等效力的其他情形的。

以上法定事由须发生于诉讼时效期间内才能中断诉讼时效，这是诉讼时效中断的时间性要求。只要发生以上情形之一，都会导致诉讼时效中断，原来已经过的时效期间都无效，从中断事由消灭之日起诉讼时效期间重新开始计算。中断事由可以数次发生，但要受最长诉讼时效的限制。

(四) 诉讼时效的中止和中断的区别

诉讼时效的中止和中断均发生于诉讼时效进行期间，并且都只适用于普通诉讼时效和特殊诉讼时效，这是其共同点。实践中两者的区别是：

1. 原因不同

诉讼时效的中止的原因是客观上阻碍权利人行使请求权的不可抗力或其他障碍；诉讼时效的中断的原因是因当事人的主观行为，即请求、认诺、起诉等引起。

2. 发生的时间性要求不同

诉讼时效中止只能发生在诉讼时效期间的最后六个月内；而诉讼时效的中断可以在时效进行的任何时间发生。

3. 后果不同

诉讼时效中止只是导致时效暂停计算，一旦中止事由消灭，诉讼时效继续计算；诉讼时效中断导致诉讼时效重新计算。

(五) 诉讼时效的延长

诉讼时效的延长是指权利人在诉讼时效期间内因有特殊情况没有行使权利，

由人民法院适当延长诉讼时效期间的诉讼时效制度。诉讼时效期间延长是对诉讼时效期间中止、中断的补充。

诉讼时效延长通常应具备以下条件：

(1) 诉讼时效期间已届满。这与诉讼时效中止与中断必须发生在诉讼期间内是有本质区别的。

(2) 权利人在诉讼时效期限内没行使权利确有正当理由。

(3) 经过人民法院审查批准，才可以延长诉讼时效。

凡符合以上条件的诉讼时效期间都可以延长。由此可见，普通诉讼时效、特殊诉讼时效、最长诉讼时效都可以适用诉讼时效延长的规定。

【案情】 1999年12月，A某所在单位决定派他到加拿大学习两年，因办理出国手续一时钱不够用，遂向朋友B某借款3万元，并立字据约定A某在出国前将钱还清。但A某直到2000年7月27日出国，都一直没有还钱。此前B某虽然经常来看望A某，但也对钱的事只字未提。A某在国外两年与B某也有过联系，但都没有说钱的事。2004年8月，A某回国。2004年10月B某因买房急需用钱，找到A某，A某当即表示，全部钱款月底还清，并在原来的字据上对此作了注明。11月5日，当B某再次来找A某要钱时，A某却称，他的一个律师朋友说他们之间的债务已超过两年的诉讼时效，可以不用还了，B某气愤至极，第二天就向法院提起了诉讼，要求A某偿还3万元的本金和利息。

【问题】 A某对B某债务的诉讼时效实际上是否已经届满？如果届满，那么A某于2004年10月在字据上对月底还钱作注明的行为有何种效力？B某能否通过诉讼要回A某所欠的钱？

【法律规定】

我国《民法典》第一百八十八条规定："向人民法院请求保护民事权利的诉讼时效期间为三年，法律另有规定的除外。"

《民法典》第一百九十二条第二款规定："诉讼时效期间届满后，义务人同意履行的，不得以诉讼时效期间届满为由抗辩。"

【法律运用及结果】 根据该规定，民事权利一般在三年后法院不再予以保护，权利人将丧失胜诉权。本案中，A某于1999年12月向B某借的钱，直到2004年10月B某才第一次向A某要钱，其间已过了近四年，A某债务的诉讼时效实际上早已届满。本案中，A某2004年10月在字据上的注明即是一种重新承诺,不得反悔。因此,B某要求法院判决A某还款的请求可以得到法院的支持,但不是因为时效没有届满,而是因A某已重新作出承诺。

(案例改编自民法辅导/诉讼时效,http://kaoshi.china.com/fashuo/learning/2285591.htm201267)

【本章思考题】

一、案例思考题

1. 案情:张某去年只有17岁,在本镇的啤酒厂做临时工,每月有600元的收入。为了上班方便,张某在镇里租了一间房。7月份,张某未经其父母同意,欲花500元钱从李某处买一台旧彩电,此事遭到了其父母的强烈反对,但张某还是买了下来。同年10月,张某因患精神分裂症丧失了民事行为能力。随后,其父找到李某,认为他们之间的买卖无效,要求李某返还钱款,拿走彩电。

问题:(1)此买卖是否有效?(2)分析本案中买卖法律关系的构成要素。

2. 案情:1997年10月,某书画装裱店与著名书法家赵某签订了一份委托书法作品创作合同。双方约定,赵某在1998年2月以前交付装裱店20副对联作品,装裱店支付赵某5 000元报酬。1997年12月,赵某因不慎跌倒致使右臂受伤,不能创作,于是他委托自己的儿子代为书写了全部对联,以此交付装裱店,装裱店支付了全部报酬。但是不久装裱店感到作品风格与赵某不同,遂请专家作鉴定,结果发现属他人作品。

问题:(1)赵某能否委托他的儿子代理其创作?(2)赵某儿子的行为是否属于无权代理?

3. 案情:李某为某邮电局工作人员,陈某为该市交警。某日李某因闯红灯被陈某处罚,李某因此怀恨在心。一段时间后,与陈某共同生活的陈某父亲生病,陈某将该事告知其在乡下的弟妹,陈某的弟弟即发来电报催问:其父是否病重,如病情不重请尽快来电。陈某即到邮电局复电"父安无事",并交费办理了相关手续。而当天值班的正好是李某,李某在为陈某办理手续时,认出了陈某。过了几天,陈某在乡下的弟妹没有得到任何消息,误以为父亲病重,十分悲痛,即都赶到陈某处。陈某立即找到邮电局,质问电报是否发出,经调查,电报稿根本未发,被值班的李某销毁了。陈某以邮电局为被告起诉到法院,而邮电局辩称:该责任与邮电局无关。李某是公报私仇,不属于职务行为。

问题:(1)如何认定李某行为的性质?(2)邮电局是否应承担责任?

4. 案情:2017年1月,某商场决定改扩建,经过投标确定由甲建筑公司承担。同年8月,甲公司与商场的法定代表人刘某签订了合同:约定2018年1月工程动工,同时商场支付30万元;6月商场再支付30万元。12月30日工程竣工,经验收合格后支付剩余的40万元。2018年8月,甲建筑公司被实力雄厚的乙公司兼并,工程进度加快,11月提前竣工,经验收后交付使用。此时商场仅支付了60万元,剩余的40万元一直未支付。2019年3月,商场被某商业集团兼并,5月,乙建筑公司的法人代表找到商业集团的法人代表江某,请求支付欠款。江某以合同是商场签订,与集团没有关系,要找也要找刘某等为理由拒绝承担责任。双方协商不成,乙公司起诉到法院。

问题:江某的主张在法律上是否成立?

二、简答思考题

1. 简述我国民法的概念与调整对象。
2. 简述我国民法规定的基本原则。
3. 简述法律事实的基本含义。
4. 简述表见代理的基本含义及其法律效力。

第二章 物 权

教学要求

要求学生了解掌握物权的概念和特征,物权的优先效力,物权的各种类型,物权变动的原则,了解物权行为理论以及我国立法应否确立物权行为理论;掌握所有权的概念和内容,所有权的种类,动产所有权和不动产所有权,相邻关系,动产的善意取得制度等;了解掌握共有的概念和特征,按份共有和共同共有的概念、特征、类型和两者的主要区别;了解掌握用益物权的概念和特征,地上权的概念、特征和内容,土地承包经营权的概念、典权、地役权的概念和特征;了解掌握担保物权的概念和特征,以及抵押权、质权和留置权的概念、特征、权利义务的具体内容,各种担保物权发生重合时的处理原则;了解掌握占有概念和性质,占有的种类,占有的效力和保护,占有的取得和消灭,以及我国立法建立占有制度的必要性。

第一节 物权总论

一、物权的概念、调整范围与特征

(一) 物权的概念和调整范围

《民法典》第二百零五条规定:物权编是"调整因物的归属和利用产生的民事关系"。在这个定义中,包含了"物""归属""利用"三个方面。物,是物权法律关系的客体,物权是权利人直接支配其标的物,并享受其利益的排他性权利。归属,是在物权法律关系中,确定特定的物归属于特定的民事主体的关系。在物权体系中,它表现为单独所有权、共有权、建筑物区分所有权。利用,是在物权法律关系中,民事主体利用他人的物为自己创造利益的关系,在物权体系中是他物权,包括用益物权和担保物权。用益物权包括土地承包经营权、建设用地使用权、宅基地使用权、居住权和地役权;担保物权包括抵押权、质权和留置权等。

所有权、用益物权和担保物权以及占有,构成我国的物权体系,这些物权法律关系是物权编的调整范围。

(二) 物权的特征

(1) 物权是支配权。物权是权利人直接支配的权利,即物权人可以依自己的意志就标的物直接行使权利,无须他人的意思或义务人的行为的介入。

(2) 物权是绝对权(对世权)。物权的权利主体只有一个,权利人是特定的,义务人是不特定的第三人,且义务内容是不作为,即只要不侵犯物权人行使权利就履行义务,所以物权是一种绝对权。

(3) 物权是财产权。物权是一种具有物质内容的、直接体现为财产利益的权利,财产利益包括对物的利用、物的归属和就物的价值设立的担保,与人身权相对。

(4) 物权的客体是物,且为有物体。

(5) 物权具有排他性。一是物权的权利人可以对抗一切不特定的人,所以物权是一种对世权;二是同一物上不许有内容不相容的物权并存(最典型的就是一个物上不可以有两个所有权,但可以同时有一个所有权和几个抵押权并存),即"一物一权"(应该注意的是:在共有关系上,只是几个共有人共同享有一个所有权,并非是一物之上有几个所有权。在担保物权中,同一物之上可以设立两个或两个以上的抵押权,但效力有先后次序的不同。因此,共有关系以及两个以上抵押权的存在都与物权的排他性并不矛盾)。

(6) 物权作为一种绝对权,必须具有公开性。因此物权必须公示。

(7) 物权立法采用法定主义。

(8) 物权具有优先效力,又称为物权的优先权。

二、物权的效力

物权的效力是指物权成立后发生的法律效果,物权是权利人直接支配其标的物的排他性权利。依物权的这种性质,它当然具有优先效力和物上请求权。

(一) 物权的优先效力

物权的优先效力,亦称为物权的优先权。其基本含义是指同一标的物上有数个相互矛盾、冲突的权利并存时,具有较强效力的权利排斥具有较弱效力的权利的实现。考察先后成立的物权之间及物权与债权之间的关系,物权的这种优先效力都是存在的。

1. 物权间的优先效力

就物权间的优先效力而言，一般遵循以下规则：

（1）法定物权优先于约定物权，如留置权优于抵押权和质权。

（2）如果物权均进行登记，则先登记的物权优先于后登记的物权，如数个登记的抵押权，先登记的抵押权优先于后登记的抵押权。

（3）如果物权均不需要登记，则占有物权优先于非占有物权，如未登记的抵押权和动产质权发生冲突时，质权优先。

（4）如果物权均不需要登记且均不占有，则按照债权比例受偿，无优先性问题，如多个不登记的抵押权发生冲突时，按债权比例受偿。

【案情】 张三拥有一辆赛车，分别依法在其上设定给了甲留置权、乙抵押权和丙质权，后甲、乙、丙三方就谁可以行使担保物权发生争议。甲认为其最先设定留置权，丙认为赛车已在其处，乙认为抵押权有最大的法律效力。

【问题】 甲、乙和丙所享有的担保物权的效力怎样认定？

【法律规定】 《民法典》第四百五十六条规定："同一动产上已经设立抵押权或者质权，该动产又被留置的，留置权人优先受偿。"

《民法典》第四百一十五条规定："同一财产既设立抵押权又设立质权的，拍卖、变卖该财产所得的价款按照登记、交付的时间先后确定清偿顺序。"

【法律运用及结果】 根据以上规定，留置权人甲优先于抵押权人乙受偿；留置权人甲优先于质权人丙受偿；至于抵押权人乙是否优先于质权人丙受偿，要由抵押登记的时间和赛车交付丙质押的时间先后来确定。

（案例改编自 www.iliyu.com/news/79196_2.html 2012629）

2. 物权对债权的优先效力

就物权对债权的优先效力而言，主要体现在：在同一标的物上物权与债权并存时，物权有优先于债权的效力。《民法典》第四百一十条规定："债务人不履行到期债务或者发生当事人约定的实现抵押权的情形，抵押权人可以与抵押人协议以抵押财产折价或者以拍卖、变卖该抵押财产所得的价款优先受偿。"这种优先受偿权主要表现在两个方面：

(1) 在同一标的物上,既有物权又有债权时,物权有优先于债权的效力。例如甲同意将 10 吨水泥出卖给乙,乙就取得了请求甲交付该 10 吨水泥的债权;后来甲又将这 10 吨水泥出卖给丙,并交付给丙,丙就取得了已交付的 10 吨水泥的所有权,而乙只能请求甲承担债务不履行的责任。再如甲将其房屋借给乙使用,又为丙设定了典权;此时丙的典权优先,他可以优先于乙对房屋进行使用、收益。这是因为物权是直接支配物的权利;而债权的实现则要依靠债务人的行为,债权人不能对物进行直接支配。基于两者在性质上的不同,物权具有这种优先效力。但是这只是一般原则,在法律有特别规定的情况下也有极少数的例外。应予特别注意的是,物权优于债权是一般原则,买卖不破除租赁为例外。例如,不动产租赁使用权在民法上属于债权,如甲将其所有的房屋出租给乙,以后又将该房屋出卖给丙,丙取得该房屋的所有权后,乙仍然可以对丙主张其租赁使用权。这在学理上称为"买卖不破除租赁"。《民法典》第四百零五条规定:"抵押权设立前,抵押财产已出租并转移占有的,原租赁关系不受该抵押权的影响。"也就是说,抵押人将已经出租的财产抵押的,抵押权实现后,租赁合同在有效期内对抵押物的受让人继续有效。

(2) 在债权人依破产程序或强制执行程序行使其债权时,作为债务人财产的物上存在他人的物权时,该物权优先于一般债权人的债权。例如,在债务人的财产上设有担保物权的,担保物权人享有优先受偿的权利,此为别除权;在破产时,非为债务人所有之物,所有人有取回该物的权利,此为取回权。例如,出卖人已将出卖物发送,买受人尚未收到,也没有付清全部价款而宣告破产时,出卖人可以解除买卖合同,并取回其标的物。

【案情】 甲将其父去世时留下的毕业纪念册赠与其父之母校,赠与合同中约定该纪念册只能用于收藏和陈列,不得转让。但该大学在接受乙的捐款时,将该纪念册馈赠给乙。

【问题】 该大学对乙的赠与是否有效?乙是否能取得纪念册的所有权?

【法律规定】 《民法典》第二百四十条规定:"所有权人对自己的不动产或者动产,依法享有占有、使用、收益和处分的权利。"

【法律运用及结果】 本例中,甲在赠与合同中约定学校不得处分(转让)该纪念册,仅具有债的效力,不具有物权效力。因此该大学对乙的赠与有效,乙已取得纪念册的所有权。

(案例改编自 2007 年司法考试真题卷三第 11 题)

（二）物上请求权

物上请求权是指物权人在其权利的实现上，遇有某种妨害时，有权请求造成妨害事由发生的人排除此妨害的权利，这种权利也称为物权请求权。物上请求权是基于物权而发生的请求权。

物权是对物的直接支配权，权利的实现无须他人行为的介入。如果有他人干涉的事实使物权受到妨害或有妨害的危险时，必然妨碍物权人对物的直接支配，法律就赋予物权人请求除去此等妨害的权利。可见，物上请求权是基于物权的绝对权、对世权，可以对抗任何第三人的性质而发生的法律效力。它赋予物权人各种请求权，以排除对物权的享有与行使造成的各种妨害，从而恢复物权人对其标的物的原有的支配状态。

1. 物上请求权的性质

物上请求权的性质包括以下三种：

（1）物上请求权是请求权。所谓请求权，是指权利人请求他人（特定的人）为一定行为（作为或者不作为）的权利。物上请求权在物权受到妨害时发生，是物权人请求特定的人（妨害物权的人）为特定行为（除去妨害）的权利，属于行为请求权。它不以对物权标的物的支配为内容，故不是物权的本体，而是独立于物权的一种请求权。作为请求权，物上请求权与债权有类似的性质，因而在不与物上请求权性质相抵触的范围内，可以适用债权的有关规定，如过失相抵、给付迟延、债的履行及转让等。

（2）物上请求权是物权的效用。物权作为一种法律上的权利，受到法律的保护；当受到妨害时，物权人即有排除妨害的请求权。因此，物上请求权是物权的效用；它以恢复物权的支配状态为目的，在物权存续期间不断地发生。

（3）物上请求权附属于物权。这是物上请求权作为物权效用的必然结果。物上请求权派生于物权，其命运与物权相同，即其发生、移转与消灭均从属于物权，不能与物权分离而单独存在。因而物上请求权不同于债权等请求权。至于让与物上请求权可以作为动产物权的交付方法，如第三人无权占有某项动产时，出让人转让所享有的返还请求权以代替现实交付，这是因为双方已经有了物权移转的合意，依此等方法而发生物权移转的效力，并非将物上请求权与物权分离而单独让与。

2. 物上请求权的行使

物上请求权的行使，不必非得依诉讼的方式进行，也可以依意思表示的方式为之：物权受到妨害后，物权人可以直接请求侵害人为一定的行为或不为一定的行为，包括请求侵害人停止侵害、排除妨碍、消除危险、返还财产等。例如，甲的汽车发生故障，停在乙的门口，挡住乙的通道，甲有义务排除妨碍，乙有权直接请求甲排除妨碍。

物权人直接向侵害人提出物上请求权是一种自我保护措施,是物上请求权实现的有效途径。实践中,大部分妨害物权行使的行为,都是在侵害人应物权人的请求停止妨害行为而使物权恢复完全的支配状态的情况下了结的。尤其是在情况紧急、来不及请求公力救济的情况下,在法律允许的范围内,物权人直接采取一定的自我保护措施,有利于避免或减轻自己的财产遭受的损害。

物权人在其权利受到妨害时也可以直接向法院提出诉讼,请求确认其物权的存在或采取其他的保护措施。实践中,一般都是物权人在直接向侵害人提出请求未得结果,仍不能实现和保护其权利时,才依法请求法院裁判,责令侵害人停止侵害、排除妨碍、消除危险、返还财产。在这种情况下,停止侵害、排除妨碍、消除危险、返还财产同时就是对侵害人的民事制裁。

3. 物上请求权与债权请求权

物权人在其标的物受到损害,例如甲的汽车撞坏了乙的房屋时,乙有权请求侵权人甲赔偿损失。传统民法理论认为这是一种债权请求权,又称为损害赔偿请求权,这种请求权不是直接以物权的存在为前提,而是以物权受到侵害后产生的物权人与侵权人间的债权关系为前提的。

物上请求权与损害赔偿请求权不可混为一谈。物上请求权旨在恢复物权人对其标的物的支配状态,从而使物权得以实现。损害赔偿请求权的目的在于消除损害,它是在不能恢复物的原状时,以金钱作为赔偿,补偿物权人受到的财产损失。基于侵权行为的损害赔偿,必须是实际上受到损害,即标的物价值的减少或灭失;物上请求权则不以此为要件。

在物权因他人的违法行为受到妨害时,如果有标的物的实际损害,可以同时发生损害赔偿请求权,故物上请求权与损害赔偿请求权是可以并存的。

4. 物权的保护

物权受到侵害的,权利人可以通过和解、调解等途径解决,也可以依法向人民法院提起诉讼。物权的保护应当采取如下方式:

(1) 因物权的归属和内容发生争议的,利害关系人可以请求确认权利。

(2) 被无权占有人占有不动产或者动产的,权利人可以请求返还原物;不能返还原物或者返还原物后仍有损失的,可以请求损害赔偿。

(3) 造成不动产或者动产损毁的,权利人可以请求恢复原状;不能恢复原状或恢复原状仍有损失的,可以请求损害赔偿。

(4) 妨碍行使物权的,权利人可以请求排除妨害。

(5) 有可能危及行使物权的,权利人可以请求消除危险。

(6) 侵害物权,造成权利人损害的,权利人可以请求损害赔偿。

上述物权保护方式,可以单独适用,也可以根据权利被侵害的情形合并适用。

三、物权的类型

(一) 物权法定原则

物权法定原则,又称为物权法定主义,是指物权的种类、物权的内容和效力都只能由法律加以规定,当事人不得任意创设,其具体内容包括:

(1) 物权必须由法律设定。

(2) 物权的内容由法律规定,而不能由当事人通过协议设定。

(3) 物权的效力必须由法律规定,而不能由当事人通过协议加以设定。

(4) 物权的公示方法必须由法律规定,不得由当事人随意确定。

【案情】 甲对乙负有50万元的债务,甲想将自己的一幢价值50万元的房屋不转移占有质押给乙;抑或甲想将自己的一幢价值50万元的房屋抵押给乙;或者甲的朋友丙将自己的一幢价值50万元的房屋抵押给乙担保甲债务的履行;或者甲乙约定若甲到时不能清偿债务,则甲的房屋归乙所有。

【问题】 以上四种方式,哪些是合法有效的?

【法律规定】 本案主要考查担保物权的法定种类。鉴于物权法定主义,当事人不能自行创设法律没有规定的物权类型,否则无效。物权法定主义是相对于放任主义而言的,是物权法的一项基本原则。按照物权法定主义的要求:第一,物权的种类法定,即不得创设法律没有规定的新种类的物权。第二,物权的内容法定,不得创立于法律规定内容不同的物权。当事人如果违反物权法定主义原则的要求,其行为一般不发生物权效力。

【法律运用及结果】 在本案中,"甲想将自己的一幢价值50万元的房屋抵押给乙"以及"甲的朋友丙将自己的一幢价值50万元的房屋抵押给乙担保甲债务的履行",这两项属于法律规定的抵押权,并且其内容也符合法律的规定。而"甲想将自己的一幢价值50万元的房屋不转移占有质押给乙"则创设了一个法律没有规定的新的担保物权种类,因为依据《民法典》的规定,质权的设定必须转移质物的占有,如果不转移占有,即使名为质权,也是不允许的。"甲乙约定若甲到时不能清偿债务,则甲的房屋归乙所有",这条规定属于流质条款的约定,也是无效的。

值得注意的是,物权的种类和内容法定,这一点和债权是完全不同的。债权奉行的是契约自由原则,当事人可以在不违反法律和社会公共利益的范围内,创设任何种类的债权。法律往往并不限制合同的种类和内容,允许当事人自由协商约定合同的内容,承认并保障其效力的实现。

(案例改编自 2007 年司法考试物权法考点解析,www.fzwgov.cn/Article/ShowInfo.asp? InfoID...2012629)

(二) 民法上物权的种类
(1) 所有权;
(2) 用益物权;
(3) 担保物权;
(4) 占有。

四、物权的变动

(一) 物权变动的概念
物权的变动是物权的产生、变更和消灭的总称。
(二) 物权变动的原则
1. 公示原则
物权的变动即物权的设立、变更、转让和消灭,必须以特定的可以从外部察知的方式表现出来。不动产的物权变动,应当依照法律规定登记;动产的物权变动,应当依照法律规定交付。

2. 公信原则
公信原则是指一旦当事人变更物权时,依据法律的规定进行了公示,则即使依公示方法表现出来的物权不存在或存在瑕疵,但对于信赖物权的存在并已从事了物权交易的人,法律仍然承认其具有与真实的物权存在相同的法律效果,以保护交易安全和快捷,稳定社会经济秩序。

公示原则在于使人"知",公信原则在于使人"信"。

公示方法,以登记和交付分别作为不动产物权和动产物权的公示方法。同时,登记和交付分别作为动产和不动产物权变动的要件。

【案情】 2006年8月12日,二原告李某、牟某与被告某建材公司签订购房合同,约定:原告出资15万元购买某建材公司在五桥芦家十一组拥有产权证的房产;某建材公司应及时办理过户手续,买卖双方应缴纳的税费由某建材公司承担。合同履行期间,原告于2006年11月24日向被告付清购房款15万元,同日被告某建材公司依法向税务机关纳税9 825元,随后某建材公司将出卖房屋及产权证书、国有土地使用权证书原件一并交付原告占有和使用。后因某建材公司2006年11月24日交纳的纳税发票原件遗失,上述买卖房屋至今未办理产权转让变更登记手续。原告诉请人民法院判令被告履行协助办理产权转移变更登记的办证义务,并承担相应的办证费用。

【问题】 不动产所有权变动的时间。

【法律规定】《民法典》第二百零八条规定:"不动产物权的设立、变更、转让和消灭,应当依照法律规定登记。动产物权的设立和转让,应当依照法律规定交付。"

【法律运用及结果】 法院认为,本案房屋已实际交付,双方合同约定的主要权利义务已履行完毕。因本案买卖标的物为不动产房屋,依照《民法典》第二百零八条的规定,上述买卖房屋物权的变更转让,经依法登记后发生效力。被告某建材公司应当依照合同约定及上述法律规定,在房屋交付后及时履行协助办理产权变更转移登记的合同应尽义务。被告某建材公司已按合同价款15万元履行了纳税义务,并将纳税发票交付二原告履行了协助办证义务,至今办证未果的过失不能完全归责于被告单方。综上所述,依照《民法典》第二百零八条的规定,判决被告某建材公司向房屋登记机构提交相关资料,履行协助原告李某、牟某办理房屋权属转移变更登记的办证义务。房屋价款15万元以内的税费由被告承担。

(案例改编自重庆市万州区人民法院裁判文书,案号:〔2014〕万法民初字第08908号)

(三)物权变动的原因

1. 物权的取得

(1)能够引起物权取得的法律事实主要是民事法律行为,如因买卖、互易、赠与、遗赠等行为取得物权,通过物的所有人与其他人的设定行为为他人设定抵押权、地役权、质权等他物权。具体可分为以下两种:

一是不动产登记。我国《民法典》第二百一十五条规定:"当事人之间订立有关设立、变更、转让和消灭不动产物权的合同,除法律另有规定或者合同另有约定外,自合同成立时生效;未办理物权登记的,不影响合同效力。"

① 除法律另有规定的以外,不动产物权的变动采登记要件主义。

② 当事人之间仅就物权的变动达成合意,而没有办理登记,合同仍然有效。只不过由于未完成公示要件而不能产生物权变动的效果。

③ 国家对不动产实行统一登记制度。

④ 不动产登记,由不动产所在地的登记机构办理。

不动产物权的变动采登记要件主义的除外规定包括两个方面:① 采登记对抗主义的情况,如土地承包经营权的转让。② 依法属于国家所有的自然资源,所有权可以不登记。

【案情】 2010年11月9日,慧江公司与宏华公司签订《商品混凝土供销合作合同》一份,合同约定:慧江公司为宏华公司建设施工的H项目供应混凝土的种类、价格、数量及质量标准、供需双方的权利义务和违约责任进行了约定。同日,慧江公司与宏华公司又签订《商品混凝土供销合作补充协议》一份,补充协议的主要内容为双方就《商品混凝土供销合作合同》中谈定的各种预拌混凝土的价格进行调整,并依此补充协议约定的价格作为结算的基础依据;原合同中混凝土的价目表同时废除;原合同中的其他条款均有效;备注:……2. P6(即膨胀剂)每立方米加10元,细石每立方米加10元;3. 泵送费为:汽车泵20元/立方米,地泵12元/立方米;……5. 如果市场因素变化双方可另行协商解决。对比两份合同,该补充协议中约定的各种型号混凝土的价格均较原合同价格每立方米下调了10元。

2010年12月12日,宏华公司H项目的项目部向慧江公司出具《工作联系函》一份,内容为"贵公司提出砼原材料中的水泥近期价格出现波动,我项目部考虑当前水泥市场价格确实上浮的实际情况,经研究决定,同意从2012年12月12日起,对我们项目部所使用的砼品种,在原合同单价的基础上,给予一定幅度上调,上调单价经双方进一步协商后确定,望贵公司及时反馈信息并确保我方的生产需要。12月12日以前的砼单价另行商定"。

2012年12月25日,华康公司(甲方)与宏华公司(乙方)共同向慧江公司出具了《关于商砼采购结算事宜补充说明》一份,内容为"因考虑施工方垫资有一定困难,为进一步保证 H 项目项目的工程质量和工期任务,经甲乙双方友好协商,慧江公司供应 H 项目商砼的采购和结算全部转由华康公司直接对慧江公司进行结算"。

2012 年 12 月 1 日,江山专用车公司与慧江公司签订《汽车专卖合同》一份,主要内容为江山专用车公司向慧江公司出售 19 台混凝土搅拌运输车,单价为 345 000 元,总价款为 6 555 000 元。合同签订后,江山专用车公司依约履行了交付义务,但慧江公司未支付混凝土运输车款。

江山专用车公司系重工公司全资子公司,2012 年 12 月 5 日,重工公司委托某财务公司向该公司下属专用车公司发放委托贷款 2 000 万元。

2012 年 12 月 27 日,重工公司(甲方)、江山专用车公司(乙方)、慧江公司(丙方)、华康公司(丁方)签订四方协议一份,内容为"丁方在汉江北路、××路路段投资建设,房屋已基本建成。丙方为丁方公司的投资建设项目供应混凝土,丁方至今尚欠丙方货款约 6 443 122 元(具体数额由丙、丁双方最后确定,双方多退少补)。丙方于 2012 年 12 月 1 日购买乙方混凝土搅拌运输车 19 台,至今尚欠乙方货款 6 555 000 元。乙方系甲方的债务人。现甲、乙、丙、丁四方当事人就债权债务的抵偿问题达成如下协议:一、丁方以其建设的房产 7 套(具体位置面积等详细内容见商品房合同),作价 6 443 122 元抵偿所欠丙方混凝土款;丙方以该 7 套房产作价 6 443 122 元抵偿所欠乙方搅拌车货款;乙方以该 7 套房产作价 6 443 122 元抵偿所欠甲方债务;甲方相应扣减乙方所欠的债务 6 443 122 元,丁方最后以作价 6 443 122 元的 7 套房产抵卖给甲方。二、丙方向乙方补齐购车款的差额部分 111 878 元。除此之外,丙方不再向乙方支付其他款项,双方的债权债务结清。三、因甲方向丁方认抵买了 6 443 122 元的房产,丙方相应冲减丁方的预估债务 6 443 122 元(此数额的确定,最终以丙、丁双方结算时确定,双方多退少补)。四、丁方必须向甲方出具购房发票,并与甲方签订商品房买卖合同,严格履行商品房合同所约定的义务。五、乙、丙方之间的权利义务关系同时受到双方签订的《汽车专卖合同》的约束。六、本协议的有效期至各方义务全部履行完毕之日止。七、本协议自四方当事人签章后与商品房合同同时生效"。2012 年 12 月 29 日,重工公司与华康公司签订商品房合同 7 份,合同约定,华康公司将其开发的位于湖北省襄阳市共计 7 套房屋出售给重工公司。同时,双方对付款方式、期限和房产交付的期限、逾期交房的违约责任及房屋产权登记事项进行了约定。2013年1月13日,华康公司向重工公司出具了收据7份,内容为"今收到重工公司款(此联不做财务做账依据)",7份收据金额共计6 443 122元。

另查明,2011年4月25日至2012年4月24日期间,宏华公司分10笔向慧江公司预付混凝土款合计380万元。2015年3月24日,慧江公司与华康公司对H项目的项目部综合楼、住宅楼、地下室所用混凝土规格型号及数量进行了核对,双方确认所用混凝土总量为31 982.7立方米,但未对价款进行结算。同时,双方对泵送混凝土数量也进行了确认,其中,通过气泵方式传送混凝土为10 050.50立方米,地泵方式传送混凝土为10 586立方米,总量合计为20 636.50立方米。

同时查明,2010年4月26日和27日,因慧江公司不能及时疏通堵塞和供应混凝土导致停工,宏华公司向慧江公司出具《工作联系函》两份,通知慧江公司从其所供混凝土款中扣除8 000元。2015年3月25日,慧江公司与华康公司共同确认,华康公司自购的混凝土膨胀剂重量为237.92吨,金额为297 162.08元;慧江公司应负担2011年3月17日至11月21日期间的施工管理费用(领用供料、水电费、误工费用)合计62 418.16元。

还查明,慧江公司与华康公司并未签订H项目二期工程混凝土供销合同。

重工公司向一审法院起诉请求:一、判令华康公司履行商品房合同,向重工公司交付共计7套房屋,并为重工公司办理房屋产权证、土地使用权证;二、判令华康公司从2013年12月14日起按日按房款的万分之五向重工公司支付逾期交房的违约金直至房屋交付时止(截至2014年11月28日为1 111 439元);三、本案诉讼费用由华康公司负担。

【问题】 四方协议、商品房合同是否生效?

【法律规定】《民法典》第二百十五条规定:"当事人之间订立有关设立、变更、转让和消灭不动产物权的合同,除法律另有规定或者合同另有约定外,自合同成立时生效;未办理物权登记的,不影响合同效力。"

【法律运用及后果】 原判决认定案涉四方协议及商品房合同虽成立但并未生效的理由是:四方协议本质上是以物抵债协议,是实践性合同,因案涉协议约定的房屋物权未完成转移登记,清偿行为尚未完成,因此四方协议未生效,而商品房合同系四方协议的从合同,四方协议未生效,商品房合同亦未能生效。最高人民法院认为,本案四方协议涉及多方当事人间多个债权债务关系清偿安排,是各方当事人的真实意思表示,并未违反法律法规的强制性规定,并不以协议约定的房屋物权转移登记为生效要件。原判决认定四方协议虽成立但并未生效的观点欠妥,应认定四方协议已生效。华康公司与重工公司之间的商品房合同并非约定房屋归债权人所有,该买卖合同并非以物抵债合同,其效力也不受债务履行期限是否届满的限制。依据《民法典》第二百十五条之规定即使房屋物权未完成转移登记,亦不影响商品房合同的效力。华康公司在原审中依据商品房合同的约定,要求重工公司履约并承担违约责任的反诉请求,实际上亦属于认为该商品房合同已经生效。因此,原判决认定商品房合同未生效错误,应认定商品房合同已经生效。

（案例改编自最高人民法院裁判文书,案号:〔2018〕最高法民再50号）

二是动产交付。一般而言,动产物权变动的公示方式采用交付方式,但《最高人民法院关于适用〈中华人民共和国民法典〉物权编的解释（一）》第六条明确:"转让人转让船舶、航空器和机动车等所有权,受让人已经支付合理价款并取得占有,虽未经登记,但转让人的债权人主张其为民法典第二百二十五条所称的'善意第三人'的,不予支持,法律另有规定的除外。"

【案情】 甲将一辆汽车以15万元卖给乙,乙付清全款,双方约定七日后交付该车并办理过户手续。丙知道此交易后,向甲表示愿以18万元购买,甲当即答应并与丙办理了过户手续。乙起诉甲、丙,要求判令汽车归己所有,并赔偿因不能及时使用汽车而发生的损失。

【问题】 甲将一辆车分别卖给了乙、丙,甲可否一物二卖?到底谁可以获得该辆车?

【法律规定】 《民法典》第二百二十四条规定:"动产物权的设立和转让,自交付时发生效力,但是法律另有规定的除外。"第二百二十五条规定:"船舶、航空器和机动车等物权的设立、变更、转让和消灭,未经登记,不得对抗善意第三人。"

【法律运用及结果】 本案中,甲、乙之间的买卖因没有完成交付,所有权没有转移。即使丙知道甲、乙之间的交易,但甲对汽车享有完全的所有权,依然有权再次处分。甲将汽车交付给了丙,并办理了过户手续,该汽车的所有权归丙,且只有甲应当对乙承担违约责任,赔偿其损失。

(案例改编自 2010 年司法考试真题卷三第 6 题)

另外,交付分为现实交付和拟制交付,拟制交付主要包括简易交付、占有改定和指示交付等。其中:① 现实交付是最为传统的交付方式,即直接占有的转移;② 简易交付是指标的物已经为受让人占有,转让人无须进行现实交付的交付方式;③ 指示交付是指动产由第三人占有时,出让人将其对于第三人的返还请求权让与受让人,以代替交付;④ 占有改定是指动产物权的出让人与受让人之间特别约定,标的物仍然由出让人继续占有,受让人取得对于动产的间接占有并取得动产的所有权。如甲在乙的画展上看中一幅画,并提出购买,双方以 5 万元成交。甲同意待画展结束后,再将属于自己的画取走。此种交付方式属于占有改定。

(2) 依民事法律行为以外的原因可以分为以下几种:

一是依据"公共权力"发生的物权变动,自法律文书生效或者人民政府的征收决定等行为生效时发生效力。

二是因继承发生的物权变动,自继承开始时发生效力。

三是因事实行为发生的物权变动,自事实行为成就时发生效力。

四是对于非基于法律行为发生的物权取得,从物权处分的角度予以限制,即取得人取得的权利如为不动产物权而未进行不动产登记的,权利取得人不得处分其物。

权利取得人不处分物时,法律并不强制其登记。如果权利取得人将非基于法律行为取得的物权进行法律上的处分,依照法律规定需要办理登记的,必须予以登记,否则不发生物权效力。

2. 物权的消灭

(1) 依民事法律行为可以分为以下几种:

一是抛弃。这是以消灭物权为目的的单方民事行为。只要权利人一方作出抛弃的意思表示即生效力,故抛弃是一种单方民事行为。抛弃的意思表示不一定向特定人为之,只要权利人抛弃其占有,表示其抛弃的意思即生抛弃的效力。但他物权的抛弃,须向因抛弃而受利益的人为意思表示。不动产物权的抛弃,还须办理注销登记才发生效力。物权人抛弃物权会妨害他人权利时,则不得任意抛弃,如农村承包经营户应对农村集体经济组织负有义务,因此不得随意抛弃其土地承包经营权。

二是合同。这是指当事人之间关于约定物权存续的期间,或约定物权消灭的意思表示一致的民事法律行为。在合同约定的期限届满或约定物权消灭的合同生效时,物权即归于消灭。

三是撤销权的行使。法律或合同规定有撤销权的,因撤销权的行使会导致物权消灭。如土地承包经营权人长期连续弃耕抛荒的,发包人依法有权撤销其承包经营权。

(2) 依民事法律行为以外的原因可以分为以下几种:

一是标的物灭失。物权的标的物如果在生产中被消耗、在生活中被消费,或者标的物因其他原因灭失,此时由于标的物不存在了,因而该物的物权也就不存在了。唯应注意的是,标的物虽然毁损,但是对于其残余物,原物的所有人仍然享有所有权。另外,由于担保物权的物上代位性,在担保标的物灭失或毁损时,担保物权续存于保险金、赔偿金等在经济上为该标的物的替代物之上。

二是法定期间的届满。在法律对他物权的存续规定了期间时,该期间届满,则物权消灭。

三是混同。这是指同一物的所有权与他物权归属于一人时,他物权因混同而消灭,如甲在其房屋上为乙设定抵押权,后来乙购买了该栋房屋取得其所有权,则所有权与抵押权同归于一人,抵押权消灭。另外,物权的混同还指所有权以外的他物权与以该他物权为标的物之权利归属于一人时,其权利因混同而消灭,如甲对乙的土地享有使用权,甲在其土地使用权上为丙设定了抵押权,后来丙因某种原因取得了甲的土地使用权,这时土地使用权与以该土地使用权为标的的抵押权归属于一人,抵押权消灭。混同消灭物权的例外。在一些特定的情况下,物权虽混同也不消灭。同一物的所有权与他物权归属于一人时,如果对于所有人或对于第三人有法律上利益时,他物权就不因混同而消灭。如甲将其所有的房屋先抵押给乙,然后又抵押给丙,乙为第一次序的抵押权人,丙为第二次序的抵押权人,以后如果甲取得乙的抵押权或乙取得甲的所有权时,依混同消灭的原则,使乙的抵押权消灭,则甲就可能因丙升为第一次序的抵押权人受到损害,所以从甲的利益出发,乙的抵押权就不因混同而消灭。再如,甲对乙的土地享有地上权,并将该地上权抵押给丙,后来甲又取得了该土地的所有权,发生了所有权与地上权的混同,如果使甲的地上权消灭,则势必引起丙对抵押权消灭,所以甲的地上权不因混同而消灭,以免损及丙的利益。另外,作为一般原则的例外,以他物权为标的的权利,其存续对于权利人或第三人有法律上利益时,也不因混同而消灭。

【案情】 丙向甲财务公司和乙银行分别融资500万元,以其自有的一块价值1000万元的建设用地使用权进行抵押,并分别进行了抵押登记,甲的登记在先,乙的登记在后。设立抵押权后,甲因某种关系取得了丙的该块建设用地使用权。

【问题】 甲对丙所享有的抵押权是否因混同而消灭?

【法律规定】 《民法典》第四百一十四条规定:"同一财产向两个以上债权人抵押的,拍卖、变卖抵押财产所得的价款依照下列规定清偿:(一)抵押权已经登记的,按照登记的时间先后确定清偿顺序;(二)抵押权已经登记的先于未登记的受偿;(三)抵押权未登记的,按照债权比例清偿。"

【法律运用及结果】 如依混同的一般原则,甲的抵押权应当消灭,但是这会损害到甲的利益。因为如果该块建设用地使用权贬值到500万元,乙的抵押权登记在先,甲的建设用地使用权受让在后,依据登记在先权利在先的原则,只能使乙的利益得到满足,甲的利益将因混同而受害。所以,甲的抵押权不因混同而消灭。

(案例改编自2008年司法考试民法专题三,www.thea.cn/xsf_zl_928191.htm 2012615)

再如,甲与乙对于丙的地上权都有抵押权,甲为第一次序抵押权人,乙为第二次序抵押权人,以后甲因某种关系取得了丙的地上权,这时地上权与以该地上权为标的抵押权归属于一人。如依原则,甲的抵押权应该消灭,但这会影响到甲的利益,所以甲的抵押权不消灭。又如,甲将其地上权抵押给乙,乙又以该抵押权(连同主债权)为丙设定了权利质权,如果后来乙取得了甲的地上权,这是地上权与以该地上权为标的的抵押权的混合,乙的抵押权应该消灭。但如果这样,就会导致丙的权利质权的消灭,这是有失公平的,所以乙的抵押权不消灭。

第二节 所有权

一、所有权的概述

(一)所有权的概念和特征

1. 所有权的概念

财产所有权是财产所有人在法律规定的范围内,对属于他的财产享有的占有、使用、收益、处分的权利。

2. 所有权的特征

(1) 所有权是完全物权。所有人对其所有物,在法律限制范围内,可以为全面的占有、使用、收益和处分,即所有权是就标的物为一般支配的完全权。所有权作为一般的支配权,是用益物权、担保物权等他物权的源泉。他物权仅在使用收益上于一定范围内有支配权。

(2) 所有权具有整体性。所有权不是占有、使用、收益和处分各项权能的量的总和,而是对标的物有统一支配力,是整体的权利,不能在内容或者时间上加以分割。所有权人可以在其物上设定他物权,即使其物的占有、使用、收益、处分等权能分别归他人享有,但所有权人的所有权性质不受影响。

(3) 所有权具有恒久性。所有权在时间上没有法律的限制,而其他物权在存续时间上都是有期限的。

(4) 所有权具有弹力性。所有权的权能依据所有人的意志和利益与所有权发生分离,但并不导致所有人丧失所有权,因为所有人可以通过行使支配权而控制和实现其所有权。由于支配权是永久的,决定了所有权与其诸种权能的分离不论经过多长时间,都只是暂时的分离,这些权能最终要并入所有权中,使所有权恢复其圆满状态。

(二) 所有权的内容

所有权的权能包括:占有、使用、收益、处分。

1. 占有

占有是所有权人对于财产实际上的占领、控制。财产所有人可以自己占有财产,也可以由非所有人占有。

非所有人的占有分为合法占有和非法占有。非所有人的合法占有指根据法律规定或所有人的意思而占有他人的财产,非所有人没有法律上的依据而占有他人的财产是非法占有。非法占有又分为善意占有和恶意占有。占有人不知道或无须知道他的占有是非法的为善意占有;占有人知道或应当知道其占有是非法的为恶意占有。

2. 使用

使用是依照物的性能和用途,并不毁损其物或变更其性质而加以利用。使用权能一般由所有人自己行使,也可以由非所有人行使。

3. 收益

收益是指收取所有的物的利益,包括孳息和利润。孳息分为法定孳息和自然孳息。前者指依法律关系取得的利益,后者指果实、动物的生产物以及其他依物的用法收取的利益。收益权能一般由所有人行使,他人使用所有物时,除法律或合同另有规定外,收益归所有人所有。

4. 处分

处分是决定财产事实上和法律上命运的权能。处分分为事实上的处分和法律上的处分。前者是在生产或生活中使物的物质形态发生变更或消灭,后者指依照所有人的意志,通过某种法律行为对财产进行处理。处分权能通常只能由所有人自己行使,只有在法律特别规定的场合,非所有人才能处分他人所有的财产。

占有、使用、收益、处分一起构成了所有权的内容。但在实际生活中,占有、使用、收益、处分都能够且经常地与所有人发生分离,而所有人仍不丧失对于财产的所有权。

(三)财产所有权的种类

所有权的种类是指所有权的不同类型,所有权的种类是对所有制形式的反映。我国现阶段财产所有权主要有国家所有权、集体组织所有权、社会团体所有权和公民个人所有权四种基本形式。

1. 国家所有权

社会主义国家所有权作为社会主义条件下一种所有权形式,是国家对国有财产的占有、使用、收益和处分的权利,国家所有权本质上是社会主义全民所有制在法律上的表现。国家所有权作为一种法律关系,它是在全民所有制基础上,由特定的权利主体(国家)和不特定的义务主体(任何公民和法人)之间组成的权利和义务关系。

在确认和保护国家所有权方面,我国民法起着极为重要的作用。民法不仅确认国家所有权和全民所有制企业的经营权,明确国家和企业对国有财产享有的财产权利的内容,规定国家所有权的客体范围和行使国家所有权的一般准则,而且以其特有的方法保护着国有财产的完整,保障着国有财产的增值。运用民法的债权制度,保护在国有资产之上形成的债权关系,运用不履行债的责任方式,督促义务人履行义务和保障国家财产权利的实现,也是保护国有财产的重要措施。

2. 集体组织所有权

我国宪法规定,中华人民共和国的经济制度是生产资料的社会主义公有制,即全民所有制和劳动群众集体所有制,集体所有制经济是我国公有制经济的重要组成部分。

在我国,劳动群众集体组织所有权没有全国性的统一的主体。各个劳动群众集体组织都是独立的集体所有权的主体。它们相互之间是平等的相互合作关系,集体组织应该是具有法人资格的主体。劳动群众集体组织所有权不同于各种非法人团体的财产权。

《民法典》第二百六十五条第一款规定:"集体所有的财产受法律保护,禁止任何组织或者个人侵占、哄抢、私分、破坏。"任何单位和个人不得非法干预集体组织的内部事务,不得以任何借口平调、挪用、侵吞或私分集体所有制企业的资金、利润、厂房、设备、原材料产品等一切资产,不得无偿调动集体所有制企业的劳动力。对于侵犯集体所有制企业的合法权益的行为,企业有权予以抵制,或依法提起诉讼和提出请求。

3. 社会团体所有权

社会团体所有权是指各类社会团体对其财产享有的占有、使用、收益和处分的权利。在我国,社会团体种类很多,包括人民群众团体、社会公益团体、文艺团体、学术研究团体、宗教团体等。《民法典》第二百七十条规定:"社会团体法人、捐助法人依法所有的不动产和动产,受法律保护。"社会团体在行使所有权时,必须遵循国家的法律和政策,不得超越登记批准的业务范围及活动地区进行活动。

4. 公民个人所有权

公民个人所有权是公民依法享有的占有、使用、收益和处分其生产资料和生活资料的权利,是公民个人所有制在法律上的表现。在我国,公民个人所有权分为两类,即公民个人生产资料所有权和公民个人生活资料所有权,包括:合法收入、房屋、生活用品、生产工具、原材料和其他合法财产。

我国《民法典》第二百六十七条规定:"私人的合法财产受法律保护,禁止任何组织或者个人侵占、哄抢、破坏。"公民依法对其所有的生产资料和生活资料享有完全的占有、使用、收益和处分的权利。公民在法律规定的范围内行使其生产资料所有权,从事正当的生产经营活动,或利用其生活资料满足个人的需要,都受法律的保护。任何单位和个人都不得以任何方式无偿平调公民的财产。对于各种非法摊派和收费,公民有权予以拒绝。公民在其所有权受到侵犯时,有权要求侵权行为人停止侵害、返还财产、排除妨害、恢复原状、赔偿损失,或依法向人民法院提起诉讼。

二、不动产所有权

(一)土地所有权

1. 土地所有权的概念

土地所有权系以土地为其标的物,它是土地所有人独占性地支配其所有的土地的权利。土地所有人在法律规定的范围内可以对其所有的土地进行占有、使用、收益、处分,并可排除他人的干涉。

从法律的宗旨及其实践来看,土地所有权的效力范围,在横的方面,是以地界为限;在纵的方面,不仅包括地面,也包括地上及地下。

2. 土地所有制的限制

我国土地所有权的这种及于地上及地下的效力,并不是无限制的。这种限制主要有两方面:

(1) 内在的限制。土地所有权的客体,以人力所能支配并满足所有人的需要为要件,也就是说,土地所有权的支配力,仅限于其行使受到法律保护的利益的范围。对此范围外他人在其地上及地下的干涉,土地所有人不得排除之。例如,地下开凿隧道、地上通航飞机,土地所有人不得请求排除。

(2) 法律的限制。法律对土地所有权的限制很多,除了相邻关系的规定外,还有国防、电信、交通、自然资源、环境保护、名胜古迹等方面的限制。

(二) 国家土地所有权

《民法典》第二百四十九条规定:"城市的土地,属于国家所有。法律规定属于国家所有的农村和城市郊区的土地,属于国家所有。"

(1) 城市市区的土地。在中国,对于城市市区的认识是十分模糊的,这是需要以法律的形式进一步明确的问题。一般来讲,城市市区的土地是指直辖市、地级市、县级市以及县城所在镇市区的土地。这些土地主要不是农业用地,而是工业、交通、文化、建筑用地及城市居民用地。

(2) 农村和城市郊区中已经依法没收、征收、收购为国有的土地。

(3) 国家依法征用的土地。

(4) 依法不属于集体所有的林地、草原、荒地、滩涂及其他土地。

(5) 农村集体经济组织全部成员转为城镇居民的,原属于其成员集体所有的土地。

(6) 因国家组织移民、自然灾害等原因,农民成建制地集体迁移后不再使用的原属于迁移农民集体所有的土地。

国有土地虽然由国家享有其所有权,但一般情况下并不由国家直接使用、经营,而是由国务院主管部门主管全国土地的统一管理工作,县级以上地方人民政府土地管理部门统一管理本行政区域内的土地。国有土地,可以依法确定给单位或者个人使用。国有土地也可以由单位或者个人承包经营,从事种植业、林业、畜牧业、渔业生产。《土地管理法》第二条规定:"国家依法实行国有土地有偿使用制度。但是,国家在法律规定的范围内划拨国有土地使用权的除外。"

（三）集体土地所有权

集体土地所有权是由各个独立的集体组织享有的，对其所有的土地的独占性支配权利。《土地管理法》第九条的规定，属于集体所有的土地，是指除法律规定属于国家所有以外的、农村和城市郊区的土地以及宅基地、自留地。

集体土地所有权的主体，即享有土地所有权的集体组织，有以下三类：

（1）村农民集体。村农业生产合作社等农业集体经济组织或者村民委员会具体地对土地进行经营、管理。

（2）如果村范围内的土地已经分别属于村内两个以上农业集体经济组织所有的，可以属于各该农业集体经济组织的农民集体所有。

（3）土地如果已经属于乡（镇）农民集体所有的，可以属于乡（镇）农民集体所有。

（四）房屋所有权

房屋所有权系以房屋为其标的物，它是房屋所有人独占性地支配其所有的房屋的权利。房屋所有人在法律规定的范围内，可以对其所有的房屋进行占有、使用、收益、处分，并可排除他人的干涉。

在中国，根据房屋坐落的位置不同，可以把房屋分为城镇房屋和农村房屋。城镇房屋是指坐落于城市（直辖市、地级市、县级市）、县城、建制镇和工矿区的房屋；农村房屋是指坐落在农村（包括未设建制的村镇）的房屋。中国对城镇房屋的管理制度较农村房屋要完善一些。例如，城镇房屋都已普遍实行了房屋产权登记制度，包括设立登记、变更登记和消灭登记，而农村房屋则还未完全建立房屋产权登记制度。

（五）业主的建筑物区分所有权

1. 业主的建筑物区分所有权的概念

建筑物区分所有权是《民法典》专章规定的不动产所有权的一种形态。所谓业主的建筑物区分所有权，指的是权利人即业主对于一栋建筑物中自己专有部分的单独所有权、对共有部分的共有权以及因共有关系而产生的管理权的结合。

2. 区分规定及条件

建筑物区分所有权将建筑物的特定部分作为所有权的标的，严格而言，与物权客体须为独立物以及一物一权主义原则不相符合。但是依社会观念，一建筑物区分为若干部分，各有该部分的所有权，应为常有之事；而且这样也不妨碍物权的公示，无害于交易安全。基于物权客体的独立性原则，区分所有的特定部分，须具备一定条件，才可以作为建筑物区分所有的客体。这些条件有：

（1）须具有构造上的独立性，即被区分的部分在建筑物的构造上可以加以区分并与建筑物的其他部分隔离。至于是否具有足够的独立性，应依一般的社会观念确定。如一个住宅单元通过固定的楼板、墙壁与其他单元相隔离，成为独立的住宅单元，其内再以屏风分隔成数个部分的，即不具有构造上的独立性。

（2）须具有使用上的独立性，即被区分的各部分，可以为居住、工作或其他目的而使用。其主要的界定标准，应为该区分的部分有无独立的出入门户。如果该区分部分必须利用相邻的门户方能出入的，即不具有使用上的独立性。

3. 业主的建筑物区分所有权的内容

通说认为，业主的建筑物区分所有权的内容，包括区分所有建筑物专有部分的单独所有权、共有部分的共有权以及应区分所有权人的共同关系所生的管理权。

（1）专有部分的单独所有权。专有部分是在一栋建筑物内区分出的住宅或者商业用房等单元。该单元须具备构造上的独立性与使用上的独立性。业主对其专有部分享有单独所有权，即对该部分为占有、使用、收益和处分的排他性的支配权，性质上与一般的所有权并无不同。但此项专有部分与建筑物上其他专有部分有密切的关系，彼此休戚相关，具有共同的利益。因此区分所有权人就专有部分的使用、收益、处分不得违反各区分所有权人的共同利益。例如，就专有部分的改良、使用，足以影响区分所有建筑物的安全时，不得自行为之。再如，就专有部分为保存、改良或管理的必要时，有权使用他人的专有部分。业主不得违反法律、法规以及管理规约，将住宅改变为经营性用房。业主将住宅改变为经营性用房的，除遵守法律、法规及管理规约外，应当经有利害关系的业主同意。

（2）共有部分的共有权。共有部分是指区分所有的建筑物及其附属物的共同部分，即专有部分以外的建筑物的其他部分。共有部分既有由全体业主共同使用的部分，如地基、屋顶、梁、柱、承重墙、外墙、地下室等基本构造部分，楼梯、走廊、电梯、给排水系统、公共照明设备、贮水塔、消防设备、大门、通信网络设备以及物业管理用房等公用部分，道路、停车场、绿地、树木花草、楼台亭阁、游泳池等附属公共设施；也有仅为部分业主共有的部分，如各相邻专有部分之间的楼板、隔墙，部分业主共同使用的楼梯、走廊、电梯等。其中，对于建筑区划内的道路、绿地、物业服务用房以及车位、车库的归属，《民法典》第二百七十四条、第二百七十五条和第二百七十六条明确规定："建筑区划内的道路，属于业主共有，但是属于城镇公共道路的除外。建筑区划内的绿地，属于业主共有，但是属于城镇公共绿地或者明示属于个人的除外。建筑区划内的其他公共场所、公用设施和物业服务用房，属于业主共有。""建筑区划内，规划用于停放汽车的车位、车库的归属，由当事人通过出售、附赠或者出租等方式约定。占用业主共有的道路或者其他场地用于停放汽车的车位,属于业主共有。""建筑区划内,规划用于停放汽车的车位、车库应当首先满足业主的需要。"

另外,《民法典》规定,业主对建筑物专有部分以外的共有部分,享有权利并承担义务,但不得以放弃权利为由不履行义务。共有部分为相关业主所共有,均不得分割,也不得单独转让。业主转让建筑物内的住宅、经营性用房,其对建筑物共有部分享有的共有和共同管理的权利一并转让。业主依据法律规范、合同以及业主公约,对共有部分享有使用、收益、处分权,并按照其所有部分的价值,分担共有部分的修缮费以及其他负担。

(3)业主的管理权。基于区分所有建筑物的构造,业主在建筑物的权利归属以及使用上形成了不可分离的共同关系,并基于此一共同关系而享有管理权。该管理权的内容包括:

第一,业主有权设立业主大会并选举业主委员会。业主大会、业主委员会成立的具体条件和程序,依照法律、法规的规定。地方人民政府有关部门、居民委员会应当对设立业主大会和选举业主委员会给予指导和协助。为管理区分所有的建筑物,业主可以设立业主大会,选举业主委员会。业主大会或者业主委员会的决定,对业主具有约束力。业主大会或者业主委员会作出的决定侵害业主合法权益的,受侵害的业主可以请求人民法院予以撤销。

第二,业主有权决定区分建筑物相关事项。《民法典》第二百七十八条规定:"下列事项由业主共同决定:(一)制定和修改业主大会议事规则;(二)制定和修改管理规约;(三)选举业主委员会或者更换业主委员会成员;(四)选聘和解聘物业服务企业或者其他管理人;(五)使用建筑物及其附属设施的维修资金;(六)筹集建筑物及其附属设施的维修资金;(七)改建、重建建筑物及其附属设施;(八)改变共有部分的用途或者利用共有部分从事经营活动;(九)有关共有和共同管理权利的其他重大事项。业主共同决定事项,应当由专有部分面积占比三分之二以上的业主且人数占比三分之二以上的业主参与表决。决定前款第六项至第八项规定的事项,应当经参与表决专有部分面积四分之三以上的业主且参与表决人数四分之三以上的业主同意。决定前款其他事项,应当经参与表决专有部分面积过半数的业主且参与表决人数过半数的业主同意。"第二百八十一条规定:"建筑物及其附属设施的维修资金,属于业主共有。经业主共同决定,可以用于电梯、屋顶、外墙、无障碍设施等共有部分的维修、更新和改造。维修资金的筹集、使用情况应当公布。紧急情况下需要批修建筑物及其附属设施的,业主大会或者业主委员会可以依法申请使用维修资金。"第二百八十二条规定："建设单位、物业服务企业或者其他管理人等利用业主的共有部分产生的收入,在扣除合理成本之后,属于业主共有。"第二百八十三条规定："建筑物及其附属设施的费用分摊、收益分配等事项,有约定的,按照约定;没有约定或者约定不明确的,按照业主专有部分占建筑物总面积的比例确定。"

《民法典》第二百八十四条规定："业主可以自行管理建筑物及其附属设施,也可以委托物业服务企业或者其他管理人管理。对建设单位聘请的物业服务企业或者其他管理人,业主有权依法更换。"第二百八十五条规定："物业服务企业或者其他管理人根据业主的委托,依照本法第三编有关物业服务合同的规定管理建筑区划内的建筑物及其附属设施,接受业主的监督,并及时答复业主对物业服务情况提出的询问。"第二百八十六条规定："业主应当遵守法律、法规以及管理规约,业主大会或者业主委员会,对任意弃置垃圾、排放污染物或者噪声、违反规定饲养动物、违章搭建、侵占通道、拒付物业费等损害他人合法权益的行为,有权依照法律、法规以及管理规约,请求行为人停止侵害、排除妨碍、消除危险、恢复原状、赔偿损失。业主或其他行为人拒不履行相关义务的,有关当事人可以向有关行政主管部门投诉,有关行政主管部门应当依法处理。"

《民法典》第二百八十七条规定："业主对建设单位、物业服务企业或者其他管理人以及其他业主侵害自己合法权益的行为,有权请求其承担民事责任。"

(六) 相邻关系

1. 相邻关系的概念

相邻不动产的所有人或使用人在各自行使自己的合法权利时,都要尊重他方所有人或使用人的权利,相互间应当给予一定的方便或接受一定的限制,法律将这种相邻人间的关系用权利义务的形式确定下来,就是相邻关系。可见,相邻关系是指两个或两个以上相邻不动产的所有人或使用人,在行使占有、使用、收益、处分权利时发生的权利义务关系。

不动产相邻关系,从本质上讲是一方所有人或使用人的财产权利的延伸,同时又是对他方所有人或使用人的财产权利的限制;反之亦然。例如,甲、乙都是集体所有的土地的承包经营人,甲承包的土地处于乙承包的土地与公用通道之间,乙如果不通过甲承包的土地就不能到达公用通道,或者虽有其他通道但非常不便,乙就有权通过甲承包的土地到达公用通道或自己承包的土地。这样,在甲、乙两个承包经营人之间就发生了相邻关系。这种相邻关系对于乙来说,是其土地使用权的合理延伸;而对于甲来说,是对其土地使用权的必要限制。这种财产权利的合理延伸和必要限制,既无损于所有人或使用人的正当权益,同时也满足了对方的合理需要;对于充分发挥财产的效用、促进社会经济的发展、稳定社会秩序,具有重要意义。

2. 不动产相邻关系的特征

(1) 相邻关系发生在两个或两个以上的不动产相邻的所有人或使用人之间。相邻人可以是公民,也可以是法人;可以是财产所有人如集体组织、房屋所有人,也可以是非所有人如承包经营人、承租人。

(2) 相邻关系的客体并不是财产本身,而是由行使所有权或使用权所引起的和邻人有关的经济利益或其他利益,如噪声影响邻人休息,对于财产本身的归属并不发生争议。

(3) 相邻关系的发生常与不动产的自然条件有关,即两个或两个以上所有人或使用人的财产应当是相邻的。如上例承包经营人乙不通过承包经营人甲的土地不能到达自己承包的土地。如果甲、乙之间的土地一个在河北,一个在西藏,自然就不可能发生这种通行关系。所谓"相邻",不以不动产的直接相邻为限。例如,甲、乙两村处于同一条河流的上下游,两村虽然不直接相邻,但亦可能因用水、流水、截水与排水关系,而有相邻关系适用的余地。

3. 处理相邻关系的原则

在实际生活中,相邻人因相邻不动产的权利的行使必然地会发生这样或那样的关系,如果处理不好,就会产生矛盾与纠纷,影响正常的社会秩序。因此,应当按照法律关于相邻关系的原则和各项具体规定妥善、正确地处理相邻关系。相邻关系和其他民事法律关系一样,受中国民法基本原则的指导。因此,处理相邻关系必须遵守中国民法的基本原则。例如,公民的民事权益受法律保护,民事活动应当尊重社会公德、不得损害社会公共利益。同时,中国法律对处理相邻关系还规定了一些特殊原则。《民法典》第二百八十八条规定:"不动产的相邻权利人应当按照有利生产、方便生活、团结互助、公平合理的原则,正确处理相邻关系。"据此,处理相邻关系应遵循下列三项原则:

(1) 有利生产,方便生活。相邻关系是人们在生产、生活中对于相互毗邻的不动产的占有、使用、收益、处分而发生的权利义务关系,直接关系到人们的生产和生活的正常进行。因此,处理相邻关系应当以有利生产、方便生活为原则。例如,甲、乙、丙三个承包经营人承包的土地相互毗连,其土地都是长期依靠同一条小溪灌溉,甲承包的土地处于小溪的上游,乙承包的土地处于小溪的中游,丙承包的土地处于下游。由于天旱水源不足,小溪的水源不能满足土地灌溉的需要。这时,甲或乙都不能截断溪流仅供自己的土地灌溉;而是要正确处理用水相邻关系,把有限的水用于三人最需要、经济效益最大的地块,以减少不必要的损失,发挥最大的经济效益,促进生产的发展。

(2) 团结互助。在我们社会主义国家,国家、集体和个人的根本利益是一致的。在社会生活的各个方面,人与人的关系在本质上都是一种互助协作的关系。这根源于劳动人民在社会主义生产关系中的共同利益,与以私有制为基础的社会关系是根本不同的。因此,有必要而且也能够依团结互助的原则处理相邻关系。例如,在乙必须通过甲的土地才能从公用通道到达乙的土地时,甲应当允许。再如,低地的所有人或使用人对于高地的自然流水应当允许流往自己的土地,不得堵截,使高地遭受损失。团结互助原则还要求相邻人应当协商解决相邻纠纷,应当互谅互让、尊重对方的权益;不能只顾自己的利益而无视邻人的合法权益。

(3) 公平合理。中国法律严格保护民事权利,任何组织或个人都不得非法侵犯。而相邻关系从本质上是对一方权利的需要,从社会整体利益考虑作出的规定;不仅不与保护民事权利的原则相矛盾,而且是对公民、法人的民事权利的更充分的保护。因此,应当公平合理地处理相邻关系,一方权利的延伸和另一方权利的限制都必须在合理、必要的限度内为之;并且要求各方在享受权利的同时,亦应承担一定的义务。例如,相邻一方因架设电线或埋设电缆、管道必须使用他方的土地,他方应当允许,但使用的一方应当选择危害最小的地点和方法安设,对所占用的土地和施工造成的损失给予补偿,并且应于事后清理现场。

有利生产、方便生活,团结互助,公平合理,这是处理相邻关系的三项原则。这三项原则又是互相联系的:在实际处理相邻关系的时候,应当综合平衡相邻各方的权利和利益,综合考虑这三项原则的精神,从有利生产、方便生活出发,本着团结互助的要求,公平合理地处理相邻关系。

法律、法规对处理相邻关系有规定的,依照其规定;法律、法规没有规定的,可以按照当地习惯。

4. 几种主要的相邻关系

相邻关系的范围非常广泛,情况也很复杂,以下列举几类常见的相邻关系:

(1) 相邻土地使用关系。相邻一方的建筑物或土地,处于邻人的土地包围之中,非经过邻人的土地不能到达公用通道,或虽有其他通道但需要较高的费用或十分不便的,可以通过邻人的土地以到达公用通道。但通行人在选择道路时,应当选择最必要、损失最少的路线。如只需小道即可,就不得开辟大道;能够在荒地上开辟道路,就不得在耕地上开辟。通行人还应对因通行给邻地造成的损害予以赔偿。

历史上形成的通道,土地的所有人或使用人无权任意堵塞或改道,以免妨碍邻人通行。如果确实需要改道,应取得邻人的同意。

(2) 相邻防险、排污关系。相邻一方在开挖土地(如打水井、挖地窖、筑水渠、修粪池等)、建筑施工(如盖高楼、修围墙)时,不得使邻地的地基发生动摇,不得使邻地的建筑受到危害;相邻一方的建筑物有倾倒的危险,威胁邻人的生命、财产安全,相邻一方应当采取预防措施,如加固、拆除;相邻一方堆放易燃、易爆、剧毒、放射、恶臭物品时,应当与邻地建筑物保持一定距离,或者采取预防措施和安全装置。相邻他方在对方未尽此义务的情况下,有权要求排除妨害、赔偿损失。相邻人,尤其是化工企业、事业单位,在生产、研究过程中,排放废气、废水、废渣,不得超过国家规定的排放标准。相邻他方对超标排放,有权要求相邻人排除妨害,即按国家规定的排放标准排放、治理,而且对造成的损害还有权要求赔偿。

(3) 相邻用水、流水、截水、排水关系。相邻人应当保持水的自然流向;在需要改变流向并影响相邻他方用水时,应征得他方的同意,并对由此造成的损失给予适当补偿。为了灌溉土地,需要提高上游的水位、建筑水坝,必须附着于对岸时,对岸的土地所有人或使用人应当允许;如果对岸的土地所有人或使用人也使用水坝及其他设施时,应按受益的大小,分担费用。水流经过地的所有人或使用人都可以使用流水,但应当共同协商、合理分配使用。如果来自高地段的自然流水,常为低地段的所有人或使用人使用,即使高地段所有人或使用人也需要此水,也不得全部堵截,断绝低地段的用水,以免给低地的所有人或使用人造成损失。低地的所有人或使用人应当允许高地的自然流水流经其地,不得擅自筑坝堵截,影响高地段的排水。相邻一方在为房屋设置管、槽或其他装置时,不得使房屋雨水直接注泻于邻人建筑物上或土地上。

(4) 相邻管线安设关系。相邻人因埋设管道如油管、水管、煤气管,架设线路如输电线路、通信线路,需要经过他方的土地时,他方应当允许。但相邻方应当选择损害最小的地点及方法安设。相邻人还应对所占土地及施工造成的损失给予补偿,并于事后清理现场。

(5) 相邻光照、通风、音响、震动关系。相邻人在建造建筑物时,应当与邻人的建筑物留有一定的距离,以免影响邻人建筑物的通风、采光和日照。相邻各方应当注意环境清洁、舒适,讲究精神文明,不得以高音、噪声、喧嚣、震动等妨碍邻人的工作、生活和休息。否则,邻人有权请求停止侵害。

(6) 相邻竹木归属关系。相邻地界上的竹木、分界墙、分界沟等,如果所有权无法确定时,推定为相邻双方共有财产,其权利义务适用按份共有的原则。对于相邻他方土地的竹木根枝超越地界,并影响自己对土地的使用,如妨碍自己土地的庄稼采光,相邻人有权请求相邻他方除去越界的竹木根枝。如果他方经过请求不予除去,相邻人可以自行除去。当然,越界竹木根枝如对相邻人的财产使用并无影响,则相邻人无权请求除去。

不动产权利人因上述用水、排水、通行、铺设管线等利用相邻不动产的,应当尽量避免对相邻的不动产权利人造成损害;造成损害的,应当给予赔偿。

(七)所有权取得的特别规定

1. 善意取得

(1)善意取得的概念。善意取得又称即时取得,是指原物由占有人转让给善意第三人(即不知占有人为非法转让而取得原物的第三人)时,善意第三人一般可取得原物的所有权,所有权人不得请求善意第三人返还原物。它是均衡所有权人和善意受让人利益的一项制度,首先它在一定程度上维护所有权人的利益,保证所有权安全。其次它侧重维护善意受让人的利益,促进交易安全。当所有权人与善意受让人发生权利冲突时,应当侧重保护善意受让人。这样有利于维护交易的安全,还有利于鼓励交易。这种情况下,对所有权人利益的限制,我们可以认为是对所有权人在托付别人保管自己财产或管理自己财产时不尽注意义务,而使他承担相应不利后果的责任。

(2)善意取得的构成要件。包括如下几个部分:

一是无处分权人将不动产或者动产转让给受让人。

二是受让人受让该财产时是善意的,货币和无记名的有价证券不受对价和合理占有限制。

三是以合理的价格有偿转让。

四是转让的财产依照法律规定应当登记的已登记,不需要登记的已交付给受让人。

五是不违反法律的禁止性规定。如被盗、被抢的财物、遗失物不适用善意取得制度。

因此,善意取得在主体方面,转让人须为无权处分人,受让人为有民事行为能力人。只有当转让人无权处分该物时,原物所有人的利益才会受到侵害,才会存在牺牲原物权人的利益而保护第三人利益的情形,才有适用善意取得的必要。并且受让人应当具有民事行为能力,这样才能保证第三人的行为是有效的,一个被撤销或无效的行为就不存在对其利益的保护问题。在客体方面,从《民法典》第三百一十一条的规定可以看出,我国规定善意取得的客体包括动产和不动产,动产以交付为其公示原则,不动产以登记为其公示原则。就主观方面来说,受让人应当是善意的。所谓善意,主要指不知情,指行为人在为某种民事行为时不知存在某种足以影响该行为法律效力的因素的一种心理状态。对于认定这种"心理状态",应当考虑以下几个因素:首先,受让人是否有"知情"的义务,通过其专业知识水平以及对转让人的了解程度,受让人是否能够判断他的取得是善意的;其次,受让人是否支付了合理的对价,如果受让人明知其取得该物的价格与实际价值相差极大,则可以认定为其行为出于"非善意";最后,应当考虑交易的场所是否符合常理。在客观方面,善意取得必须依一定的法律行为而存在,这是善意取得的前提。《最高人民法院关于适用〈中华人民共和国民法典〉物权编的解释(一)》第十五条规定:"具有下列情形之一的,应当认定不动产受让人知道转让人无处分权:(一)登记簿上存在有效的异议登记;(二)预告登记有效期内,未经预告登记的权利人同意;(三)登记簿上已经记载司法机关或者行政机关依法裁定、决定查封或者以其他形式限制不动产权利的有关事项;(四)受让人知道登记簿上记载的权利主体错误;(五)受让人知道他人已经依法享有不动产物权。真实权利人有证据证明不动产受让人应当知道转让人无处分权的,应当认定受让人具有重大过失。"

受让人通过交易从转让人处取得财产,而受让人的这种行为是一种"支付合理对价"的法律行为。我国《民法典》中规定"以合理的价格转让"就充分说明了这种行为的性质必须是有偿的,受赠、继承等无偿方式取得的物不能发生善意取得的效力。《最高人民法院关于适用〈中华人民共和国民法典〉物权编的解释(一)》第十八条规定,"合理的价格",应当根据转让标的物的性质、数量以及付款方式等具体情况,参考转让时交易地市场价格以及交易习惯等因素综合认定。善意取得既可以适用于动产,也可以适用于不动产,但法律规定禁止流通的动产或者不动产,如贵重金属、毒品、麻醉品、国家专有财产、盗窃物、赃物等不适用善意取得。所以如果所有人因为被盗、遗失等原因而丧失对其财产的占有以后,不问财产几经转手,所有人都有权请求最后占有人返还。如果最后占有人是善意的,也支付了一定的金额,所有人在取回该物时,应该偿还占有人的损失。因为占有人在保管该物时付出了一定的代价,而且最后占有人往往在占有该物时出于善意并非恶意。如果不对善意占有人的利益加以保护反而使其正当的利益受到损害,必然会造成不良后果。同时,根据我国司法实践,如果受让人是无偿取得某项财产的,则不论其取得财产时是善意还是恶意,所有人都有权要求受让人返还原物。

(3)善意取得的适用范围。动产、不动产、其他物权都可以善意取得:

一是不动产以登记为占有要件和公示效力。善意取得是所有权取得的一种方式,所有权属于物权,物权是一种对世权,对世权是以对方知情为前提的。因此,物权必须具有对世的公示效力。动产物权的公示方法为占有,不动产物权的公示方法为登记。占有仅对动产具有公示力,即普通的第三人对动产的占有人一般都会推定为该动产的所有权人,第三人正是基于这种占有的公示力而误以为无处分权人就是所有人,因此于无处分权的占有人进行交易行为,第三人的信任基础是占有的公示力。对于不动产而言,标的物的转移占有并不移转所有权,只有经过登记才能取得所有权移转的效力,因此不动产经过登记以后法律自然就赋予其具有公示效力。

【案情】 汪某与李某国系夫妻关系,两人于1996年9月23日结婚,2002年3月12日婚生一子名李某纬。2006年11月22日,李某国、李某纬(李某国代写)与北京某置地公司签订《北京市商品房预售合同》,购买了本案诉争房屋即海淀区西二旗西路×号院××号楼×单元2×2室,总价款为1 414 050元。2009年6月25日,李某国、李某纬分别取得了房屋所有权证,房屋所有权证号分别为×京房权证海字第091829号、×京房权证海字第091850号,在上述两房屋所有权证的共有情况一栏均载明:按份共有,在附记一栏均载明:李某国共有份额为99%,李某纬共有份额为1%。2009年6月29日,李某国、李某纬(李某国代写)与李某签订存量房屋买卖合同,将上述诉争房屋海淀区西二旗西路×号院××号楼×单元2×2室出售给李某,合同约定的价格为841 640元。2009年6月30日,李某取得了上述诉争房屋的房屋所有权证,房屋所有权证号为×京房权证海字第0××××2号。汪某起诉至法院,请求法院确认李某国、李某就案涉房屋所签存量房屋买卖合同无效。

【问题】 本案涉及的是不动产善意取得问题。

【法律规定】《民法典》第三百一十一条规定:"无处分权人将不动产或者动产转让给受让人的,所有权人有权追回;除法律另有规定外,符合下列情形的,受让人取得该不动产或者动产的所有权:(一)受让人受让该不动产或者动产时是善意;(二)以合理的价格转让;(三)转让的不动产或者动产依照法律规定应当登记的已经登记,不需要登记的已经交付给受让人。受让人依据前款规定取得不动产或者动产的所有权的,原所有权人有权向无处分权人请求损害赔偿。"

【法律运用及结果】 一审法院北京市海淀区人民法院认为:根据

《民法典》第三百一十一条的规定，无处分权人将不动产或者动产转让给受让人的，所有权人有权追回；除法律另有规定外，符合下列情形的，受让人取得该不动产或者动产的所有权：一是受让人受让该不动产或者动产时是善意的；二是以合理的价格转让；三是转让的不动产或者动产依照法律规定应当登记的已经登记，不需要登记的已经交付给受让人。

对于李某在受让本案诉争房屋时是否善意的问题，根据《民法典》的相关规定，不动产登记簿是物权归属和内容的根据，而不动产权属证书是权利人享有该不动产物权的证明。在本案中，李某国及李某纬所取得的房屋所有权，基于不动产的公示、公信原则，作为买受人的李某有理由相信上述李某国及李某纬所取得的房屋所有权证所载明的物权及内容，即李某国与李某纬系所出售房屋的共有人，所占份额李某国为99%、李某纬为1%，又因李某国系李某纬的法定代理人，其在办理房屋所有权转让手续时也出具了证明两者监护关系的相应公证书，故李某基于上述信赖而相信出卖人李某国及其共有人李某纬对所出售的房屋享有完全权利，并与两人签订存量房屋买卖合同，尽到了受让人的注意义务，不存在过错。此外，诉讼中，汪某亦未向法院提交李某国、李某签订上述存量房屋买卖合同时存在恶意串通损害其和李某纬利益的行为的相应证据。因此，认定李某在受让本案诉争房屋时确属善意。

关于本案诉争房屋转让的价格是否合理问题。虽然本案存量房屋买卖合同约定的转让价格为841 640元，但李某国、李某在诉讼中均承认实际成交的价格为160万元，并提交了相应交易记录，汪某虽对两人交易行为的真实性提出质疑，认为系虚假交易，但由于并未对此提交相应证据，法院不予采信，又因综合审查李某国提交的个人储蓄账户明细清单、账户历史交易明细表及李某提交的李某国收条、银行电汇凭证、上饶银行对私储蓄账户明细账等证据，上述证据作为一个证据链可以相互印证，如实反映出双方之间存在两人所述的付款160万元的交易行为，而该160万元的交易数额考虑到李某国的购房价格、诉争房屋所在地区当时二手房市场价格及涨跌等因素，并不属于明显偏低价格，故本案诉争房屋转让的价格仍应属合理价格范围之内。

关于转让的诉争房屋是否已登记问题。该诉争房屋已于2009年6月30日办理了转让登记手续，李某已依法取得了诉争房屋海淀区西二旗西路×号院××号楼×单元2×2室的房屋所有权证。

综上分析，李某在取得本案诉争房屋所有权时已具备善意取得的全部要件，应认定为善意买受人。李某国在签订上述存量房屋买卖合同时是否属善意不影响李某成为善意买受人，也不影响本案存量房屋买卖合同的效力。因此，依照《民法典》第三百一十一条之规定，判决驳回汪某请求确认李某国、李某就案涉房屋签订的存量房屋买卖合同无效的诉讼请求。

二审法院北京市第一中级人民法院同样认为，本案构成善意取得，并认为李某国与李某于2009年6月29日签订的存量房屋买卖合同，系双方当事人真实意思表示，且不违反法律的强制性规定，应认定合法有效。因此判决驳回上诉，维持原判。

（案例改编自北京市第一中级人民法院裁判文书，案号：〔2010〕一中民终字第16095号）

二是其他物权。《民法典》第三百一十一条规定："当事人善意取得其他物权的，参照前两款规定。"可以善意取得的其他物权，是质权、留置权、所有权、土地承包经营权、地役权、宅基地权、建设用地使用权，没有抵押权。法律另有规定的除外。

（4）善意取得的法律后果。一是受让人取得转让财产的所有权，该财产上的原有权利消灭，但善意受让人在受让时知道或者应当知道该权利的除外。二是原权利人有权向无处分权人请求赔偿损失。但是法律对于财产所有权的取得有特殊规定者，则不依上述规则来处理当事人之间的法律关系。

【案情】 甲、乙结婚后购得房屋一套，仅以甲的名义进行了登记。后甲、乙感情不和，甲擅自将房屋以时价出售给不知情的丙，并办理了房屋所有权变更登记手续。

【问题】 该买卖合同是否有效？丙是否可以以善意取得而拥有房屋所有权？

【法律规定】 《民法典》第一千零六十二条规定："夫妻在婚姻关系存续期间所得的下列财产，为夫妻的共同财产，归夫妻共同所有：（一）工资、奖金、劳务报酬；（二）生产、经营的收益；（三）知识产权的收益；（四）继承或者受赠的财产，但是本法第一千零六十三条第三项规定的除外；（五）其他应当归共同所有的财产。夫妻对共同所有的财产，有平等的处理权。"第三百零一条规定:"处分共有的不动产或者动产以及对共有的不动产或者动产作重大修缮、变更性质或者用途的,应当经占份额三分之二以上的按份共有人或者全体共同共有人同意,但是共有人之间另有约定的除外。"

【法律运用及结果】 本案中,因为房屋是在夫妻关系存续期间购买的,虽然只是登记在甲的名义下,但是实际上也是夫妻共同共有的财产,处分共同共有财产的时候,根据《民法典》第一千零六十二条的规定,应当经过其妻子同意,未经其妻子同意,买卖合同无效;但是买卖合同是债权行为,不完全决定物权行为的效力,根据《民法典》规定的善意取得制度的规定,甲和丙之间的行为完全符合善意取得的条件,房屋所有权已经发生转移,所以买卖合同无效,房屋所有权已转移。

(案例改编自法易网,http：//ask.148365.com/henan/xinyang/1166438.html 2012629)

2. 先占

(1)先占的概念。所谓先占是指以所有的意思,先于他人占有无主的动产,先占人从而取得该动产所有权。先占的产生比较古老,在人类社会形成之始,人们基于先占,取得狩猎物等财产的所有权。随着社会不断发展,人们的财产权利日益扩张,无主动产的存在减少,故而基于先占取得所有权的情形渐趋少见。

(2)先占的构成要件。包括如下两项:

一是对象要件。

首要,先占的对象应为无主物。无主物是指不属于任何人所有的物。只有在无主物上,才存在先占的可能。对于某物是否属于无主物,应着重从物的存在状态来判断。这包括该物所在位置、隐蔽状况、是否为抛弃等方面考察,避免是他人遗失物、埋藏物或隐藏物而进行占有。对于某物是否属于抛弃物,则应看行为人是否有抛弃的意思及抛弃行为。例如,甲、乙为夫妻,某日丈夫甲在清理旧物时扔掉一批衣物,被拾废品者丙捡到。丙翻开一件衣服时发现内包有现金5 000元,经查,此乃妻乙所藏私房钱。此时丙不能取得该笔现金,因为甲仅仅抛弃衣服而非钱。丙只能先占无主物——衣服,不能先占有主物——钱,丙应将钱返还给甲,仅仅保有衣服。其次,先占的对象应为动产。在现代社会,各国民法均将先占制度的适用对象界定在动产之上。土地及其附着物不适用先占,且一些特殊动产,如尸体,依公序良俗原则,亦不得先占。

二是主观要件。对于无主物的先占,主观上应具有自主占有的意思。根据占有人的意思为标准,可分为自主占有和他主占有,前者是指以物属于自己所有的意思的占有,后者乃无所有的意思,仅依某种特定关系支配某物。先占人要基于先占而取得所有权,必须以所有的意思占有该物,即必须对该物构成自主占有。若无法确定,就看占有人是否具有自主占有的意思的情况下,根据事实推定规则,推定占有人自主占有。此外,由于先占属于事实行为,故并不依赖于先占人的行为能力。即无民事行为能力人和限制民事行为能力人均可依据先占而取得无主物的所有权。

三是禁止性要件。基于先占而取得所有权,必须受到国家强制性规定的限制。任何行为均要受到一定强行性规范的限制,此乃为维护社会公共秩序和利益而设定。如宣布为国家所有的野生动物资源,不得先占。

(3) 先占取得只适用于法律对于无主财产的归属没有特别权的情形。如:所有权人不明的埋藏物、隐藏物,归国家所有;无人继承又无人受遗赠的财产,归国家所有;死者生前是集体所有制组织成员的,归所在集体所有制组织所有。

3. 遗失物

遗失物是所有权人遗忘于某处,不为任何人占有的物(只能是动产)。

(1) 相关规定如下:

一是无行为能力的所有人将物抛弃,因其欠缺意思能力,不构成所有权的抛弃,只是丧失占有。

二是拾得遗失物、漂流物或失散的饲养动物,应当归还失主,因此而支出的费用由失主偿还。所有权人等权利人向受让人支付所付费用后,有权向无处分权人追偿。

三是拾得遗失物毁损、灭失,拾得人无故意的,不承担民事责任。据为己有、拒不返还的,承担侵权责任。

四是该遗失物通过转让被他人占有的,所有权人等权利人有权向无处分权人请求损害赔偿,或者自知道或者应当知道受让人之日起两年内向受让人请求返还原物,但受让人通过拍卖或者向具有经营资格的经营者购得该遗失物的,所有权人等权利人请求返还原物时应当支付受让人所付的费用。

(2) 拾得遗失物的处理方法:

一是应当返还权利人。拾得人应当自拾得遗失物之日起 20 日内通知所有权人等权利人领取,或者送交公安等有关部门。

二是有关部门收到遗失物,知道所有权人等权利人的,应当及时通知其领取;

不知道的,应当及时发布招领公告。

三是遗失物自发布招领公告之日起一年内无人认领的,归国家所有。

4. 发现埋藏物

埋藏物指包藏于他物之中,不易从外部发现的物。隐藏物指放置于隐蔽的场所,不易被发现的物。

遗失物、失散的饲养动物、漂流物、埋藏物、隐藏物都不是无主财产,一般都要归还原所有人。

遗失物与埋藏物的区别标准是:发现的时候是否处于被埋藏于他物之状态。

拾得遗失物或漂流物、发现埋藏物或隐藏与先占的区别标准是:前者的客体为有主物,后者的客体是无主物。

5. 添附

添附是附合、混合的通称,广义上添附还包括加工在内。

(1) 附合。附合是指两个或两个以上不同所有人的物结合在一起而不能分离。动产与动产的附合:由主物或价值较高的物的原所有人取得合成物的所有权,并给付对方补偿。动产与不动产的附合:不动产权人取得所有权,给原动产所有人以补偿。

(2) 混合。混合是两个以上不同所有人的动产互相混杂合并,不能识别。

(3) 加工。加工是指在他人之物上附加自己的有价值的劳动使之成为新的财产。原则上加工物的所有权归原物的所有人,并给加工人以补偿。但加工价值远远大于原材料价值的除外。

因加工、附合、混合而产生的物的归属,有约定的,按照约定;没有约定或者约定不明确的,依照法律规定;法律没有规定的,按照充分发挥物的效用以及保护无过错当事人的原则确定。因一方当事人的过错或者确定物的归属造成另一方当事人损害的,应当给予赔偿或者补偿。

【案情】 王、潘两家同住李村。王家有子王达,潘家有女潘美,两人正在恋爱。两家为子女结婚住房问题议定由潘家出钱、王家出工,在王家已有的三间平房上面加盖上房三间作新人成亲之用。双方对上房三间的权属未作约定。上房三间盖成后,王达和潘美因性情不合解除恋爱关系。为此,王、潘两家反目成仇,并对房屋权属发生争议。

【问题】 上房三间的所有权应属谁?

【法律规定】 《民法典》第三百二十二条:"因加工、附合、混合而产生的物的归属,有约定的,按照约定;没有约定或者约定不明确的,依照法律规定;法律没有规定的,按照充分发挥物的效用以及保护无过错当事人的原则确定。因一方当事人的过错或者确定物的归属造成另一方当事人损害的,应当给予赔偿或者补偿。"

【法律运用及结果】 本案中,王家因在自家三间平房上加工房屋的附合行为而取得所有权,但应当对潘家予以补偿。

(案例改编自三人行司法考试题库,www.sikaoketang.com/tiku/show2191.html 2012624)

第三节 共 有

一、共有的概述

（一）共有的概念

共有是两个或两个以上的组织、个人对同一项财产享受所有权。

根据一物一权原则,共有物尽管为两个以上民事主体所共有,但其所有权仍为完整的一个,按份共有的份额(应有部分)是就所有权予以"量"之分割的结果,此种分割不是对具体的共有物的量上之分割(即所有权的划分),也不是所有权权能的分割,应有部分抽象地存在于共有物之任何微小部分上。因此部分共有人在共有物进行财产分割前是无法就共有物的任何一微小的部分主张一独立的所有权,哪怕该部分之交换价值小于财产分割后该共有人所应享有之份额的价值,也不管该部分是否正在由该共有人占有、使用中。

对共有物的处置(包括管理、改良、变更、使用、收益、转让、设定负担等),必须协商一致(包括事先约定或临时协商),不能取得一致意见时则应按拥有财产份额一半以上的共有人的意见处理,但不得损害份额少的共有人的利益。

共有人在共有物的应有部分上有权自由设定担保物权,而无权自由设定用益物权,区分在于是否会影响物的实际使用。由于共有物在所有权上尽管对内可由各应有部分来明确权利义务关系,但对外则是表现为一个完整的所有权,各共有人无论应有部分的多少均有权知晓共有物作为一个完整的所有权客体所处的状态,也有权监督共有物是否处于正常使用状态,并及时察觉自己的应有部分是否被侵犯。因此共有人在其应有部分上设定担保物权后,有义务告知其他共有人其在共有物应有部分上设定的负担,否则应承担由此给其他共有人在行使权利时造成的损失负赔偿责任。

对于超过应有部分设立的抵押,应属侵权行为,其理至明,无须多论,其法律效力应属效力待定,如经其他共有人追认,则为有效,如其他共有人拒绝,则按无效民事行为处理。对于善意取得该超出部分不动产抵押权的抵押权人是否可适用善意取得制度而认定抵押有效,由造成侵害的共有人对受害共有人进行损害赔偿这一问题,似未有论及。

(二)共有的特征

(1)共有主体不是单一的而是多个的。

(2)共有的客体是特定物。

(3)共有人对共有物或者按照各自的份额,或者平等地享有权利。

二、共有的种类

(一)准共有

准共有是指两个以上的人共同享有的所有权以外的财产权。比如用益物权及担保物权的共有,就称之为准共有。

(二)按份共有

1. 按份共有的概念

按份共有是指两个或两个以上的人对同一项财产按照份额享有所有权。

2. 按份共有的特征

(1)各共有人有确定的份额,他们按份分享权益,分担费用。

(2)对共有财产的管理,由共有人协商进行。意见不一致时,按多数份额的意见进行管理,但不得损害其他人的利益。

(3)对共有财产除协商处分外,各共有人对自己的份额可以出卖、赠与,并可继承。但在出卖时,其他共有人有优先购买权。

(4)在共有财产受到侵害时,每一共有人都有权请求返还原物、排除妨碍和赔偿损失,以维护共有的权益。

(5)在分割时按份分配。

3. 按份共有的关系

按份共有的关系分为内部关系与外部关系。

(1)内部关系包括如下四个方面:

一是共有物的占有、使用、收益。

二是共有物的处分:① 对其享有份额的处分,按份共有人转让其享有的共有的不动产或者动产份额的,应当将转让条件及时通知其他共有人。其他共有人应当在合理期限内行使优先购买权。两个以上其他共有人主张行使优先购买权的,协商确定各自的购买比例;协商不成的,按照转让时各自的共有份额比例行使优先购买权。② 对整个共有物的处分。共有人抛弃自己份额的,抛弃后归属其他共有人(按其他共有人原所占共有份额的比例进行分配)。

三是共有物的管理及费用负担。

四是共有人之间的物上要求权。

(2) 外部关系包括如下两个方面:

一是共有人对于第三人的权利。

二是共有人对于第三人的义务。

(三) 共同共有

1. 共同共有的概念

共同共有是指两个或两个以上的人基于共同关系,共同享有一物的所有权。

2. 共同共有的特征

(1) 共同共有的基础是共同关系,最常见的是夫妻家庭财产。他们对共有财产不分各自的份额,在共同关系存续期间也不能要求分割。

(2) 共同共有人对共有财产有平等的所有权,他们经平等协商进行管理、支配和进行处分。

(3) 共同共有人对共有财产也承担平等的义务,对外就共同财产负连带责任。

(4) 在共同关系终止时,共有财产进行分割,应经平等协商,确定各自的份额。如果意见不一致,可诉请法院处理。

也有的共有人对共有财产享有的所有权是不平等的,如继承人对未经分析的遗产、合伙人对合伙财产等。

3. 共同共有的内外部关系

(1) 共同共有人对共有财产享有共同的权利,承担共同的义务。在共同共有关系存续期间,部分共有人擅自处分共有财产的,一般认定无效。但第三人善意、有偿取得该财产的,应当维护第三人的合法权益,对其他共有人的损失,由擅自处分共有财产的人赔偿。

(2) 在共同共有关系终止时,对共有财产的分割,有协议的,按协议处理;没有协议的,应当根据等分原则处理,并且考虑共有人对共有财产的贡献大小,适当照顾共有人生产、生活的实际需要等情况。但分割夫妻共有财产,应当根据《民法典》婚姻家庭编有关规定处理。

(3) 共同共有财产分割后,一个或者数个原共有人出卖自己分得的财产时,如果出卖财产与其他原共有人分得的财产属于一个整体或者配套使用,其他原共有人主张优先购买权的,应当予以支持。

4. 共同共有的类型

(1) 夫妻共有财产。

(2) 家庭共有财产。

(3) 共同继承的财产。

(4) 合伙财产。

(四) 按份共有与共同共有的不同点

1. 财产份额上

按份共有的共有人从共有关系一开始就有确定的共有份额;而共同共有的共有人只有在共有关系消灭后才协商确定各自的财产份额。

2. 对外债务上

按份共有的共有人对偿还债务超过自己应当承担份额的,有权向其他共有人追偿;共同共有中,共有人之一对外要求共有债权之履行所获得的财产,作为共有财产;共有人之一清偿共同债务后也不存在向其他共有人追偿的问题。

(五) 共有物的分割

共有人约定不得分割共有的不动产或者动产,以维持共有关系的,应当按照约定,但共有人有重大理由需要分割的,可以请求分割。

没有约定或者约定不明确的,按份共有人可以随时请求分割,共同共有人在共有的基础丧失或者有重大理由需要分割时可以请求分割。因分割对其他共有人造成损害的,应当给予赔偿。

(1)《民法典》第三百零八条规定:"共有人对共有的不动产或者动产没有约定为按份共有或者共同共有,或者约定不明确的,除共有人具有家庭关系等外,视为按份共有。"这显示了私有财产和共有财产都要受宪法保护。这一规定与原有的《民法通则意见》第八十八条的规定(对于共有财产,部分共有人主张按份共有,部分共有人主张共同共有,如果不能证明财产是按份共有的,应当认定为共同共有)完全不同。即《民法典》规定没有特殊的共同关系的共有人之间不能形成共同共有,只能形成按份共有。

(2) 根据《民法典》第三百零三条的规定,共同共有人原则上不得请求分割共有财产,只有在共有的基础丧失或者有重大理由需要分割时才可以请求分割。而按份共有人原则上可以随时请求分割共有财产。

(3) 根据《民法典》第三百零四条的规定："共有人可以协商确定分割方式。"如协商不成的,可根据当事人的要求及财产的性质,按下述三种方式分割:

一是实物分割。在共有财产可以实物分割且不减损价值的前提下,可对共有财产采取实物分割的方式,可以进行实物分割的共有物一般是可分物,如金钱、布匹、牛群等。

二是变价分割。对于共有财产难以分割或分割减损其价值,而且各共有人都不愿接受共有物时,可以将共有物拍卖、变卖将共有财产变价为货币,由各共有人对货币进行分割。如一幢房产等。

三是作价补偿。对于不可分割的共有物,如一辆汽车、一幅字画等,共有人中的一人愿意取得共有物的,可以由该共有人取得该共有物。对于共有物的价值超出其应得份额的部分,取得共有物的共有人应对其他共有人作金钱补偿。

(六) 共有财产的管理

(1) 共有人按照约定管理共有的不动产或者动产。

(2) 没有约定或者约定不明确的,各共有人都有管理的权利和义务。

(3) 对共有物的管理费用以及其他负担,有约定的,按照约定;没有约定或者约定不明确的,按份共有人按照其份额负担,共同共有人共同负担。

(七) 共有财产的财产执行

人民法院能否对被执行人享有的共同共有财产直接采取执行措施,对此,法学界存有不同观点。绝大多数人认为,在执行程序中,执行法院可以对被执行人共同共有的财产采取查封等控制性措施,甚至可采取拍卖等处分性措施。

从共同共有的性质看,共同共有是两个以上的公民、法人或其他组织基于共同关系而存在的。共同共有中虽存在应有部分,但受共有目的的拘束,与按份共有有显著区别。所以在共同共有关系存续期间,各共有人不能对该共有财产确定份额。

《民法典》第三百零五条规定了按份共有关系中的各共有人可转让其共有部分财产的权利。但在共同共有关系存续期间,部分共有人擅自处分共有财产的,一般应认定无效。在共同共有关系存续期间,各共有人不得擅自分割共有财产。

如果在执行程序中,允许执行法院可以直接对共同共有的财产采取处分性的强制执行措施,对被执行人享有的共有财产中的应有部分予以拍卖等处分,势必产生将"共同共有关系终止"的法律事实。依中国现行法律规定,共同共有因下列原因而归于消灭:一是夫妻一方死亡或离婚,婚姻关系终止;二是继承人分割遗产;三是家庭解散而分家析产。只有这些事实发生,共同共有关系才不复存在。

夫妻共同共有人对外关系与其他共同共有人,如合伙中的共有人等对外关系有较大的区别。依中国法律规定,除夫妻有约定外,在夫妻关系存续期间所产生的财产均为共同共有财产。同理,只有生效法律文书确定夫或妻一人承担债务的,除其显然为个人债务或判决表明其为个人债务的,或者夫妻约定财产分别管理并经婚姻登记机关登记的、且生效法律文书已确定为个人债务的以外,应推定为夫妻共同债务,以夫妻共同管理的财产清偿。而合伙共有关系中,则各合伙人是独立的,某一合伙人的债权人并不能就整个合伙财产主张债权。

【案情一】 甲、乙各以20%与80%的份额共有一间房屋,出租给丙。现甲欲将自己的份额转让,甲应当如何做?

【问题】 本案涉及按份共有中转让份额对其他按份共有人的效力问题。

【法律规定】《民法典》规定,按份共有关系中,共有人欲出让自己的份额,其他共有人有优先购买权;租赁合同关系中,出租方欲出让自己的所有权,承租人有优先购买权。

【法律运用及结果】 本案中,甲、乙各以20%与80%的份额共有一间房屋,属于按份共有,又出租给了丙。因此,甲欲将自己的份额转让时,就存在两个优先购买权,即基于按份共有关系产生的优先购买权和基于租赁合同关系产生的优先购买权,但基于按份共有关系产生的优先购买权实际是基于财产所有权而产生的,根据"物权优先于债权"原则,效力优于基于租赁合同关系产生的优先购买权。乙、丙都有优先购买权,乙的优先购买权优先于丙的优先购买权。

(案例改编自2005年司法考试卷三第12题)

【案情二】 红光、金辉、绿叶和彩虹公司分别出资50万、20万、20万、10万元建造一栋楼房,约定建成后按投资比例使用,但对楼房管理和所有权归属未作约定。

【问题】 该楼发生的管理费用应按什么比例承担?该楼所有权该如何划分?四家公司可否转让享有的份额?

【法律规定】《民法典》第三百零二条规定:"共有人对共有物的管理费用以及其他负担,有约定的,按照其约定;没有约定或者约定不明确的,按份共有人按照其份额负担,共同共有人共同负担。"第三百零八条规定:

"共有人对共有的不动产或者动产没有约定为按份共有或者共同共有,或者约定不明确的,除共有人具有家庭关系等外,视为按份共有。"第三百零五条规定:"按份共有人可以转让其享有的共有的不动产或者动产份额。其他共有人在同等条件下享有优先购买的权利。"

【法律运用及结果】 根据《民法典》第三百零二条规定,该楼发生的管理费用应按投资比例承担;根据《民法典》第三百零八条规定,该楼所有权为按份共有;根据《民法典》第三百零五条规定,四家公司可以对其享有的份额进行转让。其他共有人在同等条件下享有优先购买的权利。

(案例改编自 2002—2010 年司法考试民法学历年真题解析,www.chinalawedu.com/news/1300/10/2008/12/...2012629)

【案情三】 1996 年,吴某购买了一套 64.73 平方米的商品房用于自住。1999 年春,长沙某物业发展公司(下称发展公司)经批准在该商品房相邻处建成一栋 8 层高的楼,两楼间距仅 1.9 米左右,双方相邻墙均开设窗户。自从该 8 层楼建成后,吴某住房里能见度极低,即使大白天也要开灯。为此,吴某与发展公司发生争议。经多次协调,2000 年 9 月 25 日,双方达成协议,发展公司同意吴某提出的在栋距之间搭建阳台的要求。但该协议因未经有关部门批准而无法履行。吴某随即以侵犯采光权为由,向长沙市开福区人民法院提起诉讼,要求发展公司赔偿损失。发展公司辩称,其 8 层建筑系经有关部门合法批准,手续齐全,故不应承担民事责任。经鉴定,该 8 层楼确实给吴某住房的自然采光造成影响,导致该房"如果不用人工灯源,不能正常生活"。

据此,一审法院认为,发展公司的 8 层楼与吴某住房间距仅为 1.9 米,未考虑吴某通风、采光的需要,给吴某的生活造成不便,侵犯了吴某的合法权益,因此发展公司应补偿吴某损失。由于我国现行法律未明确规定补偿标准,法院认为应以房屋建筑面积为标准,每平方米补偿 110 元,因此判决发展公司支付给吴某补偿费 7 120.3 元。

一审判决后,吴某认为该费用不足以弥补他的损失,向长沙市中级人民法院提起上诉。二审法院经审理后维持了一审判决。

【问题】 相邻权中是否包括采光权?

【法律规定】 《民法典》第二百九十三条规定:"建造建筑物,不得违反国家有关工程建设标准,妨碍相邻建筑物的通风、采光和日照。"第二百三十八条规定:"权利人可以依法请求损害赔偿,也可以依法请求承担其他民事责任。"第二百三十三条规定:"权利人可以通过和解、调解、仲裁、诉讼等途径解决。"

【法律运用及结果】 住宅或其他建筑物的日照和通风是舒适健康的生活所必需的生活利益。相邻建筑物的所有人或使用人所享有的通过门窗保证其室内光照以及室内空气与室外空气的流通和正常开关窗户进行室内外空气交换的权利,法律上称为相邻通风采光权。《民法典》第二百九十三条的规定,在立法上确立了相邻通风采光权。

近年来,随着城市建设速度加快,住宅建设用地供应趋紧,加之一些城市在对新建住宅楼规划审批环节中存在漏洞,导致基于"采光权"引发的纠纷日益增多。本案即属侵犯采光权的行为,发展公司在吴某住房相邻处修建的 8 层楼致使吴某房内即使大白天也得依靠人工光源才能保证正常采光,严重影响了吴某的生活质量。

当采光权受到侵犯时,《民法典》第二百三十三条规定,受害人可选择和解、调解、仲裁或诉讼方式解决。受害人依据《民法典》第二百三十八条的规定,可以请求损害赔偿。所以,本案中吴某要求发展公司赔偿损失的诉请得到了法院支持。但现行法律并没有明确规定采光权受侵害时的补偿标准,我们期待着法律尽早就该方面做出规定。

(案例改编自物权法案例分析,http://wenku.baidu.com/view/f9b7d7ee5ef7ba0d4a733b20.html)

第四节 用 益 物 权

一、用益物权的概述

(一)用益物权的概念

用益物权是对他人所有的物,在一定范围内进行占有、使用、收益和处分的他物权。它是物权的一种,是指非所有人对他人之物所享有的占有、使用、收益的排他性的权利。比如土地承包经营权、建设用地使用权、宅基地使用权、地役权、自然资源使用权(海域使用权、探矿权、采矿权、取水权和使用水域、滩涂从事养殖、捕捞的权利等)。

（二）用益物权的特征

（1）用益物权以对标的物的使用收益为其主要内容，并以对物的占有为前提。

（2）用益物权是他物权，限制物权和有期限物权。

（3）用益物权是不动产物权。

（4）用益物权主要是以民法为依据，但也有以特别法为依据的。

二、用益物权的种类

（一）地上权

1. 地上权的概念

地上权是因建筑物或其他工作物，而使用国家或集体所有的土地的权利。

2. 地上权的特征

（1）地上权为使用他人土地的一种权利。由于土地作为一种资源是有限的，并不是每个人都拥有土地，在我国，个人是不具有土地所有权的，全部实行公有制；但是土地所有权人由于各种原因，可能不亲自行使所有权而对土地进行开发利用，而是交由他人进行使用。因此地上权"其主要内容在于使用他人的土地"。

（2）地上权是使用他人土地的物权。地上权是对他人所有的土地为占有、使用、收益的权利，因而是他物权。"地上权为他人土地上之权利，故为他物权，乃系限制全面的支配权之所有权，而一面的支配土地之权利"。

（3）地上权为以有建筑物或其他工作物为目的的权利。这里的建筑物或其他工作物是指在地上地下建筑的房屋及其他设施，具体可以包括建筑物、桥梁、沟渠、堤防、铜像、纪念碑、地窖等，有的国家和地区包括的范围还要广。

3. 地上权的产生和期限

（1）产生。地上权作为一种不动产物权，则不动产物权的一般取得原因，自然也适用于地上权。以下是地上权取得的几项特殊原因：

一是土地划拨。土地划拨是土地使用人只须按照一定程序提出申请，经主管机关批准即可取得土地使用权，而不必向土地所有人交付租金及其他费用。可以通过划拨方式取得的建设用地包括：① 国家机关用地和军事用地；② 城市基础设施用地；③ 国家重点扶持的能源、交通、水利等基础设施用地；④ 法律行政法规规定的其他用地。这些须经县级以上地方人民政府批准。

二是乡（镇）村建设用地。乡（镇）村建设用地，是指在乡（镇）村中，土地使用者通过一定的程序批准，取得使用一定土地的权利。主要有两种方式：① 农村居民住宅用地。须经乡（镇）人民政府审核，由县级人民政府批准。② 乡（镇）村企业建设用地。按省、自治区、直辖市规定的批准权限,由县级以上地方人民政府批准。上述两项如果其中涉及占用农地的,应当依照《土地管理法》的有关规定办理审批手续。

三是土地使用权出让。土地使用权出让,是国家以土地所有人身份将土地使用权在一定期限内让与土地使用者,并由土地使用者向国家支付土地使用权出让金的行为。土地使用权出让有三种形式:协议、招标和拍卖。

四是土地使用权转让。土地使用权转让,是指土地使用人将土地使用权再移转的行为。

(2) 期限。我国是根据不同种类的地上权进行规定的。通过土地划拨及乡(镇)村建设用地程序取得的地上权是无期限的。通过土地使用权出让取得地上权的,根据《城镇国有土地使用权出让和转让暂行条例》第十二条规定:"土地使用权出让最高年限按下列用途确定:(一)居住用地七十年;(二)工业用地五十年;(三)教育、科技、文化、卫生、体育用地五十年;(四)商业、旅游、娱乐用地四十年;(五)综合或者其他用地五十年。"每一块土地的实际使用年限,在最高年限内,由出让方和受让方商定。

4. 地上权的内容

(1) 地上权人的权利。主要有占有和使用土地、权利处分和附属行为。其中权利处分包括以下几个方面:

一是转让。地上权人可以将其权利转让给他人,但合同另有约定不得转让的则不得转让。

二是抵押。地上权可以作为抵押权的标的物,此时,其地上的建筑物或其他工作物也随之抵押。另外,当地上的建筑物或其他工作物抵押时,其使用范围内的地上权也随之抵押。

三是出租。地上权人可以将地上权连同地上建筑物或其他工作物租赁给他人并收取租金。在地上权出租后,地上权人(出租人)仍须向土地所有人履行义务。

但是,通过土地划拨取得的地上权,只有在下列几种情况下,才可以转让、抵押、出租:① 土地使用者为公司、企业、其他经济组织和个人;② 领有国有土地使用证;③ 具有地上建筑物、其他附着物合法的产权证明;④ 签订土地使用权出让合同,向当地市、县人民政府补交土地使用权出让金或者以转让、出租、抵押所获收益抵交土地使用权出让金。在其他情况下,通过划拨土地取得的地上权不得转让、出租、抵押。

附属行为是指地上权人在土地上建造的建筑物或其他工作物以及其他附着

物,其所有权归地上权人。有的立法认定地上权人对于建筑物或其他工作物有取回权。但取回对土地所有人和地上权人均非十分有利。故立法上又往往确认土地所有人对建筑物或其他工作物以购买权补充之,即土地所有人以时价购买地上的建筑物或其他工作物时,地上权人不得拒绝。

(2) 地上权人的义务。主要有:支付土地使用费;恢复土地的原状。

(二) 土地承包经营权

1. 土地承包经营权的概念

(1) 承包经营权是存在于集体所有或国家所有的土地或森林、山岭、草原、荒地、滩涂、水面的权利。

(2) 承包经营权是承包使用、收益权。

(3) 承包经营权是为种植业、林业、畜牧业、渔业生产或其他生产经营项目而承包使用收益的权利。

(4) 承包经营权是有一定期限的权利。

2. 土地承包人的权利和义务

(1) 土地承包人的权利:

一是占有承包的土地以及森林、山岭、草原、荒地、滩涂、水面的,承包人有权从集体组织取得一定数量、质量、位置的土地以及森林、山岭、草原、荒地、滩涂、水面,这是承包人进行生产经营活动的前提。

二是使用承包的土地或其他生产资料,独立进行生产经营活动。

三是收取承包土地或其他生产资料的收益,并取得依约定数额向发包人支付收益后所余收益的所有权。公民个人的承包收益,可以继承。

四是转让承包经营权,这是承包人对其承包权的处分,一般是承包人无劳动力或转营他业而将承包的土地转包。

五是承包人承包土地以后,仍有权按集体组织规定的制度使用集体组织所有的农林设施,如灌溉设施、农机具等。

(2) 土地承包人的义务:

一是妥善使用承包的土地以及森林、山岭、草原、荒地、滩涂、水面,这不仅要求承包人不得在承包土地上盖房、建窑、建坟,不准进行掠夺性经营,而且要求承包人根据土地的条件,合理使用,保存、改良土地,提高地力。

二是承包人应依承包合同规定的数额向集体组织交付承包土地或森林、山岭、草原、荒地、滩涂、水面的收益。

三是承包人应独立承担风险。承包人承包土地以后,独立进行生产经营活动,除了当发生不可抗力,承包人承担的交付约定数额的承包收益的义务可以减免外,对于在生产经营中的其他各种风险概由承包人自己承担。

四是承包人应当接受集体组织对于其生产经营活动的合法监督、干涉。未经依法批准,不得将承包地用于非农建设。

耕地的承包期为三十年。草地的承包期为三十年至五十年。林地的承包期为三十年至七十年。承包期限届满,由土地承包经营权人依照农村土地承包的法律规定继续承包。

(3)土地承包经营权的流转方式。土地承包经营权人可以自主决定依法采取出租、入股或者其他方式向他人流转土地经营权。流转期限为五年以上的土地经营权,自流转合同生效时设立。当事人可以向登记机构申请土地经营权登记;未经登记,不得对抗善意第三人。

(4)土地经营权人有权在合同约定的期限内占有农村土地,自主开展农业生产经营并取得收益。

(5)通过招标、拍卖、公开协商等方式承包农村土地,经依法登记取得权属证书的,可以依法采取出租、入股、抵押或者其他方式流转土地经营权。

3.土地发包人的权利和义务

土地发包人的权利和义务基本上是与土地承包人的权利和义务相对应的。

(1)发包人的权利,主要是向承包人收取依承包合同规定数额的承包收益,对承包人的生产经营活动进行监督。

(2)发包人的义务,在于交付土地以及森林、山岭、草原、荒地、滩涂、水面给承包人,提供集体组织的农林设施给承包人使用,不得随意干涉承包人的生产经营活动。

发包人在承包期内不得调整承包地。因自然灾害严重毁损承包地等特殊情形,需要适当调整承包的耕地和草地的,应当依照《农村土地承包法》等法律规定办理。

发包人在承包期内不得收回承包地。《农村土地承包法》等法律另有规定的,依照其规定。

4.土地承包经营权的取得

土地承包经营权自土地承包经营权合同生效时设立。

(三)建设用地使用权

1.建设用地使用权的概念和法律特征

(1)建设用地使用权,指自然人、法人、非法人组织依法对国家所有的土地享有的占有、使用和收益,建造并经营建筑物、构筑物及其附属设施的用益物权。

(2) 建设用地使用权的法律特征:

一是建设用地使用权是普通地上权,是以开发利用、生产经营和社会公益事业为目的。建设用地使用权的设立目的,因土地转让方式不同而有差别。通过出让方式取得的建设用地使用权,土地使用者有权以开发利用、生产经营为目的使用该国有土地;通过划拨出让方式取得的建设用地使用权,土地使用者应当从事社会公益事业,不得以营利为目的使用该国有土地。建设用地使用权的这一特点与土地承包经营权和宅基地使用权相区别。

二是建设用地使用权的标的物为城镇国家所有的土地,不包括集体所有的农村土地。如果在农村集体所有的土地上设立建设用地使用权,需要对集体所有的土地先进行征用,变为国有土地之后,才可以设立建设用地使用权。

三是建设用地使用权人使用土地的范围限于建造并经营建筑物、构筑物及其附属设施,不包括种植树木等。建筑物指在土地上建设的房屋;构筑物指除建筑物之外的桥梁、沟渠、池塘、堤防、地窖、隧道、纪念碑等;建筑物、构筑物的附属设施就是这些工作物的附属部分。

(4) 建设用地使用权的性质是地上权,是使用权人在国有土地上设立的地上权。它具有地上权的一切特征,其设立、变更和消灭的规则都适用地上权的规则。

2. 建设用地使用权人的权利和义务

(1) 建设用地使用权人建造的建筑物、构筑物及其附属设施的所有权属于建设用地使用权人,但是有相反证据证明的除外。建设用地使用权和建筑物等的所有权实行"房地一体主义",即建设用地使用权人建造的建筑物、构筑物及其附属设施的所有权,属于建设用地使用权人,在房产和地产的交易中,建设用地使用权及其地上建筑物所有权必须共同作为交易标的,不能单独流转,必须同时转移、抵押和出租。这就是通常所说的"房随地走"或"地随房走"。

建设用地使用权人有权将建设用地使用权转让、互换、出资、赠与或者抵押,但是法律另有规定的除外。建设用地使用权转让、互换、出资、赠与或者抵押的,当事人应当采用书面形式订立相应的合同。使用期限由当事人约定,但是不得超过建设用地使用权的剩余期限。建设用地使用权转让、互换、出资或者赠与的,应当向登记机构申请变更登记。经过物权变更登记,以物权变更登记的时间作为建设用地使用权变动的时间。

(2) 建设用地使用权人应当合理利用土地,不得改变土地用途,如不得将公共事业用地改为住宅用地或商业用地需要改变土地用途的,应当依法经有关行政主管部门批准。

建设用地使用权人应当依照法律规定以及合同约定支付出让金等费用。不缴纳出让金等费用，应当承担相应的法律责任，出让方可以解除合同，并可以请求违约损害赔偿。

3. 建设用地出让人的权利和义务

权利人取得建设用地使用权，出让方应当保障其权利的行使，不得任意收回土地，损害权利人的权利。但是，如果出于公共利益的需要，出让方有权提前收回该土地，消灭权利人享有的建设用地使用权。所谓重大公共利益，主要指国防事业、公益设施、大型公益事业。如果出现重大公共利益的情况，土地管理部门作为出让方应当依照《民法典》物权编的规定，对附着于该土地上的房屋及其他不动产进行评估，给予合理的补偿，同时对尚未届满的期间的出让金，应当予以退还，以保障权利人的权利。所谓相应的出让金就是按照建设用地使用权的期限来确定的出让价金。剩余多少年的建设用地使用权，按照相应的年限来计算出让金，然后予以退回。因为建设用地使权人支付的出让金是对一定期限内的权利所支付的费用，如果提前收回，就应当将已经使用的年限部分的出让金扣除，退回剩余部分期限的出让金。

4. 建设用地使用权续期

住宅建设用地使用权期限届满的，自动续期。续期费用的缴纳或者减免，依照法律、行政法规的规定办理。非住宅建设用地使用权期限届满后的续期，依照法律规定办理。该土地上的房屋以及其他不动产的归属，有约定的，按照约定；没有约定或者约定不明确的，依照法律、行政法规的规定办理。

(四) 宅基地使用权

1. 宅基地使用权的概念和特征

(1) 宅基地使用权指农村居民对集体所有的土地占有和使用，自主利用该土地建造住房及其附属设施，以供居住的用益物权。宅基地使用权人依法享有对集体所有的土地占有和使用的权利，有权依法利用该土地建造住房及其附属设施。

(2) 宅基地使用权是我国特有的一种用益物权，其主要特征：

一是宅基地使用权是我国农村居民因建造住宅而享有的用益物权。我国的宅基地分为农村宅基地和城镇宅基地。法律规定的宅基地使用权专指农村居民因建造住宅而享有的地上权。宅基地是属于集体所有的土地，农村宅基地的主体主要为农村集体经济组织的成员，其享有宅基地使用权是与集体经济组织成员的资格联系在一起的。

二是宅基地使用权与农村集体经济组织成员的资格和福利不可分离。我国的农村宅基地是与农村集体组织成员的成员权联系在一起的,从而使农村宅基地具有一定的福利性质。这种福利体现为农民可以无偿取得宅基地,以获取最基本的生活条件,而集体经济组织以外的人员则不能享有这种权利。

2. 宅基地使用权的内容

(1) 宅基地使用权人享有如下权利:

一是权利人有权在宅基地上建造住房及其附属设施。

二是权利人可以对宅基地进行收益。权利人在自己的宅基地上种植粮食、蔬菜、林木,收获粮食、蔬菜、果实,建造其他设施进行经营,都是被允许的,也是在实际中实行的。因此,宅基地使用权具有收益权能,权利人有权在自己的宅基地上进行经营,获得收益。

三是权利人有权依照法律的规定转让宅基地使用权。宅基地使用权人在经过本集体的同意之后,可以将建造的住房转让给本集体内符合宅基地使用权分配条件的农户;住房转让时,宅基地使用权一并转让。同时,自然人在订立遗嘱确定房屋继承人时,有权将宅基地使用权一并作为继承财产处理。

四是权利人行使宅基地使用权不受期限限制。宅基地上的建筑物或者其他附属物灭失时,不影响宅基地使用权的效力,权利人仍有权在宅基地上重建房屋,以供居住。

(2) 宅基地使用权人应承担如下义务:

一是权利人不得非法转让宅基地使用权。因村民迁居并拆除房屋腾出宅基地的,应当由集体组织收回,以作统一安排。村民长期闲置或抛弃宅基地的,应由集体组织收回。即使是合法转让宅基地使用权的,农户也不得再申请宅基地使用权。

二是接受政府和乡村统一规划的义务。因公共利益需要征用土地,或者因乡村公共设施和公益事业建设需要,经县级人民政府批准,本集体可以收回宅基地。对此,权利人应当接受政府统一规划和村的统一安排,但应当对宅基地被占用的农户重新分配宅基地。如果因此而造成宅基地使用权人损失的,应当给予补偿。

三是权利人负有正当使用宅基地的义务。宅基地使用权人未经依法批准,不得改变宅基地用途。权利人不得将宅基地作为生产用地使用,如盖厂房或改建鱼塘等,也不得改作其他用途使用。

(五)居住权

1. 居住权的概念和特征

(1) 居住权指自然人依照合同的约定,对他人所有的住宅享有占有、使用的用益物权。

（2）居住权具有如下特征：

一是居住权是他物权。

二是居住权的主体范围限定为特定的自然人。

三是居住权的客体为他人的所有的建筑的全部或一部分，还包括其他附着物。

四是居住权是因居住而对房屋进行使用的权利，也就是为特定的自然人的生活用房的需要而设定的权利。

五是居住权具有时间性，期限一般具有长期性、终身性特征。

六是居住权一般具有无偿性，居住权人无须向房屋的所有人支付对价，所以被称为"恩惠行为"。

七是居住权具有不可转让性。

2. 居住权的属性和登记的规定

居住权为无偿设立，因而居住权人对取得居住权无须支付对价。不过，居住权人应当支付住房及其附属设施的日常维护费用和物业管理费用，以通常的保养费用、物业管理费用为限。

居住权是用益物权，对其设立采用登记发生主义，只有经过登记才能设立居住权。设立居住权的双方当事人在订立了居住权设立协议后，还应当向登记机构申请居住权登记。居住权设立的时间，是自登记时设立。

3. 居住权的消灭

居住权期限届满或者居住权人死亡的，居住权消灭。居住权消灭的，应当及时办理注销登记。除了居住权期限届满或者居住权人死亡外，居住权消灭还有其他原因：

（1）居住权抛弃。居住权人采用明示方法抛弃居住权的，居住权消灭。

（2）解除居住权条件成就。在设定居住权的遗嘱、遗赠或者合同中，对居住权设有解除条件的，如果该条件成就，则居住权消灭。

（3）住房被征收、征用、灭失。房屋被征收、征用，以及房屋灭失，都消灭居住权。住房所有权人因此取得补偿费、赔偿金的，居住权人有权请求分得适当的份额；如果居住权人没有独立生活能力，也可以放弃补偿请求权而要求适当安置。

（4）权利混同。房屋所有权人将房屋转让或者赠与给居住权人，此时居住权的存在已经丧失意义，因此发生居住权消灭的后果。

居住权消灭,在当事人之间消灭居住权的权利义务关系。居住权人应当返还住房,同时应当到物权登记机构办理居住权注销登记。

(六)地役权

1.地役权的概念和特征

(1)地役权是以他人土地供自己土地便利而使用的权利。

(2)地役权具有如下特征:

一是地役权是使用他人土地的权利;

二是为自己土地的便利的权利;

三是具有从属性和不可分性。

2.设立地役权的形式

应当采取书面形式订立地役权合同。

3.地役权的内容

(1)地役权人具有如下权利:

一是积极权利,即对供役地的利用权。这种利用权,按不同的权利内容,可分为占有状态的利用和非占有状态的利用。例如,在他人土地上建设并维持水渠,是占有状态的利用;在他人土地上通行,是非占有状态的利用。当供役地的所有权人、使用权人或者第三人妨碍地役权人实施必要的利用行为时,该地役权人有权请求排除妨害。

二是消极权利,是指限制或禁止供役地所有权人、使用权人在该土地上实施一定行为的权利。禁止妨碍通风、禁止妨碍采光、禁止工程作业等,都是消极的权利。

地役权人行使权利时,应当尊重供役地所有人、使用人的合法权益,尽可能避免损害的发生。因行使地役权而不得不造成损害的,应本着公平原则,给予适当的补偿。因行使权利的方式不当或者对避免损害的发生欠缺必要的注意的,应当对所造成的损失承担赔偿责任。

(2)地役权人具有如下义务:

一是选择最小损害的义务。地役权人对供役地的使用应当选择损害最小的地点及方式为之,这样使得通过地役权增加需役地价值的同时,不至过分损害供役地的使用。另外,地役权人因其行使地役权的行为对供役地造成变动、损害的,应当在事后恢复原状并补偿损害。

二是谨慎和注意义务。地役权人对于为行使地役权而在供役地修建的设施,如电线、管道、道路,应当注意维修,以免供役地人因其设施损害而受到损害。另外，地役权人对于上述设施，在不妨碍其地役权行使的限度内，应当允许供役地人使用这些设置。

4. 地役权登记效力

当事人要求登记的，可以向登记机构申请地役权登记；未经登记，不得对抗善意第三人。

5. 地役权的期限

地役权的期限由当事人约定，但不得超过土地承包经营权、建设用地使用权等用益物权剩余的期限。土地所有权人享有地役权或者负担地役权的，设立土地承包经营权、宅基地使用权时，该土地承包经营权人、宅基地使用权人继续享有或者负担已设立的地役权。

6. 地役权的变动

（1）需役地以及需役地上的土地承包经营权、建设用地使用权、宅基地使用权部分转让时，转让部分涉及地役权的，受让人同时享有地役权。

（2）供役地以及供役地上的土地承包经营权、建设用地使用权、宅基地使用权部分转让时，转让部分涉及地役权的，地役权对受让人具有约束力。

7. 地役权的取得和消灭

（1）地役权可以通过如下方式取得：

一是基于法律行为取得。经由设定行为取得地役权，包括以合同行为设定地役权、单独行为（如遗嘱行为）设定地役权两种情形。

二是基于法律行为以外的原因而取得。包括因时效而取得（仅限于继续并表现的地役权）、因继承而取得两种情形。

（2）地役权可以通过如下方式消灭：

一是土地丧失；

二是法院宣告（目的事实不能）；

三是抛弃；

四是存续期间的届满或其他预定事由的发生。

8. 地役权的效力

（1）地役权自地役权合同生效时设立。

（2）土地上已设立土地承包经营权、建设用地使用权、宅基地使用权等权利的，未经上述用益物权人同意，土地所有权人不得设立地役权。

（3）地役权不得单独转让。土地承包经营权、建设用地使用权、宅基地使用权等转让的，地役权一并转让，但合同另有约定的除外。

9.地役权与相邻关系的区别

(1)地役权是用益物权的一种;相邻权不是一种独立的物权,它只是所有人或使用人的财产权的延伸。

(2)地役权一般是基于合同设定或通过让与而取得;相邻权是法定的。

(3)地役权的设定可以是有偿的,也可以是无偿的;相邻权是无偿的。

(4)地役权可以设定期限;相邻权的存在是以相邻关系的存在为前提,只要相邻关系存在,相邻权就存在。

【案情一】 李某从自己承包的土地上出入不便,遂与张某书面约定在张某承包的土地上开辟一条道路供李某通行,李某支付给张某2万元,但没有进行登记。

【问题】 该约定属于什么性质?如果李某将其承包经营权转移给他人,受让人是否有权在张某承包的土地上通行?如果张某将其承包经营权转移给他人,则善意的受让人是否有权拒绝李某在自己的土地上通行?

【法律规定】《民法典》第三百八十条规定:"地役权不得单独转让。土地承包经营权、建设用地使用权等转让的,地役权一并转让,但是合同另有约定的除外。"第三百七十四条规定:"地役权自地役权合同生效时设立。当事人要求登记的,可以向登记机构申请地役权登记;未经登记,不得对抗善意第三人。"

【法律运用及结果】 相邻关系是指两个或者两个以上相邻不动产的所有人或使用人,在行使占有、使用、收益、处分权利时应给对方提供必要便利而发生的权利义务关系。地役权一般是约定的,而相邻关系是法定的,另外根据合同性质,可知李某与张某的书面约定属于地役权合同。根据《民法典》第三百八十条规定,如果李某将其承包经营权转移给他人,受让人有权在张某承包的土地上通行,但合同另有约定的除外。根据《民法典》第三百七十四条规定,本案中,因为张某和李某之间的地役权合同没有进行登记,因此不得对抗善意第三人,如果张某将其承包经营权转移给他人,则善意的受让人有权拒绝李某在自己的土地上通行。

(案例改编自2012年司法考试民法模拟试题及答案解析8,http://yingyu.100xuexi.com/HF/fl/sifakaoshi/MustData/20111212/MustData_d096db84d6e34750a99fd34422d39701.shtml)

【案情二】 甲公司与乙公司约定：为满足甲公司开发住宅小区观景的需要，甲公司向乙公司支付100万元，乙公司在20年内不在自己厂区建造6米以上的建筑。甲公司将全部房屋售出后不久，乙公司在自己的厂区建造了一栋8米高的厂房。

【问题】 小区业主是否有权请求乙公司拆除超过6米的建筑？

【法律规定】《民法典》第三百八十条规定："地役权不得单独转让。土地承包经营权、建设用地使用权等转让的，地役权一并转让，但合同另有约定的除外。"

【法律运用及结果】 本案中，因为甲公司已经将房屋售出，房屋占用土地范围内的建设用地的使用权也因此转移给了小区的业主，而地役权作为从物权，随之转让，所以小区业主有权请求乙公司拆除超过6米的建筑物。

（案例改编自2007年司法考试卷三）

【案情三】 甲为了能在自己的房子里欣赏远处的风景，便与相邻的乙约定：乙不在自己的土地上从事高层建筑；作为补偿，甲每年支付给乙4 000元。两年后，乙将该土地使用权转让给丙。丙在该土地上建了一座高楼，与甲发生了纠纷。

【问题】 甲对乙的土地是否享有地役权？其效力可以对抗善意第三人吗？

【法律规定】《民法典》第三百七十二条规定："地役权人有权按照合同约定，利用他人的不动产，以提高自己的不动产的效益。前款所称他人的不动产为供役地，自己的不动产为需役地。"第三百七十三条规定："设立地役权，当事人应当采取书面形式订立合同。"第三百七十四条规定："地役权自地役权合同生效时设立。当事人要求登记的，可以向登记机关申请地役权登记；未登记的，不得对抗善意第三人。"

【法律运用及结果】 本案中，甲与乙签订了地役权合同，该合同虽然没有办理登记，却是有效的，地役权成立。即甲对乙的土地享有地役权。但是由于该地役权合同没有办理登记，不得对抗善意第三人。因此，甲对乙的土地享有地役权，但其效力不得对抗善意第三人。

（案例改编自三人行司法考试题库，http://www.sikaoketang.com/tiku/show2671.html 2012624）

第五节 担保物权

一、担保物权的概述

(一) 担保物权的概念

担保物权指的是为确保债权的实现而设定的,以直接取得或者支配特定财产的交换价值为内容的权利。担保物权人在债务人不履行到期债务或者发生当事人约定的实现担保物权的情形,依法享有就担保财产优先受偿的权利,但是法律另有规定的除外。

(二) 担保物权的特征

(1) 以确保债务的履行为目的。

(2) 其是在债务或第三人的特定财产上设定的权利。

(3) 以支配担保物的价值为内容,属于物权的一种,与一般物权具有同一性质。

(4) 其具有从属性和不可分性。

二、担保物权的种类

(一) 抵押权

1. 抵押权的概念和特征

(1) 抵押权是指债权人对于债务人或第三人不转移占有不动产或其他财产而提供担保,在债权未受清偿时得处分该财产并就其价金优先受偿的权利。《民法典》第三百九十五条规定了可以抵押的财产包括:建筑物和其他土地附着物;建设用地使用权;海域使用权;生产设备、原材料、半成品、产品;正在建造的建筑物、船舶、航空器;交通运输工具;法律、行政法规未禁止抵押的其他财产。抵押人可以将以上所列财产一并抵押。

(2) 抵押权具有如下特征:

一是抵押权的标的物主要是债务人或第三人提供担保的不动产。在我国,动产也可以用作抵押。

二是抵押权不转移标的物占有。标的物仍然由抵押人占有、使用、收益。因此,抵押权最能实现抵押人用以融资的目的,一方面自己占有、使用、收益,另一方面又用作担保进行融资,真正做到了物尽其用,所以被作为担保之王。

三是抵押权原则上是意定担保物权。

2. 抵押权的设立

(1) 抵押合同。抵押合同必须以书面要式行为订立。所有的担保合同要求书面要式。

(2) 抵押权人在债务履行期限届满前，与抵押人约定债务人不履行到期债务时抵押财产归债权人所有的，只能依法就抵押财产优先受偿。

(3) 登记。不动产抵押的采用登记生效主义，动产抵押权设立的登记采用登记对抗主义。以不动产设定抵押的，应当办理抵押登记。抵押权自登记时设立。以动产抵押的，抵押权自抵押合同生效时设立；未经登记，不得对抗善意第三人。以动产抵押的，不得对抗正常经营活动中已经支付合理价款并取得抵押财产的买受人。

3. 不得用以抵押的财产

是否能够进行抵押的标准是，该项财产是否可以转让，抵押权最终是要将标的物处分以其价金优先受偿。因此原则上可转让的财产均可抵押，不可转让的财产均不能进行抵押。根据《民法典》第三百九十九条规定，下列财产不得抵押：

(1) 土地所有权。

(2) 宅基地、自留地、自留山等集体所有土地的使用权，但是法律规定可以抵押的除外。集体所有土地的使用权不可以抵押，但是有如下两种例外情形：一是抵押人依法承包并经发包方同意抵押的荒山、荒沟、荒丘、荒滩等荒地的土地使用权，可以抵押；二是乡(镇)、村企业的土地使用权不得单独抵押，但是以乡(镇)、村企业的厂房等建筑物抵押的，其占用范围内的土地使用权可同时抵押，但在未来仍不能改变土地使用权的性质。例如，某村新办了一家砖厂，为筹集资金，向银行借款 100 万元，同时以自己的生产车间厂房作抵押。该抵押就包括该厂占用的集体土地使用权。

(3) 学校、幼儿园、医疗机构等为公益为目的成立的非营利法人的教育设施、医疗卫生设施和其他公益设施。此种情形是为了公共利益而设。但是需要注意，《最高人民法院关于适用〈中华人民共和国民法典〉有关担保制度的解释》第六条规定："以公益为目的的非营利性学校、幼儿园、医疗机构、养老机构等提供担保的，人民法院应当认定担保合同无效，但是有下列情形之一的除外：（一）在购入或者以融资租赁方式承租教育设施、医疗卫生设施、养老服务设施和其他公益设施时，出卖人、出租人为担保价款或者租金实现而在该公益设施上保留所有权；（二）以教育设施、医疗卫生设施、养老服务设施和其他公益设施以外的不动产、动产或者财产权利设立担保物权。"例如，某大学向银行举债 1 000 万元，以其下属幼儿园的一座教学楼作抵押无效,若其以学校的车队所有的车辆作抵押,则该抵押有效。

(4) 所有权、使用权不明或者有争议的财产。抵押是处分行为,此种情形是由于处分权之欠缺。

(5) 依法被查封、扣押、监管的财产。此种情形所有人丧失了处分权。

(6) 法律、行政法规规定不得抵押的其他财产。

4. 抵押权的效力

(1) 担保的范围:有约定的,依照约定;没有约定的,抵押担保的范围包括主债权及利息、违约金、损害赔偿金和实现抵押权的费用。

(2) 对标的物的效力:

一是抵押效力及于从物。《最高人民法院关于适用〈中华人民共和国民法典〉有关担保制度的解释》第四十条规定:"从物产生于抵押权依法设立前,抵押权人主张抵押权的效力及于从物的,人民法院应予支持,但是当事人另有约定的除外。从物产生于抵押权依法设立后,抵押权人主张抵押权的效力及于从物的,人民法院不予支持,但是在抵押权实现时可以一并处分。"

二是对孳息的效力。债务人不履行债务致使抵押物被人民法院依法扣押的,自扣押之日起抵押权人有权收取由抵押物分离的天然孳息以及抵押人就抵押物可以收取的法定孳息。收取的孳息首先充作收取孳息的费用,其次是主债权的利息,再次是主债权。

三是对添附物的效力。《最高人民法院关于适用〈中华人民共和国民法典〉有关担保制度的解释》第四十一条规定:"抵押权依法设立后,抵押财产被添附,添附物归第三人所有,抵押权人主张抵押权效力及于补偿金的,人民法院应予支持。抵押权依法设立后,抵押财产被添附,抵押人对添附物享有所有权,抵押权人主张抵押权的效力及于添附物的,人民法院应予支持,但是添附导致抵押财产价值增加的,抵押权的效力不及于增加的价值部分。抵押权依法设立后,抵押人与第三人因添附成为添附物的共有人,抵押权人主张抵押权的效力及于抵押人对共有物享有的份额的,人民法院应予支持。本条所称添附,包括附合、混合与加工。"

(3) 对抵押人的效力——抵押人的权利:

一是占有、使用、收益的权利。抵押人在其财产设定抵押后,仍享有对抵押物的使用、收益和处分权。

二是处分权。包括:① 转让标的物的权利。抵押期间,抵押人可以转让抵押财产。当事人另有约定的,按照其约定。抵押财产转让的,抵押权不受影响。抵押人转让抵押财产的,应当及时通知抵押权人。抵押权人能够证明抵押财产转让可能损害抵押权的,可以请求抵押人将转让所得的价款向抵押权人提前清偿债务或者提存。转让的价款超过债权数额的部分归抵押人所有,不足部分由债务人清偿。② 就标的物再次设定抵押权或者质权等担保物权。③ 就抵押物为他人设定用益物权。

(4) 对抵押权人的效力——抵押权人的权利:

一是抵押权的保全。在抵押权人因抵押物受到损害而遭受损失时,抵押权人基于其抵押权可以行使如下权利,保全其抵押权:① 在抵押人的行为足以使抵押物的价值减少时,抵押权人有权要求抵押人停止其行为。② 抵押物价值减少时,抵押权人有权要求抵押人恢复抵押物的,或提供与减少的价值相当的担保。抵押人对抵押物价值的减少无过错的,抵押权人有权在抵押人因损害而得到的赔偿范围内要求提供担保。抵押物价值减少的部分,仍作为债权的担保。

二是处分抵押物的权利。在债权到清偿期而未受到清偿时,债权人有权将标的物进行处分,以受偿。

三是优先受偿权。

5. 抵押权的实现

(1) 抵押权实现的要件。抵押权的实现,必须具备以下要件:

一是须抵押权有效存在。

二是须债务已届清偿期。

三是须债务人未清偿债务。

(2) 抵押权的实现方法。抵押权的实现方式有三种,分别是折价、拍卖、变卖。

(3) 抵押权的实现与诉讼时效。抵押权作为物权,不受诉讼时效的限制。但是抵押权有除斥期间,抵押权担保的债权的诉讼时效届满后,担保物权人可以在诉讼时效届满后的两年内行使担保物权。

6. 最高额抵押

(1) 最高额抵押是指抵押人与抵押权人协议以标的物在最高债权额限度内对一定时期连续发生的债权进行担保。

(2) 最高额抵押具有如下特征:

一是最高额抵押是为将来发生的债权作担保,因此最高额抵押在发生上突破了从属性。

二是最高额抵押担保的是一定期限内连续发生的债权。

三是担保债权的数额是不特定的。

四是担保的债权具有最高限额。

(3) 最高额抵押的特别规定：

一是最高额抵押所担保的主债权不得转让。

二是当事人对最高额抵押合同的最高限额、最高额抵押期间进行变更不得对抗顺序在后的抵押权人。

三是抵押权人实现最高额抵押权时，如果实际发生的债权余额高于最高限额的，以最高限额为限，超过部分不具有优先受偿的效力；如果实际发生的债权余额低于最高限额的，以实际发生的债权余额为限，对抵押物优先受偿。

四是最高额抵押权所担保的债权范围，不包括抵押物因财产保全或者执行程序被查封后或债务人、抵押人破产后发生的债权。

【案情一】 5月10日，甲以自有房屋一套为债权人乙设定抵押并办理抵押登记。6月10日，甲又以该房屋为债权人丙设定抵押，但一直拒绝办理抵押登记。9月10日，甲擅自将该房屋转让给丁并办理了过户登记。

【问题】 乙可对该房屋行使抵押权吗？甲与丙之间的抵押合同是否有效？甲与丁之间转让房屋的合同是否有效？

【法律规定】《民法典》第四百零二条规定："以本法第三百九十五条第一款第一项至第三项规定的财产或者第五项规定的正在建造的建筑物抵押的，应当办理抵押登记。抵押权自登记时设立。"第二百一十五条规定："当事人之间订立有关设立、变更、转让和消灭不动产物权的合同，除法律另有规定或者合同另有约定外，自合同成立时生效；未办理物权登记的，不影响合同效力。"第四百零六条规定："抵押期间，抵押人可以转让抵押财产。当事人另有约定的，按照其约定。抵押财产转让的，抵押权不受影响。抵押人转让抵押财产的，应当及时通知抵押权人。抵押权人能够证明抵押财产转让可能损害抵押权的，可以请求抵押人将转让所得的价款向抵押权人提前清偿债务或者提存。转让的价款超过债权数额的部分归抵押人所有，不足部分由债务人清偿。"

【法律运用及结果】 本案中，根据《民法典》第四百零二条规定以及第二百一十五条规定，甲、丙之间的抵押合同已经生效。抵押权因没有办理抵押物登记，故没有生效。丙可基于违约责任要求甲赔偿自己所遭受的损失。故甲与丙之间的抵押合同有效，丙可以要求甲赔偿自己所遭受的损失。同时，根据《民法典》第四百零六条和《最高人民法院关于适用

《中华人民共和国民法典》有关担保制度的解释》的规定，乙可对该房屋行使抵押权，甲与丁之间转让房屋的合同无效。

（案例改编自2006年国家司法考试单项选择题9）

【案情二】 黄河公司以其房屋作抵押，先后向甲银行借款100万元、乙银行借款300万元、丙银行借款500万元，并依次办理了抵押登记。后丙银行与甲银行商定交换各自抵押权的顺位，并办理了变更登记，但乙银行并不知情。因黄河公司无力偿还三家银行的到期债务，银行拍卖其房屋，仅得价款600万元。

【问题】 关于三家银行对该价款的分配，应当采用怎样的顺序？

【法律规定】《民法典》第四百零九条规定："抵押权人可以放弃抵押权或者抵押权的顺位。抵押权人与抵押人可以协议变更抵押权顺位以及被担保的债权数额等内容，但抵押权的变更，未经其他抵押权人书面同意，不得对其他抵押权人产生不利影响。"

【法律运用及结果】 本案中，甲银行和丙银行协议变更抵押权的顺位，未经抵押权人乙银行的书面同意，不得对其产生不利影响。因此，虽然排在第一位的抵押权人丙银行有500万元的债权，但是其中只有100万元可以先于乙银行受偿，否则就对乙银行造成了不利影响，这是法律所不允许的。至于丙银行的其余400万元债权，只有乙银行受偿300万元之后，才可以受偿，所以最终受偿顺序如下：丙银行的100万元债权——乙银行的300万元债权——丙银行的400万元债权——甲银行的100万元债权。因为黄河公司的房产只有600万元，所以最终实际上甲银行的100万元债权无法得到清偿，因此，甲银行得不到清偿、乙银行得300万元、丙银行得300万元。

（案例改编自2008年司法考试卷三第3题）

(二) 质权

1. 质权的概念和特征

(1) 质权是指债权人为了担保债权的实现，就债务人或第三人移交占有动产或权利，当债务人不履行债务时所享有的优先受偿的权利。

(2) 质权具有如下特征：

一是具有一切担保物权具有的共同特征——从属性、不可分性和物上代位性。

二是质权的标的是动产和可转让的权利,不动产不能设定质权。质权因此分为动产质权和权利质权。金钱经特定化后也可以出质:债务人或者第三人将其金钱以特户、封金、保证金等形式特定化后,移交债权人占有作为债权的担保,债务人不履行债务时,债权人可以以该金钱优先受偿。

三是质权是移转质物的占有的担保物权,质权以占有标的物为成立要件。

2. 动产质权的设立

(1) 需设立书面合同。

(2) 交付是质权的成立要件。不交付标的物的质权不成立,但是出质人应当承担过错责任。债务人或者第三人未按质押合同约定的时间移交质物,因此给质权人造成损失的,出质人应当根据其过错承担赔偿责任。交付包括现实交付、指示交付和简易交付,但不包括占有改定。出质人代质权人占有质物的,质押合同不生效;质权人将质物返还于出质人后,以其质权对抗第三人的,人民法院不予支持。

(3) 交付的标的物与合同约定不一致的,以交付的为准。

3. 动产质权的效力

(1) 担保的债权。有约定的依约定,没有约定的,质押担保的范围包括主债权及利息、违约金、损害赔偿金、质物保管费用和实现质权的费用。

(2) 对标的物的效力,包括:① 从物。质权的效力及于从物,但是从物没有交付的,对从物无效。② 孳息。质权人有权收取孳息,以孳息清偿收取孳息的费用、利息和主债权。

(3) 对质权人的效力:

一是质权人的权利。包括:① 占有质物。质权人有权在债权受清偿前占有质物。② 收取孳息。③ 转质。质权人在质权存续期间,为担保自己的债务,经出质人同意,以其所占有的质物为第三人设定质权的,应当在原质权所担保的债权范围之内,超过的部分不具有优先受偿的效力。转质权的效力优于原质权。质权人在质权存续期间,未经出质人同意,为担保自己的债务,在其所占有的质物上为第三人设定质权的无效。质权人对因转质而发生的损害承担赔偿责任。④ 处分质物并就其价金优先受偿。⑤ 费用支付请求权。有请求出质人支付保管标的物之费用的权利。⑥ 保全质权的权利。质物有损坏或者价值明显减少的可能,足以危害质权人权利的,质权人可以要求出质人提供相应的担保。出质人不提供的,质权人可以拍卖或者变卖质物,并与出质人协议将拍卖或者变卖所得的价款用于提前清偿所担保的债权或者向与出质人约定的第三人提存。

二是质权人的义务。包括：① 保管标的物。② 返还质物的义务——质权消灭时。

(4) 对出质人的效力——出质人的权利：

一是出质人在质权人因保管不善致使质物毁损灭失时，有权要求质权人承担民事责任。

二是质权人不能妥善保管质物可能致使其灭失或者毁损的，出质人可以要求质权人将质物提存，或者要求提前清偿债权而返还质物。将质物提存的，质物提存费用由质权人负担；出质人提前清偿债权的，应当扣除未到期部分的利息。

三是债务履行期届满，债务人履行债务的，或出质人提前清偿所担保的债权的，出质人有权要求质权人返还质物。

4. 权利质权

(1) 可以出质的权利类型：

一是汇票、本票、支票、债券、存款单、仓单、提单。

二是依法可以转让的基金份额、股权。

三是可以转让的商标专用权、专利权、著作权等知识产权中的财产权。

四是现有的以及将有的应收账款。

五是法律、行政法规规定可以出质的其他财产权利。

(2) 权利质权的成立要件和对抗要件：

一是票据与公司债权交付作为成立要件，背书作为对抗要件。包括：① 以汇票、支票、本票出质，出质人与质权人没有背书记载"质押"字样，以票据出质对抗善意第三人的，人民法院不予支持。② 以公司债券出质的，出质人与质权人没有背书记载"质押"字样，以债券出质对抗公司和第三人的，人民法院不予支持。

二是登记作为成立要件。包括：① 以上市公司的股份出质的，质押合同自股份出质向证券登记机构办理出质登记之日起生效。② 以非上市公司的股份出质的，质押合同自股份出质记载于股东名册之日起生效。③ 以注册商标专用权、专利权、著作权等知识产权中的财产权出质的，质权自办理出质登记时设立。

三是关于权利质权的特别规定。包括：① 以票据、债券、存款单、仓单、提单出质的，质权人再转让或者质押的无效。② 以载明兑现或者提货日期的汇票、支票、本票、债券、存款单、仓单、提单出质的，其兑现或者提货日期后于债务履行期的，质权人只能在兑现或者提货日期届满时兑现款项或者提取货物。③ 以依法可以转让的商标专用权、专利权、著作权等知识产权中的财产权出质的，出质人未经质权人同意而转让或者许可他人使用已出质权利的，应当认定为无效。因此给质权人或者第三人造成损失的，由出质人承担民事责任。④ 以应收账款出质的，质权自办理出质登记时设立。

【案情一】 方某向孙某借款1万元,孙某要求其提供担保,方某说:"我有一部手提电脑被刘某租去用了,就以它作质押吧,但租金不作质押。"孙同意,遂付款。

【问题】 质押合同何时生效?

【法律规定】 《民法典》第四百二十七条第一款规定:"设立质权,当事人应当采取书面形式订立质押合同。"第四百二十九条规定:"质权自出质人交付质押财产时设立。"

【法律运用及结果】 根据法律规定,方某与孙某并未签署书面质押合同,且质物未交付,故质押合同未生效,质权也未发生法律效力。

(案例改编自中华考试网司法考试历年试题解析,http://www.examw.com/sf/sanjuan/zhenti/66861/23/)

【案情二】 周某以公司债券出质,债券上未进行任何记载。周某按约定将债券交付给质权人。

【问题】 质押合同是否生效?

【法律规定】 《民法典》第二百一十五条规定:"当事人之间订立有关设立、变更、转让和消灭不动产物权的合同,除法律另有规定或者当事人另有约定外,自合同成立时生效;未办理物权登记的,不影响合同的效力。"第四百四十一条规定:"以汇票、本票、支票、债券、存款单、仓单、提单出质的,质权自权利凭证交付质权人时设立;没有权利凭证的,质权自办理出质登记时设立。"

【法律运用及结果】 根据《民法典》第二百一十五条以及第四百四十一条的规定可见,质权的生效要件和质押合同的生效要件是两个完全不同的概念。本案中,周某已经将债券交付给了周某,按照《民法典》的规定,本题中的质押合同都已经生效,质押权也已经成立。

(案例改编自2003年司法考试试卷三第11题)

(三)留置权

1. 留置权的概念和特征

(1)留置权是债权人按照合同约定占有债务人财产,在债务人逾期不履行债务时,有留置该财产并就该财产优先受偿的权利。

(2) 留置权具有如下特征:

一是留置权是以动产为标的物的担保物权。

二是债权人留置债务人动产的权利。

三是一种法定担保物权。所有的合同都适用留置范围。

2. 留置的条件

(1) 留置的积极条件包括:债权已届清偿期;须债权人占有债务人的动产;债权人留置的动产,应当与债权属于同一法律关系。但企业之间留置的除外。

(2) 留置的消极条件包括:对动产的占有不是因侵权而得,但债权人合法占有债务人交付的动产时,不知债务人无处分该动产的权利,债权人可以行使留置权;对动产的留置不违反公共利益或善良风俗;对动产的留置不得与债权人承担的义务或者合同的特殊约定相抵触。

3. 留置权人的权利和责任

(1) 留置权人具有如下权利:

一是留置标的物。留置财产为可分物的,留置财产的价值应当相当于债务的金额;留置物为不可分物的,留置权人在债权未受全部清偿前可以就其留置物的全部行使留置权。

二是收取留置物的孳息。

三是请求偿还因保管留置物所支出的必要费用。

四是就留置物优先受偿。

(2) 留置权人具有如下责任:

一是留置权人负有妥善保管留置物的义务。因保管不善致使留置物灭失或者毁损的,留置权人应当承担民事责任。

二是留置权人在留置期间,未经留置人同意,擅自使用、出租、处分质物,因此给出质人造成损失的,由留置权人承担赔偿责任。

4. 债务履行

(1) 须给债务人不少于两个月的宽限期。

(2) 债权人未按上述期限通知债务人履行义务,直接变价处分留置物的,应当对此造成的损失承担赔偿责任。

(3) 债务人逾期仍不履行债务的,债权人可以与债务人协议以留置物折价,也可以依法拍卖、变卖留置物。

(4) 留置物折价或者拍卖、变卖后,其价款超过债权数额的部分归债务人所有,不足部分由债务人清偿。

5. 担保物权的竞合

担保物权的竞合是指在同一标的物上存在不同种类的担保物权,此时应以何类担保物权的效力优先的问题。其成立条件:① 须同一标的物上同时存在数个不同种的物上担保权;② 须各个担保物权人不为同一人。

(1) 抵押权与质权的竞合。同一财产既设立抵押权又设立质权的,拍卖、变卖该财产所得的价款按照登记、交付的时间先后确定清偿顺序。

(2) 抵押权与留置权的竞合。留置权的标的物为动产,因此只有动产抵押权才可能与留置权发生竞合。抵押权与留置权竞合的发生同样有两种情况:

一是先设定抵押权而后成立留置权。因为先设定抵押权后因标的物不移转占有,所以在抵押人将抵押物交由他人占有时,在具备留置权的成立条件下可在抵押物上再成立留置权。此种情形下发生的抵押权与留置权的竞合效力如何?通说认为,留置权优先于抵押权;因为留置权人占有标的物,并且因留置权担保的债权往往是有利于保全抵押权人利益的。

二是先成立留置权而后设定抵押权。这有两种可能:① 留置物所有人将留置物抵押,此时在留置物上又成立抵押权,抵押权与留置权竞合。因留置权成立在先,留置权的效力当然优先于抵押权。② 留置权人将留置物抵押。于此情形下,因为留置权人非为标的物所有人,抵押应为无效,不发生抵押权与留置权的竞合。但是若经留置物所有人同意,留置权人为自己的债务履行为其债权设定抵押权的,抵押权可为有效,发生抵押权与留置权的竞合。不过于此情形下,抵押权的效力应优先于留置权;因为留置权人是抵押权所担保债权的债务人,债务人的权利不能优于债权人的权利。

【案情】 2020年2月1日,个体运输户李龙向某信用联社营业部(以下简称营业部)贷款5万元,约定到同年12月份前一次还清贷款本息。同时李龙还同营业部订立了一份抵押担保协议,李龙自愿以他所有的一辆八成新的东风牌141货车为此笔贷款的抵押物,并办理了抵押登记手续。2021年3月28日晚,李龙在运输木材途中,因不慎撞到公路旁的大树上,汽车发动机严重损坏,李龙本人也因重伤死亡,此时人车均已脱保。事后李龙之子李铭将车拖到修理厂修理,但李铭在汽车修好后无力支付1.2万的修理费,修理厂不让李铭将车开走。营业部得知车子被扣的情况后,以该车是抵押物不能扣留为由与修理厂协商。未果后向法院起诉,要求李铭替其父履行还贷义务,并请求法院对此车采取保全措施。修理厂闻讯后也向法院起诉,要求李铭立即支付1.2万元修理费,并认为其可以从卖车款中优先受偿。

【问题】 同一财产既设定抵押又设定留置权的话,谁更优先?

【法律规定】《民法典》第四百四十七条规定:"债务人不履行到期债务,债权人可以留置已经合法占有的债务人的动产,并有权就该动产优先受偿。"

【法律运用及结果】 李龙和营业部订立的汽车抵押合同合法有效,但修理厂留置汽车的行为也是合法有效的。根据《民法典》第四百四十七条规定,本案中,修理厂和李龙之子李铭之间订有修理合同,为加工承揽合同之一种,在李铭无力支付修理费时,修理厂对汽车的留置同样也合法有效。况且,李铭和修理厂并未事先约定修理厂不能留置该汽车,法律也无明文禁止债权人留置已设定抵押权的财产。

虽然抵押合同订立在先,且经过了登记,但并不能简单依登记在先的原则确定抵押权的行使优于留置权的行使。因为所谓登记在先的原则只适用于抵押权与抵押权之间,并不适用于抵押权和留置权之间,因此不能将所谓登记在先原则作为支持抵押权优先行使的理由。

本案中因修理厂修理使汽车价值增加部分,包括劳务费和添附的新零件,在李铭不能按期支付修理费后对李铭来讲已构成不当得利,修理厂有理由要求李铭返还,只有在李铭支付了足额的修理费后,营业部抵押权的效力才及于汽车新增价值部分。

(案例改编自抵押权与留置权竞合效力辨,http://www.110.com/ziliao/article16345.html)

(3) 留置权与质权的竞合。质权与留置权都以标的物的占有为要件,都因标的物占有的丧失而消灭,当然质权如能恢复占有时质权并不消灭。因而两者的竞合往往会在以下三种情况下发生:

一是质权人基于留置权成立的事由在质物上取得留置权。此时质权与留置权为同一主体享有。在这种场合,留置权对质权不发生影响。而质权对于留置权却有影响效力。因为质权人于质物上有留置权的,其留置物的占有被侵夺时,得基于质权请求收回;留置权可因债务人提供担保而消灭,但质权并不因此而消灭。

二是在留置物上再设定质权。留置权人未经所有人同意以留置物设定质权的,其设定无效。但动产质权的设定,债权人得依善意取得原则设定质权,经所有人同意的质权当然有效。在留置物上再设定质权而发生与留置权的竞合时,质权应优先于留置权,因为在这种情况下,标的物已由质权人实际占有,而留置权人为间接占有人。

三是在质物上成立留置权,即质权人将质物交由第三人占有,第三人基于留置权成立的是由善意取得留置权。在这种情况下,留置权应优先于质权,因为在此情形下,标的物实际由留置权人占有,质权人为间接占有人。如质权人在运送质物时,因拖欠运费,被承运人留置,依据占有优先原则,留置权人有优先权。

【案情】 2013年2月1日,贷款人某银行鸡西城子河支行与借款人甲公司签订《商品融资合同》与《质押合同》,合同约定甲公司向某银行鸡西城子河支行借款1400万元,借款用途为购煤,利率为7.8%。甲公司以4万吨精煤作为该笔借款的质物,并签订《质押合同》,某银行鸡西城子河支行实现质权时,可通过与甲公司协商的方式,将质物拍卖、变卖或兑现,提现后以所得价款优先受偿,或将质物折价以清偿主债权。质物4万吨精煤交由乙物流公司监管。同时,被告黄某合等与该银行签订无限连带保证合同,承诺对该笔贷款承担偿还责任。某银行鸡西城子河支行、甲公司另与乙物流公司签订《商品融资质押监管协议》,协议约定出质人甲公司与质权人某银行鸡西城子河支行均同意将质物交由监管人乙物流公司存储监管,乙物流公司同意接受某银行鸡西城子河支行的委托并按照其指示监管质物。本协议项下所称的监管指乙物流公司代理某银行鸡西城子河支行占有质物并根据本协议的约定履行保管、监控质物的责任。质物的监管费、仓储费、运杂费、装卸费、检验费、印花税等因质物仓储保管产生的相关费用由甲公司承担,甲公司未向乙物流公司支付上述费用前,乙物流公司享有对质物的留置权。协议签订后甲公司、某银行鸡西城子河支行即向乙物流公司出具出质通知书,乙物流公司对质物实施监管,监管地点为甲公司。上述质押范围均为主债权本金、利息、复利、罚息、违约金、损害赔偿金、汇率损失、质物保管费用以及实现质权的费用。某银行鸡西城子河支行于2013年2月4日向甲公司账号转账1400万元。2013年12月25日,甲公司向某银行鸡西城子河支行偿还借款本金100万元;2014年1月25日前,甲公司均按照合同约定向某银行鸡西城子河支行偿还借款利息。借款到期后,甲公司未依约归还借款本金1300万元,亦未归还借款逾期利息。现原、被告双方就案涉质物折价、变卖、拍卖所得价款优先偿还借款本息及其他费用的主张是否应予支持发生争议。

【问题】 本题主要涉及留置权与质押权的竞合问题。

【法律规定】《民法典》第四百五十六条规定:"同一动产上已经设立抵押权或者质权,该动产又被留置的,留置权人优先受偿。"

【法律运用及结果】 被告甲公司与原告某银行鸡西城子河支行签订《质押合同》,约定甲公司以4万吨精煤作为借款质物,根据质物的属性与特点,某银行鸡西城子河支行、甲公司、乙物流公司三方签订《商品融资质押监管协议》约定由乙物流公司代某银行鸡西城子河支行对质物实施监管,乙物流公司实施监管视为某银行鸡西城子河支行对质物的占有,故质权自乙物流公司对质物实施监管之日起成立并生效。故某银行鸡西城子河支行要求以案涉质物折价或变卖、拍卖所得价款优先受偿的主张亦应予支持。根据《民法典》第四百五十六条"同一动产上已设立抵押权或者质权,该动产又被留置的,留置权人优先受偿"之规定,原告以质物折价或变卖、拍卖所得价款优先受偿时应先扣除质物的监管费、仓储费、运杂费、装卸费、检验费、印花税等因质物仓储保管产生的相关费用。

(案例改编自黑龙江省鸡西市中级人民法院裁判文书,案号:〔2015〕鸡商初字第64号)

第六节 占 有

一、占有的概念

占有是对物在事实上的占领、控制。其性质是一种事实。

二、占有的分类

(一) 自主占有与他主占有

1. 自主占有

自主占有指以据为己有的意思而占有。自主占有不以享有所有权为前提。所有人的占有通常为自主占有,小偷的占有、侵占遗失物的拾得人的占有、不知买卖合同无效的买受人的占有均为自主占有。自主占有与所有权人的占有不能等同,只要是所有人以外的人,以"据为己有的意思"而占有均为自主占有。所有人的占有亦可为他主占有。

例如，甲将自己的三间房屋出租给乙，乙将这三间房屋出租给丙，丙又将其中的一间出租给甲。对甲租赁的这一间房屋，甲属于直接占有、他主占有。丙属于第一层次的间接占有、他主占有。乙属于第二层次的间接占有、他主占有。甲属于第三层次的间接占有、自主占有。

2. 他主占有

他主占有指不以据为己有的意思而占有。不具有据为己有的意思而对物进行的占有，为他主占有，如承租人、保管人、质权人、留置权人的占有均为他主占有。若他主占有人"改变了主意"，以外界可得而知的方式将他主占有的意思变更为自主占有的意思，则他主占有变更为自主占有。

例如，甲的手机丢失，由乙拾得。若乙发布招领公告或者通知失主，乙的占有为他主占有。若乙不发布招领公告或者通知失主，则通常为自主占有。

再如，甲将手机借给乙使用。乙的占有为他主占有。若乙对甲表示手机为自己所有或者以外界可知的方式表明了自主占有的意思，则乙的占有变更为自主占有。

3. 自主占有与他主占有的区别

根据《民法典》的规定，无权占有的标的物毁损灭失的，对于权利人因此遭受的损失：① 善意的自主占有人无论是否具有过错，均不承担损害赔偿责任。② 善意的他主占有人，因超越假想的占有权对占有物造成的损害，应承担赔偿责任，否则不承担赔偿责任。

（二）直接占有与间接占有

1. 直接占有

直接占有指直接对物进行事实上的管领和控制。如质权人、承租人、保管人、借用人的占有为直接占有。

2. 间接占有

间接占有指虽未直接占有某物，但依据一定的法律关系而对于直接占有人享有返还占有请求权，从而对该物间接管领和控制。间接占有的构成要件如下：

（1）具有出租、借用、保管、质押等占有媒介关系；

（2）对直接占有人享有返还请求权；

（3）直接占有人为他主占有。如出质人、出租人、寄托人为间接占有人。

例如，甲将手机借给乙，不久，乙对甲表示自己对手机享有所有权，拒不返还。这时，乙为直接占有，乙对甲表示自主占有的意思，不属于他主占有，故甲的间接占有消灭。

3. 直接占有与间接占有的区别

(1) 交付既可以通过移转直接占有完成(现实交付与简易交付)，也可以通过移转或者创设间接占有完成(指示交付与占有改定)。

(2) 直接占有可以独立存在；间接占有不能独立存在。

(3) 间接占有可以形成占有阶梯，形成多层次间接占有；直接占有则否。

(4)《民法典》第四百六十二条规定的返还原物请求权之相对人，既包括无权的直接占有人，也包括无权的间接占有人。

(5)《民法典》第四百六十二条规定的占有保护请求权，既保护直接占有人，又保护间接占有人。

(三) 单独占有与共同占有

1. 单独占有

单独占有指一人对物为占有。

2. 共同占有

共同占有指数人对同一物为占有。共同占有分两种：

(1) 重复共同占有。指各共同占有人在不妨害他共同占有人的情形下，可以各自单独管领其物。如数人共租一屋，可各自单独使用共用的浴室、厨房。两人共用一辆汽车，都有车库和汽车的钥匙。

(2) 统一共同占有。指全体共同占有人对占有物有一个管领力，仅得结合全体占有人，为共同的管领。如两人共用一辆汽车，一人仅有车库钥匙，另一人仅有汽车钥匙。

3. 单独占有与共同占有的区别

共同占有涉及内部关系与外部关系：

(1) 内部关系。数人共同占有一物时，各占有人就占有物的使用范围，不得互相请求占有保护。

(2) 外部关系。共同占有物被侵夺的，各共同占有有权单独行使占有保护请求权，但应请求向全部共同占有人返还，不得仅请求返还给自己。

(四) 自己占有与辅助占有

1. 自己占有

自己占有指占有人自己对物进行事实上的管领和控制。辅助占有之外的占有均为自己占有。

2. 辅助占有

辅助占有指基于雇佣、学徒等类似关系，受雇主的"指示"而事实上控制某物。

辅助占有不是占有,以雇主为占有人。如甲雇佣乙操作某台机器,乙为占有辅助人,甲为占有人。再如,甲购买汽车,交雇员乙驾驶。那么乙属于占有辅助人,甲才是占有人;若乙将汽车开回老家隐匿,对甲谎称汽车被盗,则乙不再受甲之指示管领控制汽车,乙变为汽车的占有人,甲的占有丧失(非基于甲之意思而丧失占有,标的物原则上不适用善意取得)。

3. 自己占有与辅助占有的区别

(1) 占有辅助人不是占有人,其老板、雇主才是占有人。

(2) 占有辅助人基于雇主的指示先占无主动产的,由雇主取得无主物的所有权。如雇人打鱼、采蘑菇,由雇用人先占取得鱼、蘑菇的所有权(由此可以领悟马克思关于剩余价值的理论基础了)。

(3) 占有辅助人不得对雇主行使占有保护请求权。

(4) 占有辅助人管理控制的物被侵夺、妨害的,占有辅助人不享有《民法典》第四百六十二条规定的占有保护请求权(无公力救济的权利),但占有辅助人享有自力救济的权利,对于动产可以己力就地或者追踪取回,对于不动产可以即时取回。

(五) 有权占有与无权占有

1. 有权占有

有权占有指有本权的占有。换言之,凡是具有占有的物权、债权、亲权等权利,均为有权占有。所有权人、建设用地使用权人、留置权人、质权人的占有为有权占有(本权为物权);借用人、承租人、保管人、运输人、买受人的占有亦属有权占有(本权为债权)。替孩子保管财产的父母对财产的占有属有权占有(本权为亲权)。

2. 无权占有

无权占有指欠缺本权的占有。遗失物拾得人的占有(构成无因管理的除外)、小偷对赃物的占有、无效买卖合同中买受人的占有、租赁期届满后承租人对租赁物的占有均为无权占有。

3. 有权占有与无权占有的区别

(1) 有权占有人可以拒绝他人行使本权,反之,遇本权人请求返还占有物的,无权占有人负有返还义务。换言之,占有物返还请求权只能针对无权占有人。

(2) 因侵权行为占有他人之物,不发生留置权。如甲将手机借给乙,乙擅自质押给不知情的丙。甲知道后以指示交付的方式将手机出售给丁。这样,基于物权取得的有权占有具有绝对性,即对所有人均构成有权占有;丙善意取得手机质权,对手机的占有为有权占有;丙的有权占有具有绝对性,不仅甲不能对丙行使返还原物请求权，丁亦不能对丙行使返还原物请求权。

又如，甲将汽车出租给乙，乙将车交给丙修理，乙欠缴修理费并破产。这样，丙可以善意取得留置权；基于留置权，丙有权对留置的汽车就修理费优先受偿；如果留置的汽车价值不足以清偿修理费，丙无权请求甲承担修理费，因为《民法典》第四百六十条规定，善意占有人因维护占有物支出的必要费用，有权请求权利人予以补偿。

（六）善意占有与恶意占有

这是对无权占有的再分类，有权占有不能进行善意与恶意区分。

1. 善意占有

善意占有指占有人不知道也不应当知道缺乏占有的本权而占有，即无权占有人的主观状态为不知情且无怀疑。如小偷甲将偷来的手表出卖给"不知情"的乙，乙的占有为善意占有。买卖合同无效，不知无效事由的买受人的占有为善意占有。

2. 恶意占有

恶意占有指占有人明知无占有的权利，或者虽非明知但仍有所怀疑所形成的占有。如小偷甲将偷来的手表出卖给"知情"的乙，乙对手表的占有即为恶意占有。拾得人对遗失物的占有亦为恶意占有（但拾得人发出招领公告或者通知失主后，构成无因管理，拾得人的占有则为有权占有）。

3. 善意占有与恶意占有的区别

（1）权利人请求返还占有物时，善意占有人有权请求权利人支付保管、维修等必要费用；恶意占有人则否。

（2）无权占有的标的物因"使用"遭受损害的，恶意占有人应当承担赔偿责任；善意占有人不承担赔偿责任。

（3）无权占有的标的物毁损、灭失的，无权占有人均应返还补偿金、赔偿金或者保险金。没有补偿金、赔偿金或者补偿金，或者尚有损失没有得到弥补的，善意的自主占有人，"不论是否具有过错"，均不承担损害赔偿责任；恶意占有人（无论自主、他主占有）"不论是否具有过错"，均应承担损害赔偿责任；善意的他主占有人因超越假想的占有权对占有物造成的损害，应承担赔偿责任，否则不承担赔偿责任。

如甲的马丢失，被乙拾得，乙将该马出质给不知情的丙。因债务人不清偿到期债务，丙将该马变卖并就卖得价款清偿债务。那么因马为遗失物，丙不能善意取得质权，丙为善意的他主占有人；丙就马取偿无法律上的原因，构成不当得利，甲有权对丙行使不当得利返还请求权；若主张不当得利不能弥补甲的全部损失，甲不得对丙主张损害赔偿。因为丙作为善意的他主占有人，并未超越假想的占有权。

三、占有保护请求权

依照《民法典》第四百六十二条规定:"占有的不动产或者动产被侵占的,占有人有权请求返还原物;对妨害占有的行为,占有人有权请求排除妨害或者消除危险;因侵占或者妨害造成损害的,占有人有权请求损害赔偿。占有人返还原物的请求权,自侵占发生之日起一年内未行使的,该请求权消灭。"

占有人在其占有被侵夺时,可以请求返还其占有物;占有被妨害时,可以请求除去妨害;占有有被妨害之虞时,可以请求防止妨害,此三者合称为"占有保护请求权"。与物上请求权的区别十分明显体现在适用时效期间不同:《民法典》第四百六十二条对于占有物返还请求权规定一个除斥期间,为一年;后者没有期间限制。

此外,占有被侵害的,占有人还可以主张侵权损害赔偿请求权即适用债权请求权,受到《民法典》的保护。

【本章思考题】

一、案例思考题

1. 案情:甲将自己收藏的一幅名画卖给乙,乙当场付款,约定5天后取画。丙听说后,表示愿出比乙高的价格购买此画,甲当即决定卖给丙,约定第二天交货。乙得知此事,诱使甲8岁的儿子从家中取出此画给自己。该画在由乙占有期间,被丁盗走。

问题:该名画的所有权属于哪个人?

2. 案情:甲的一只手表被乙占有,甲行使返还原物请求权,而甲的另一只手表被乙占有期间被乙损坏,甲行使损害赔偿请求权。

问题:这两种请求权在性质上有何区别?行使上述两种权利,甲的举证责任有何不同?

3. 案情:(1)甲学校委托乙修理部修理10台笔记本,每台修理费为50元;乙修好后,甲不付费。(2)甲学校委托丙修理一辆汽车,修理费1000元,而该辆汽车值10万元。汽车修理好后,甲不付费。

问题:(1)乙是否有权留置该10台笔记本?

(2) 丙是否有权留置该辆汽车？

4. 案情：甲遗失一部相机，乙拾得后放在办公桌抽屉内，并张贴了招领启事。丙盗走该相机，卖给了不知情的丁，丁出质于戊。

问题：下列哪一种说法不正确？

A. 乙对相机的占有属于无权占有

B. 丙对相机的占有属于他主占有

C. 丁对相机的占有属于自主占有

D. 戊对相机的占有属于直接占有

5. 案情：甲公司将自己所有的10台机器出租给了乙公司，乙公司未经其同意，将其低价出售给知情的丙公司，丙公司又将其出租给丁公司。丁公司对上述交易过程完全不了解。

问题：下列哪些选项是正确的？

A. 丙、丁之间的租赁合同有效

B. 甲公司有权请求丁公司返还机器，并且无须补偿其任何损失

C. 甲公司有权请求丁公司返还机器，但是应补偿其损失

D. 甲公司无权请求丁公司返还机器，但是丁公司应当补偿甲公司的损失

二、简答思考题

1. 简述物权变动的原则。

2. 简述所有权的内容。

3. 简述按份共有与共同共有的不同点。

4. 简述地役权的效力。

5. 简述担保物权的竞合。

第三章 债 权

> **教学要求**
>
> 要求学生掌握债的概念、特征和债的各种要素,债的发生根据和债的分类,以及分类债的依据是什么,区分它们的意义何在。

第一节 债权概述

一、债的概念、特征和要素

（一）债的概念

所谓债是指特定的当事人之间,依照合同的约定或法律的规定,所发生的特定的权利和义务关系,是特定的当事人之间可以请求为特定给付的财产性的民事法律关系。在债的法律关系中,享有权利的人是债权人,负有义务的人是债务人。债权人有权请求债务人为特定的行为;债务人负有满足债权人的请求而为特定行为的义务。债权人享有的权利即叫"债权";债务人负有的义务即为"债务"。因此,债的基本含义为:

（1）债是一种民事法律关系。不具有法律属性的社会关系,不属于债,如所谓的"人情债"。

（2）债是特定当事人之间的法律关系。债区别于其他法律关系的根本特征在于债是特定当事人间的关系,因而债为相对的法律关系。

（3）债是特定当事人间得请求为特定行为的法律关系。债以当事人得请求为特定行为为内容。此特定行为是债的客体,这种特定行为是一种会给当事人带来财产利益的行为,又称为"给付",因而债属于财产法律关系。可见,法律上的债不仅仅指给付金钱,其他诸如当事人间得请求提供劳务、交付货物、移转权利等的法律关系也为债。

(4) 债是按照合同或者法律规定而发生的法律关系。

(二) 债的法律特征

债作为一种法律关系,是民法调整财产关系的结果,物权法律关系也是民法调整财产关系的结果,作为不同的法律概念,债的特征为:

1. 债反映财产流转关系

财产关系依其形成分为财产的归属利益关系和财产流转关系。前者为静态的财产关系,后者为动态的财产关系。物权关系、知识产权关系反映财产的归属和利用关系,其目的是保护财产的静态的安全;而债的关系反映的是财产利益从一个主体转移给另一个主体的财产流转关系,其目的是保护财产的动态的安全。

2. 债的主体双方只能是特定的

债是特定当事人间的民事法律关系,因此债的主体不论是权利主体还是义务主体都只能是特定的,也就是说,债权人只能向特定的债务人主张权利,而物权关系、知识产权关系以及继承权关系中只有权利主体是特定的,义务主体则是不特定的人,也就是说权利主体得向一切人主张权利。

3. 债以债务人应为的特定行为为客体

债的客体是给付,亦即债务人应为特定行为,而给付又是与物、智力成果以及劳务等相联的。也就是说,物、智力成果、劳务等是给付的标的或客体。债的客体的这一特征与物权关系、知识产权关系相区分。因为特权的客体为物,知识产权的客体则为智力成果。

4. 债须通过债务人的特定行为才能实现其目的

债是当事人实现其特定利益的法律手段,债的目的是一方从另一方取得某种财产利益,而这一目的的实现,只能通过债务人的给付才能达到,没有债务人为其应为的特定行为也就不能实现债权人的权利。而特权关系、知识产权关系的权利人可以通过自己的行为实现其权利,以达其目的,而无须借助于义务人的行为来实现法律关系的目的。

5. 债的发生具有任意性、多样性

债可因合法行为发生,也可因不法行为而发生。对于合法行为设定的债权,法律并不特别规定其种类,也就是说,当事人可依法自行任意设定债。而物权关系、知识产权关系都只能依合法行为取得,并且其割开具有法定性,原则上当事人不能任意自行设定法律上没有规定的物权、知识产权。

（三）债的要素

1. 债的主体

债的主体也称债的当事人，是指参与债的关系的双方当事人，也即债权人和债务人。其中，享有权利的一方当事人称为债权人，负有义务的一方当事人称为债务人。债权人和债务人是相互对立、相互依存的，缺少任何一方，债的关系便不能成立和存续。在某些债中，债的一方当事人仅享受权利，即仅充任债权人；另一方当事人仅负有义务，即只充任债务人。而在大多数债中，当事人双方互享权利和负有义务，每一方当事人都既充任债权人，又充任债务人。

债的每一方主体，都既可以为一人，也可以为多人。

2. 债的内容

（1）债权。债权是债权人享有的请求债务人为特定行为（给付）的权利。债权具有以下特征：

一是债权为请求权。民事权利依其内容和效力的不同，可分为支配权、请求权、抗辩权、形成权等类型。债权是典型的请求权，债权人取得其利益，只能通过请求债务人给付来完成。债权人既不能直接支配债务人应给付的特定物，也不能直接支配债务人的人身。但债权与请求权并不相等。一方面，民法上的请求权不仅表现为债权的请求权，还包括物权请求权、知识产权请求权、人身权请求权等；另一方面，债权的内容除请求权外，尚有受领、选择、解除等内容。

二是债权为相对权。债是特定主体之间的法律关系，债权人只能向特定的债务人主张权利，即请求特定债务人为给付，对于债务人以外的第三人，债权人不得主张权利。因此，债权为相对权，或称为对人权。此点区别于物权、知识产权、人身权等以不特定人为义务人的民事权利（称为绝对权或对世权）。需指出的是，债权虽为相对权，但与其他民事权利一样具有不可侵害性，第三人不法侵害债权时，应负侵权的民事责任。

【案情】 甲的同事乙委托甲回乡探亲时买上等茶叶10斤，并付款1000元。春节期间因无茶叶出卖，甲将情况告知乙，乙请甲转托一人在春天三月再买。甲在回城前的一天晚上，丙前来探望甲，于是甲便委托丙代乙买10斤上等茶叶，丙应允。甲将1000元放在信封里交付给丙。丙在当晚回家途中，1000元被抢，抢劫未侦破。甲回城后将此事告知乙，为此引起纠纷。

【问题】 乙到底是向甲要回1 000元还是向丙要求?

【法律规定】 债权具有相对性,仅在当事人间有效,不具有对抗第三人的效力。第三人不因与其无关的债而代他人承担违约责任。

【法律运用及结果】 根据以上规定,乙只能向其委托的甲要求赔偿1 000元。

(案例改编自 http://open.wztvu.com/media_file/)

三是债权具有相容性和平等性。债权的相容性和平等性,是指同一标的物上可以成立内容相同的数个债权,并且其相互间是平等的,在效力上不存在排他性和优先性。因此,在债务人破产时,债务人的各个普通债权人不论其债权发生先后,均可按比例参加破产财产的分配。与此相反,物权具有排他性和优先性,即在同一物上不能成立内容不相容的数个物权(尤指所有权),同一物上有数个物权(尤指担保物权关系)时,其效力有先后之分。

四是债权为有期限权利。一方面,债权多具有请求期限,在请求期限到来之前,债权人不能随时请求债务人履行债务,债务人也不负履行债务的义务。另一方面,债权有一定的存续期限,期限届满,债权即归于消灭。而所有权和人格权则不同。所有权为永久性权利,人格权也不得附有期限。

通说认为,债权包含以下三项权能:① 给付请求权。债的关系有效成立后,债权人享有请求债务人依照债权的内容实行给付的权利。如前所述,债权人利益的实现,并非基于其直接支配债务人的人身或财产,而需借助于债务人自主实施的给付行为。债权人欲实现其利益,必先向债务人请求给付。因此,给付请求权是债权的第一权能,从债权效力的角度而言,为债权的请求力。② 给付受领权。债务人履行债务时,债权人有权予以接受,并永久保持因债务人的履行所得的利益。接受债务人的履行并永久保持因债务人的履行所得利益,是债权的本质所在,也是债权人所追求的最终结果。此项权能体现在债的效力上,为债权的保持力。③ 保护请求权。债务人不履行其债务时,债权人可请求有关国家机关予以保护,强制债务人履行债务。此项权能,在债的效力上表现为债权的强制执行力。

在债权的上述三项权能中,给付请求权具有形式上的意义,给付受领权具有最终的实质性意义,保护请求权则是债权人在债务人不履行债务时借助于国家强制力实现债权的法律手段。

(2) 债务。债务是指债务人依当事人约定或法律规定应为特定行为的义务。债务的内容可表现为实施特定的行为(作为义务),也可以表现为不实施特定的行为（不作为义务）。债务具有以下特征：

一是债务的本质是债务人负担的不利益。债务的履行，一方面使债权人的利益得以实现，另一方面又使债务人失去既有利益，处于不利益状态。多数情况下，债的当事人同时既为债权人，又为债务人，一方面通过债权的实现获得利益，另一方面又因履行债务失去既有的利益，通过这种平等互利的对待给付分别获得各自利益的满足。

二是债务的内容具有特定性。债务的内容或者由当事人协商确定，或者由法律直接规定。在每一个具体的债的关系中，债务都有具体和确定的标的及其质量、数量、履行期限等内容。债务的内容一经特定化，非经当事人协商或依法律规定，不得随意加以变更。

三是债务不许永久存在。债务是一种法律上的拘束，如果允许设定没有期限的债务，将使债务人永久失去人身或交易的自由，这是与现代法律精神相违背的。因此，期限上的有限性是债务的一个重要特征。债务可因清偿、期限届满、债务人主体资格消灭等原因而消灭。债务不仅不能针对某一民事主体而永久存在，也不能当然延续到债务人的继承人。

四是债务包括给付义务、附随义务和不真正义务：

① 给付义务。给付义务包括主给付义务和从给付义务。主给付义务是指债所固有的和必备的并用以决定债的类型的基本义务。如买卖合同中，出卖人所负的交付出卖物及转移其所有权的义务，买受人负有支付价款的义务，均属主给付义务。从给付义务是指不具有独立意义，仅具有辅助主给付义务的功能，其存在的目的不在于决定债的类型而在于确保债权人利益能够获得最大满足。从给付义务的发生，有的是基于法律的明文规定，有的是基于当事人的约定，有的是基于诚实信用原则。

② 附随义务。附随义务是指在债的关系发展过程中，债务人在给付义务之外，基于诚实信用原则，根据债的性质、目的和交易习惯而应履行的义务，如照顾义务、保管义务、协助义务、保密义务、保护义务等。以卖车为例，交车并转移所有权为主给付义务，提供必要材料（如保险单）为从给付义务，告知该车特殊危险为附随义务。附随义务具有辅助和保护功能，违反之，债权人不能通过诉讼强制执行，也不能解除合同，只能请求损害赔偿。

③ 不真正义务。当事人一方违约后，对方应当采取适当措施防止损失的扩大；没有采取适当措施致使损失扩大的，不得就扩大的损失要求赔偿。当事人因防止损失扩大而支出的合理费用，由违约方承担。当事人约定检验期间的，买受人应

当在检验期间内将标的物的数量或者质量不符合约定的情形通知出卖人。买受人怠于通知的,视为标的物的数量或者质量符合约定。

当事人没有约定检验期间的,买受人应当在发现或者应当发现标的物的数量或者质量不符合约定的合理期间内通知出卖人。买受人在合理期间内未通知或者自标的物收到之日起两年内未通知出卖人的,视为标的物的数量或者质量符合约定,但对标的物有质量保证期的,适用质量保证期,不适用该两年的规定。

出卖人知道或者应当知道提供的标的物不符合约定的,买受人不受前两款规定的通知时间的限制。

3. 债的标的

(1) 债的标的是指债务人依当事人约定或法律规定应为或不应为的特定行为,统称为给付。债的标的不同于标的物。前者是指债的关系的构成要素,即给付本身,属行为范畴;后者则是债务人的行为所作用的对象,即给付的对象。债的标的为一切债的关系所必备,而标的物则仅在交付财物、交付金钱的债中存在,在单纯提供劳务的债中,其本身即足以完成给付,不必另有标的物。

(2) 作为债的标的,给付应具备以下要件:

一是合法。以违法行为为给付的,在当事人之间不能发生债权债务关系。给付违反公共秩序和善良风俗的,也属无效。

二是确定。给付如果不能确定,债权债务将无法实现。因此,法律要求给付于债成立时已经确定,或于债务履行时能够确定。不能确定的,债的关系无效。

三是适格。适格是指依事物的性质适于作为债的标的。一般而言,债的标的须与人的有意识的行为有关,与人的意识无关的事物(如做梦)或者与人的行为无关的事物(如内心意识)不得作为债的标的。债的标的须具有法律意义,宗教事务(如诵经)或单纯的社交事务(如宴客)不得作为标的。就个别债的关系而言,其标的须适于该具体的债的性质。

(3) 给付的形态主要有以下几种:

一是交付财物。此为最常见的给付方式。在买卖、互易、租赁、保管等合同之债以及返还侵占物、返还不当得利等债的关系中,均以财物的交付为给付的具体形态。

二是支付金钱。金钱在法律上被视为特殊的物,在债的履行以及不履行时的责任构成上具有自身特点,故应作为给付的独立形态。在转移财产、提供劳务等合同之债以及侵权和违约赔偿等领域,支付金钱得到广泛应用。

三是移转权利。此处所谓移转权利,是指不伴随物的交付而单独将某项权利移转于他人,如债权、知识产权、名称权、股权的移转。

四是提供劳务或服务。提供劳务,有的表现为以自己的劳力供债权人消费(如雇用),有的表现为以自己的设备为债权人提供服务(如运送物品),有的是以自己的知识或技能为他人提供服务(如技术指导、疾病诊治)。劳务的提供,多与债务人的人身不可分离,因而法律禁止以人身奴役性和违背善良风俗的劳务提供作为债的标的。

五是提交工作成果。即债务人以自己的劳力、技术、智能等为债权人完成一定的工作,并向债权人提交工作成果,如加工承揽、建筑安装、技术开发等。

六是不作为。不作为即不为一定的行为,包括单纯的不作为和容忍。如不为营业竞争、不泄露商业秘密等。

二、债的发生原因

(一)合同

合同是指当事人之间设立、变更、终止债权债务关系的协议。

(二)缔约上的过失

缔约上的过失是指当事人在缔约过程中具有过失,从而导致合同不成立、无效、被撤销或不被追认,使他方当事人受有损害的情况。

(三)单独行为

单独行为又称单务约束,是指表意人向相对人作出的为自己设定某种义务,使相对人取得某种权利的意思表示。

(四)侵权行为

侵权行为是指不法侵害他人的合法权益,应承担民事责任的行为。

(五)无因管理(事实行为)

无因管理是指没有法定或约定的义务而为他人管理事务。

1. 最严格的构成要件

(1)管理人须对他人事务进行管理或者服务;

(2)管理人没有法定的或者约定的义务;

(3)管理人须为避免他人利益受损失而管理;

(4)符合受益人真实意思。

2. 效力

(1)关于必要费用:管理人有权请求受益人偿还因管理行为而支出的必要费用。

(2) 关于债务负担：受益人负有支付管理人因管理行为而支出的必要费用的义务。

(3) 关于损害补偿：管理人因管理事务受到损失的，可以请求受益人给予适当补偿，受益人应当对此损失予以赔偿。

应该注意的是，以上费用的承担不以产生管理结果为前提，也不以被管理人所受利益范围为限。

3. 管理人的义务

(1) 善管义务：管理人管理他人事务，应当采取有利于受益人的方法。中断管理对受益人不利的，无正当理由不得中断。

(2) 通知义务：管理人管理他人事务，能够通知受益人的，应当及时通知受益人。管理的事务不需要紧急处理的，应当等待受益人的指示。

(3) 报告及转交财产义务：管理结束后，管理人应当向受益人报告管理事务的情况。管理人管理事务取得的财产，应当及时转交给受益人。但紧迫状态下，除非管理人有恶意或重大过失，对不适当管理不承担责任。

4. 特别注意

(1) 无因管理人不享有报酬请求权。

(2) 管理人管理时不得违反本人明示或可推知的意思，否则构成侵权。

5. 无因管理与无权代理的区别

(1) 在无权代理中，行为人是以本人的名义进行活动的，而在无因管理中，管理人并不以本人名义实施管理行为。

(2) 无权代理属于民事行为，行为人需具有相应的民事行为能力，而无因管理属于事实行为，无行为能力之要求。

(3) 无权代理发生本人的追认，经本人追认的无权代理为有权代理，对本人发生效力，而在无因管理中，不发生本人的追认，本人是否接受无因管理的后果不影响无因管理的效力。

(4) 无权代理中行为人与第三人发生关系，而无因管理中，管理人并不一定与第三人发生关系。

(六) 不当得利

1. 不当得利的概念

不当得利是指没有法律根据，致使他人受损失而取得的利益。

2. 不当得利的除外情况

(1) 为履行道德义务进行的给付，虽然受领人无合法根据而受领，但给付人不得请求返还。

(2) 债务到期之前的清偿,债务人清偿之后,为避免增繁法律关系考虑,受损人不得以不当得利为由请求返还。

(3) 明知无给付义务而进行的债务清偿,如债务人对诉讼时效完成的债务本可以拒绝给付但却给付时,不能再请求返还。

3. 不当得利的构成要件

(1) 须一方受有财产利益;

(2) 须他方受有损失;

(3) 须受有损失与取得利益之间有因果关系;

(4) 一方受有财产利益须无法律根据。

具备上述构成要件,发生不当得利之债的后果,即因不当得利受到损失的人成为债权人,享有请求得利人返还所获利益的请求权,得利人成为债务人,负有返还所获利益的义务,构成债的关系。

4. 不当得利的返还

(1) 关于利益返还。得利人不知道且不应当知道取得的利益没有法律根据,取得的利益已经不存在的,不承担返还该利益的义务。得利人知道或者应当知道取得的利益没有法律根据的,受损失的人可以请求得利人返还其取得的利益并依法赔偿损失。

(2) 得利人已经将取得的利益无偿转让给第三人的,受损失的人可以请求第三人在相应范围内承担返还义务。

【案情一】 2015年1月20日晚,三盛公司因办公楼封顶,公司负责人夏某某、陈某某宴请建设方华兴建筑公司项目经理赵某某及相关设计、施工人员,就餐地点为某山庄,晚餐结束后21时许,赵某某等人搭乘陈某某驾驶的北京现代越野车返回城区,该车行驶至乡村路段时不慎驶入道路右侧水塘,致使乘车人赵某某等人死亡。

2015年1月27日,原、被告双方在赤壁市中伙铺镇人民调解委员会的主持下达成调解意见:甲方当事人杨某某、夏某某等人,乙方当事人三盛公司。一、为尊重殁者及安抚受害家属情绪,甲、乙双方先放弃有关是否是工亡争议,待后事安排完毕后由乙方及时向劳动部门申请工伤认定。二、签订本协议时,由乙方对甲方家属先行预支300 000元。甲方家属收到此款后自行对殁者赵某某进行安葬。……当天三盛公司即向杨某某、夏某某等人支付了人民币 300 000 元。

2015 年 4 月 16 日，杨某某向赤壁市人力资源和社会保障局提出工伤认定申请，2015 年 8 月 19 日该局以赤人社工伤认定〔2015〕60 号认定赵某某为因工死亡，2015 年 11 月 18 日该局向赵某某家属支付丧葬费，一次性死亡补助金等共计 591 874 元。

2015 年 8 月 17 日，本案被告杨某某、夏某某等人在刑事案件作为原告人与作为被告人的肇事者陈某某、黄某某达成刑事和解，后三盛公司向本案被告索要预付款未果，遂提起诉讼。

【问题】 三盛公司所给付的 30 万元是否属于不当得利？

【法律规定】《民法典》第九百八十五条规定："得利人没有法律根据取得不当利益的，受损失的人可以请求得利人返还取得的利益，但是有下列情形之一的除外：（一）为履行道德义务进行的给付；（二）债务到期之前的清偿；（三）明知无给付义务而进行的债务清偿。"

【法律运用及结果】 构成不当得利应当具备四个条件：一是一方受有利益；二是他方受有损失；三是一方受有利益与他方受有损失间具有因果关系；四是没有合法根据。首先，一方受有利益是指一方当事人因一定的事实结果而使其得到一定的财产利益，包括财产总量的增加或财产本应减少而未减少。就本案而言，赵某某作为华兴建筑公司项目经理，因交通事故死亡，赵某某近亲属基于劳动关系有权请求用人单位给付工伤保险待遇，亦可基于侵权责任法律关系向侵权责任人主张赔偿，两者请求权不同，赔偿项目亦不相同，不构成重复赔偿。事实上，赵某某近亲属获得工伤保险待遇后，直接侵权责任人仅支付精神抚慰金 30 万元，在侵权责任法律关系中，直接侵权责任人的赔偿并不充分，难言赵某某近亲属应得财产总量得到了增加，况且生命无价，故即使出现工伤保险待遇给付的事实，亦不能将三盛公司支付的 30 万元视为赵某某近亲属应得财产总量得到了增加。其次，没有合法根据是不当得利构成的实质性条件，任何利益的取得应当根据法律或民事法律行为。民事法律行为是公民或者法人设立、变更、终止民事权利和民事义务的合法行为。民事法律行为从成立时起具有法律约束力。行为人非依法律规定或者取得对方同意，不得擅自变更或者解除。《最高人民法院关于审理涉及人民调解协议的民事案件的若干规定》第一条规定，经人民调解委员会达成的、有民事权利义务内容，并由双方当事人签字或者盖章的调解协议，具有民事合同性质。当事人应当按照约定履行自己的义务,不得擅自变更或者解除调解协议。本案中,双方当事人在赤壁市中伙铺镇人民调解委员会的主持下达成的调解协议,没有违反法律、行政法规的强制性规定或者社会公共利益,不具有法律规定合同无效的情形。之后,三盛公司也未在法律规定期间行使撤销权,调解协议成立并生效。赵某某近亲属取得三盛公司支付的30万元具有合法根据。最后,关于三盛公司支付的30万元性质确定的问题。赵某某接受三盛公司宴请,所乘车辆驶入水塘导致死亡,三盛公司虽非直接侵权责任人,但其宴请活动可合理预见减少赵某某逃避危险的能力,即便其不承担侵权责任,亦不排除其自愿履行道德义务。此外根据三盛公司的请求,三盛公司主张的是非债清偿不当得利,根据民法原理,在给付目的自始不存在的情形下,有两种情形,当事人一方虽没有给付义务,另一方的得利也不构成不当得利,一是履行道德义务而给付,二是明知无给付义务而给付财产,视为赠与。就本案而言,三盛公司明知赵某某并非公司员工,没有给付工伤保险待遇的义务,但调解协议中亦要求赵某某近亲属向劳动部门主张权利,没有为赵某某用人单位清偿债务的意思表示,属于明知无给付义务而给付财产,故其向赵某某近亲属支付的30万元,要么属于履行道德义务的给付,要么属于赠与性质,对此赵某某近亲属均不构成不当得利。

(案例改编自湖北省高级人民法院裁判文书,案号:〔2016〕鄂12民终938号)

【案情二】 2005年3月4日,彭萍因急需钱用,便通过亲戚黄英的介绍向江西省丰城市某信用社贷款20 000元。同年7月,彭萍与丈夫刘某协议离婚后外出打工,一直未归还借款。该信用社让黄英向彭萍催款,因联系不到彭萍,黄英代其还清了借款及利息共计人民币20 266元。后黄英向彭萍催讨未果而形成纠纷。

法院在审理中存在两种不同的意见:第一种意见认为,黄英为了彭萍的利益,在无法定或约定义务的情况下,代彭萍偿还了借款及利息,双方形成了无因管理之债,此案应适用无因管理的规定,判决彭萍给付黄英所支出的费用20 266元。第二种意见认为,彭萍无法律上的原因而受到一定利益,致使黄英遭受损失,双方形成了不当得利之债,此案应适用不当得利的规定,判决彭萍返还所得不当利益20 266元给黄英。

【问题】 黄英的行为到底是无因管理还是不当得利?

【法律规定】 《民法典》第九百七十九条规定:"管理人没有法定的或者约定的义务,为避免他人利益受损失而管理他人事务的,可以请求受益人偿还因管理事务而支出的必要费用。"第九百八十五条规定:"得利人没有法律根据取得不当利益的,受损失的人可以请求得利人返还取得的利益。"

【法律运用及结果】 所谓无因管理,是指没有法律规定或约定的义务而为他人管理事务。《民法典》第九百七十九条的规定在我国民法上确立了无因管理制度,是审判实践中处理无因管理纠纷的基本依据。

所谓不当得利,是指无法律上的原因而受利益,致使他人受损失的事实。根据《民法典》第九百八十五条的规定,我国民法典确立的不当得利制度,也是民事审判机关解决不当得利问题的基本依据。

无因管理之债与不当得利之债都属于法定之债,前者是因合法的事实行为而发生,后者是基于当事人之间的利益发生不当变动的法律事实而发生。

本案是无因管理之债还是不当得利之债,关键要看当事人之间的债权债务关系符合哪一种债的成立要件。前者的成立要件有三项:管理他人事务;有为他人利益的意思;无法律上的原因。后者的成立要件有四项:一方取得利益;一方受到损失;取得利益与受到损失之间有因果关系;没有法律上的依据。两种意见都排除了合同之债,因为当事人之间并无合同上的关系。当然,本案中黄英的行为也不属于"赠与",否则就不会产生纠纷。持第一种意见者认为黄英代彭萍还款可视为"管理他人事务",若不限定"管理"的范围(可涵盖保管、整理、维修、保存、改良、利用、处分和服务等内容),替他人偿还借款似乎也是一种管理他人事务的行为。但黄英并无为彭萍利益的意思表示,也没想过要避免彭萍利益受损,相反,其代彭萍还款时已经产生了事后向彭萍追讨的想法,也正是这种心理促使其积极代彭萍还款。为了他人的利益是无因管理成立的主观要件,其意思表示必须是真实的、自愿的,本案中很难体现这一点,从黄英的起诉行为可知,其是在无奈之下或者说是为了自己的利益而代彭萍还款,目的只是想缓解信用社与其之间的矛盾,甚至相信彭萍事后会返还这笔钱。况且根据《民法典》的规定,无因管理之债的管理人有权要求受益人偿付管理所支出的费用,假设第一种意见成立,那么黄英为彭萍还款这一

"管理"行为所支出的费用不只是20 266元,还应包括其他费用如交通费、电话费等。但在本案中所争议的标的仅限于借款及利息(20 266元),这说明黄英本人也不是以无因管理之债提起诉讼,只是想通过法院追回自己替彭萍偿还的20 266元。由此可见,黄英与彭萍之间的债权债务关系并不符合无因管理之债的成立要件。

因此本案完全符合不当得利之债的成立要件,具体可作如下分析:

(1) 受益人彭萍取得了财产上的利益。本案中黄英的代付行为使得彭萍与信用社之间的债权债务关系归于消灭,对彭萍而言,其已实际占有、使用该笔借款,但黄英代其向信用社履行还款义务,从而间接地使彭萍在事实上获得了一定财产利益。判断受益人是否受有财产利益,一般以其现有的财产利益与发生利益变动后所应有的财产利益相比较而决定。那么,凡是现财产状况或利益较以前增加,或应减少而未减少均为受有利益;既有得利又有损失,损益抵消后剩余有利益的也为受利益。本案中的彭萍作为债务人负有还款的义务,其占有的财产利益本应减少而未减少,可视为利益的消极增加。

(2) 对于黄英而言,代彭萍还款使其财产利益受到了损失。在本案中,彭萍与信用社之间是合同之债,黄英既不是借款合同的相对人,也不是担保人,并无偿还借款的义务。黄英在没有负债的情况下替他人还债,其动机在此暂且不论,但其财产利益受损失是不争的事实。

(3) 彭萍取得利益与黄英受到损失之间有因果关系。从法理学的角度分析,是否有因果关系通常采取"有A即有B、无A即无B"说。在本案中,只要有黄英的代付行为就有彭萍的受益,黄英不代其还款,彭萍就无从获得利益。因此,两者之间存在有牵连的因果关系。

(4) 黄英代彭萍还款使彭萍受益并没有法律上的根据。关于我国《民法典》第九百八十五条规定的取得利益"没有法律根据"的具体含义,目前多数学者主张采纳"非统一说"来界定,认为不同类型的不当得利有其存在的不同基础,应分别说明无法律上的原因。非统一说通常区分给付型不当得利和非给付型不当得利。给付型不当得利"无法律上的原因"又分为自始欠缺给付目的、给付目的嗣后不能成立和给付目的不达。本案当然属于给付型不当得利,而且是"给付目的不达"的不当得利。黄英的给付行为是以实现将来彭萍向其还款为目的,但之前双方并没有债务债权关系,彭萍在被动消灭债务(受益)之后并未向黄英还款,致使黄英的给付目的不能按其意图实现,彭萍的受益欠缺保有该利益的正当性,因此构成了不当得利。

综上所述,彭萍没有合法的根据取得不当利益,造成黄英受到损失,应当将取得的不当利益返还给黄英。

(案例改编自替人还债是无因管理还是不当得利,http：//www.lawtime.cn/info/zhaiquan/zqzwdt/2011082525727.html)

第二节 债的分类

一、意定之债与法定之债

按照债的设定及其内容是否允许当事人以自由意思决定,债可以分为意定之债与法定之债。

(一)意定之债

意定之债是指债的发生及其内容由当事人依其自由意思决定的债。合同之债和单方允诺之债均为意定之债。

(二)法定之债

法定之债是指债的发生及其内容均由法律予以规定的债。侵权行为之债、无因管理之债和不当得利之债均属法定之债。

(三)意定之债与法定之债的区别

意定之债贯彻意思自治原则,在债的客体、内容及债务不履行的责任等方面均可由当事人约定;法定之债的发生及效力均由法律规定。

二、特定之债与种类之债

根据债的标的物的不同属性,债可划分为特定之债和种类之债。

(一)特定之债

以特定物为标的的债称为特定之债。债发生时,其标的物即已特定化。

(二)种类之债

以种类物为标的的债称为种类之债。债成立时其标的物尚未特定化,甚至尚不存在,当事人仅就其种类、数量、质量、规格或型号等达成协议。

(三)特定之债与种类之债的区别

(1)在特定之债,除非债务履行前标的物已灭失,债务人不得以其他标的物代为履行,而种类之债则无此问题。

(2) 在法律规定或当事人约定的情况下,特定之债标的物的所有权可自债成立时发生转移,标的物意外灭失的风险随之转移,而种类之债标的物的所有权及其意外灭失风险则自交付时起转移。

三、单一之债与多数人之债

根据债的主体双方是单一的还是多数的,债可分为单一之债和多数人之债。

(一) 单一之债

单一之债是指债的主体双方即债权人和债务人均为一人的债。

(二) 多数人之债

多数人之债是指债权人和债务人至少有一方为两人或两人以上的债。

(三) 单一之债和多数人之债的区别

在单一之债中,当事人之间的权利义务关系较为简单明了。多数人之债则既涉及债权人与债务人之间的权利义务关系,又涉及多数债权人之间或多数债务人之间的权利义务关系,其法律关系较为复杂。

四、按份之债与连带之债

对于多数人之债,根据多数一方当事人之间权利义务关系的不同状态,可分为按份之债和连带之债。

(一) 按份之债

按份之债是指债的多数人一方当事人各自按照确定的份额享有权利或者承担义务的债。

1. 按份债权

债权人为两人以上,各自按照确定的份额分享权利的,称为按份债权。在按份债权中,各个债权人只能就自己享有的债权份额请求债务人给付和接受给付,无权请求和接受债务人的全部给付。

2. 按份债务

债务人为两人以上,各自按照确定的份额分担义务的,称为按份债务。在按份债务中,各债务人只对自己分担的债务额负责清偿,无须向债权人清偿全部债务。

(二) 连带之债

连带之债是指债的多数人一方当事人之间有连带关系的债。所谓连带关系,是指对于当事人中一人发生效力的事项对于其他当事人同样发生效力。连带之债有连带债权和连带债务之分。在连带之债中,享有连带权利的每个债权人都有权要求债务人履行义务,负有连带义务的每个债务人都负有清偿全部债务的义务。履行了债务的连带债务人,有权要求其他连带债务人偿付其应当承担的份额。

(三)按份之债和连带之债的区别

两者的效力不同,在按份之债中,任一债权人接受了其应受份额义务的履行或任一债务人履行了其应负担份额的义务后,与其他债权人或债务人均不再发生任何权利义务关系。在连带之债中,连带债权人的任何一人接受了全部债务的履行,或者连带债务人的任何一人清偿全部债务时,虽然原债归于消灭,但在连带债权人或连带债务人内部则会产生新的按份之债。

【案情】 甲、乙、丙合伙经营,合伙后发生亏损,欠债权人丁10万元。

【问题】 债权人丁可否要求甲一个人清偿?或要求甲、乙、丙共同清偿?

【法律规定】 在连带债务中,每个债务人均负有履行全部债务的义务。债权人有权向连带债务人中的一人、数人或者全体同时或者先后请求履行,也有权向连带债务人中的一人或者数人请求履行全部债务或者履行一部分债务。

【法律运用及结果】 因此,丁可以请求甲清偿10万元或者请求甲清偿5万元,乙和丙共同清偿5万元,或者先请求甲清偿5万元,次请求乙清偿3万元,再请求丙清偿2万元,或者请求甲、乙、丙共同清偿10万元。

(案例改编自http://open.wztvu.com/media_file/)

五、简单之债与选择之债

根据债的标的有无选择性,债可分为简单之债和选择之债。

(一)简单之债

简单之债是指债的履行标的只有一种,债务人只能按照该种标的履行,债权人也只能请求债务人按该种标的履行的债。

(二)选择之债

选择之债是指债的履行标的有数种,债务人可从中选择其一履行或债权人可选择其一请求债务人履行的债。

(三)简单之债与选择之债的区别

两者的主要区别在于,简单之债的标的无可选择,而选择之债则可在数个标的中选择履行。

【案情】 甲为买方,与乙订立买卖合同,合同标的物为一级红富士或者一级国光苹果。合同履行期内,乙将一级国光苹果送至甲处,但由于市场变化,国光苹果滞销,甲表示如交付一级红富士就接收,交付国光苹果就拒收。

【问题】 本案当事人的关系中,债权人有没有选择权?

【法律规定】 选择之债的选择权归属应由当事人双方约定或者由法律直接规定,在既无约定又无法律的明确规定时,选择权应债务人一方享有。

【法律运用及结果】 根据以上法律规定,本案当事人间的关系应为选择之债。乙有选择权,故甲不能拒收。

(案例改编自 http://open.wztvu.com/media_file/)

六、主债与从债

在存在从属关系的两个债中,根据其不同地位,可分为主债和从债。

(一)主债

主债是指能够独立存在,不以其他债的存在为前提的债。

(二)从债

从债是指不能独立存在,必须以主债的存在为前提的债。

(三)主债与从债的区别

主债和从债是相互对应的,没有主债不发生从债,没有从债也无所谓主债。主债与从债之分常见于设有担保的债中,被担保的债(如买卖合同、借贷合同之债)为主债,为担保该债而设之债(如保证合同、抵押合同之债)为从债。

七、财物之债与劳务之债

根据债务人所负给付义务的不同内容,债可分为财物之债和劳务之债。

(一)财物之债

凡债的标的为给付财物的,为财物之债,如买卖合同之债。

(二)劳务之债

凡债的标的为提供劳务的,为劳务之债,如委托合同之债。

(三)财物之债与劳务之债的区别

两者的主要区别在于,当债务人不履行债务时,财物债务可强制履行,而劳务债务则不得强制履行。

【本章思考题】

一、案例思考题

1. 案情：张某外出，台风将至。邻居李某担心张某年久失修的房子被风刮倒，祸及自家，就雇人用几根木料支撑住张某的房子，但张某的房子仍然不敌台风，倒塌之际压死了李某养的数只鸡。

   问题：(1) 李某初衷是为自己，故不构成无因管理，对吗？(2) 房屋最终倒塌，未达管理效果，故无因管理不成立，对吗？(3) 张某不需支付李某固房费用，但应赔偿房屋倒塌给李某造成的损失，对吗？

2. 案情：甲的一头牛走失，乙牵回关入自家牛棚，准备次日寻找失主，当晚牛棚被台风刮倒，将牛压死。乙将牛肉和牛皮出售，各得款 500 元和 100 元。请人屠宰及销售，支出 100 元。

   问题：甲是否有权要求乙返还一头同样的牛或者返还钱？能返还多少钱？

3. 案情：一日清晨，甲发现一头牛趴在自家门前，便将其拴在自家院内，打探失主未果。时值春耕，甲用该牛耕种自家田地。其间该牛因劳累过度得病，甲花费 300 元将其治好。两年后，牛的主人乙寻牛来到甲处，要求甲将牛返还，甲拒绝返还。

   问题：甲是否应返还牛或要求乙支付 300 元？

4. 案情：某演出公司与"黑胡子"四人演唱组合订立演出合同，约定由该组合在某晚会上演唱自创歌曲 2~3 首，每首酬金 2 万元。

   问题：由此成立的债的关系属何种类型？

5. 案情：甲对乙说：如果你在三年内考上公务员，我愿将自己的一套住房或者一辆宝马轿车相赠。乙同意。两年后，乙考取某国家机关职位。

   问题：有人认为甲与乙的约定属于种类之债，有人认为属于选择之债，有人认为属于连带之债，有人认为属于劳务之债。你认为呢？

二、简答思考题

1. 概述债的概念和特征。
2. 简述债的要素。
3. 简述债的发生原因。
4. 债有哪些分类？分类的法律意义是什么？

第四章 人格权

第一节 人格权概述

一、人格权的概念与特征

（一）人格权的概念

人格权是指民事主体固有的，由法律确认的，以人格利益为客体，为维护民事主体具有法律上的独立人格所必备的基本权利。

（二）人格权的特征

1. 人格权是作为民事主体资格所必备的权利

民事主体只有具有人格权，才能实现人格的独立与自由，才能成立民法上的"人"。

2. 人格权是民事主体固有的一种权利

人格权始终与民事主体相伴随而客观存在，不依民事主体的意志更无需民事主体为一定的行为去取得。对自然人来讲，无论其年龄、智力、能力、社会地位、种族、肤色、信仰等存在何种差别；对法人和其他组织来讲，无论其所有制性质、资产规模等存在多少区别，都平等地享有人格权。此外，人格权不能由民事主体转让、抛弃，也不能由继承人继承。对于触犯刑法的人，虽然可以剥夺其政治权利（或政治权利上的人身权），但不能剥夺其民法上的人格权。人格权随着权利主体的存在而存在，并随着权利主体的消亡而消灭。

3. 人格权以人格利益为客体

人格权是以人格利益为客体的民事权利。人格利益分为一般人格利益和具体人格利益，前者泛指人的自由与人格尊严；后者指的是生命、健康、身体、姓名（名称）、名誉、肖像、隐私等人格利益。人格利益不是对人的身体，而是对人的人身和行为自由、安全及精神自由等方面享有的利益。

4. 人格权是由法律确认的

民事主体的人格权,无论是自然人的,还是法人或其他组织的,并不是与生俱来的"天赋",都是由法律赋予的。当然,在不同国家,以及在同一国家的不同历史时期,人格利益受法律确认和保护的范围并不一定相同。

二、人格权的性质

(一)人格权的自然属性

(1)人格权始终与民事主体相伴随而客观存在,不依民事主体的意志更无需民事主体为一定的行为去取得。

(2)民事主体只能享有这些权利,不得转让乃至抛弃这种权利。

(3)法律旨在确认、维护这种权利,而不能剥夺。

(二)人格权的法定属性

(1)人格权如果没有法律的确认和保护,就会沦为空泛的口号。

(2)人格利益受法律确认和保护的范围,在不同国家以及在同一国家的不同历史时期是不相同的。

(3)人格权属于法定权利,属于私权利。

第二节 一般人格权

一、一般人格权的概念和特征

(一)一般人格权的概念

一般人格权是指民事主体基于人格独立、人格自由、人格尊严全部内容的一般人格利益而享有的基本权利。

(二)一般人格权的特征

1. 主体普遍性

一般人格权的主体,是普遍主体。一般人格权的主体既包括公民,也包括法人,所有主体一律享有,且公民和公民之间、法人和法人之间一律平等。

2. 权利客体具有高度概括性

一般人格权的客体是一般人格利益,这种一般人格利益具有高度的概括性。从具体内容上分,一般人格利益包括人格独立、人格自由和人格尊严,但这些人格利益不是具体的人格利益,而是高度概括的人格利益。这种概括性,包括两个方面的意义:一是一般人格利益本身的概括性,人格独立、人格自由和人格尊严都不能化成具体的人格利益,也不能成为具体人格权的客体。二是一般人格利益是对所有一般人格权客体的概括,任何一种具体人格权的客体,都可以概括在一般人格利益之中。因此,一般人格权才成为具体人格权的渊源,由此产生并规定具体人格权。

3. 权利内容极具广泛性

一般人格权的内容包括具体人格权的内容,但对于具体人格权所不能包括的人格利益,也都包括在一般人格权之中。它不仅是具体人格权的集合,而且为补充和完善具体人格权立法不足提供切实可靠的法律依据,人们可以依据一般人格权,对自己的人格利益遭受损害,但又不能成为具体人格权所涵盖的行为,依据一般人格权的法律规定,寻求法律上的救济。

4. 人格权是人的基本权利

一般人格权相对于具体人格权而言,是基本权利。一般人格权虽然对具体人格权有概括的作用,但它也是一个独立的民事权利,是人身权中的基本权利。一方面,它决定着和派生着各种具体的人格权;另一方面,它更为抽象和具有概括性,成为人身权中最具抽象意义和典型性的基本人格权。

二、一般人格权制度的功能

(一)解释具体人格权

由于一般人格权的高度概括性和抽象性,使其成为具体人格权的母权,即对各项具体的人格权具有指导意义的基本权利。当对具体人格权进行解释时,应当以一般人格权的基本原理和基本特征为标准。尤其在司法解释中,不应该对具体人格权作有悖于一般人格权基本原理和基本性质的解释。比如关于侵犯他人肖像权的行为,是否以侵权人具有营利目的为构成要件?按照一般人格权的基本原理,人格尊严不具有与财产直接相关的经济价值,无论出于何种目的或者即使不具有任何目的,只要构成对人格利益的侵犯,均构成侵权行为。所以侵犯肖像权行为的责任构成不应以营利为目的。

(二)产生具体人格权

一般人格权是具体人格权的源泉,从中可以引出各种具体的人格权。纵观人格权的发展历史,它是一个逐渐从弱到强、从少到多,不断壮大的权利组合(也可以称为权利束)。尤其是近现代民事立法中,随着人权运动及各种弱者利益保护运动的高涨,确认了大量新的具体人格权。这些权利的确认,都渊源于一般人格权的概念、原理和性质。在成文法国家，一般人格权的这个意义更加显著，法官判案必须依法，而法律对"不胜枚举"的权利难免有所遗漏，法官使用"一般人格权"这种类似于"诚实信用"的一般条款，可以正确解决现行法律缺项及运用现行法律达不到公平正义结果的个案。面对不断涌现的丰富多彩的人格利益，"立法周全固然重要，判例更不容忽视"，法官依此一般条款，可以创设新的人格权。

（三）补充具体人格权

一般人格权是一种弹性很大的权利，可以通过对具体人格权的补充确认保护相关的其他人格利益。现实生活中，有些人格利益遭到侵害时，用现行法律确认的人格权制度予以保护不甚贴切，但也未到创设一种新的人格权的程度，这时一般人格权就可发挥其补充的功能，以达公正保护受害人利益的目的。比如通常认为，名誉权的客体是社会的评价而不包括名誉感。当侮辱行为没有使受害人的社会评价降低，而仅使受害人的名誉感受到严重损害时，受害人不能以现行法律规定的名誉权受侵害为由请求救济。但事实上，名誉感关系到人格尊严，名誉感受到侵害，实际上是人格尊严受到侵害，这实际上构成对一般人格利益的侵害，受害人应基于此而得到救济。我国《消费者权益保护法》第十四条、第二十五条、第四十三条等明确规定，消费者的人格尊严应受尊重。经营者不得对消费者进行侮辱、诽谤，凡侵害消费者人格尊严的，应承担相应的民事责任。这些规定中包含了一般人格权的补充意义。在实践中，许多违法行为，诸如骚扰电话、恐吓电话、语言骚扰等，确实侵害了他人的人格利益，但这种人格利益究竟属于现行法中列举的哪一种，很难界定。这时，与其费时费力地去认定究竟属于哪一种人格利益，不如利用一般人格权的概念，发挥其补充具体人格权的功能，追究侵权行为人的责任以救济受害人。

三、一般人格权的内容

（一）人格独立

人格独立的本质，就是民事主体在人格上一律平等。在法律面前，任何民事主体都享有平等的主体资格，享有独立的人格，不受他人的支配、干涉和控制。我国《宪法》确认了法律面前人人平等的基本原则，《民法典》也规定，民事法律关系中主体地位平等。

人格独立在民法中的基本含义是，人人都有平等的人格权，人人都有保护、捍卫自己独立人格的权利。具体包括以下两方面的含义：

1. 民事主体的人格由自己支配

主体人格生而平等，每个人都可依自己的精神生活、物质生活的需要自由支配自己的人格，他人不得支配，否则将是对他人独立人格的否定。当然无民事行为能力人或者限制民事行为能力人需要其法定代理人代其进行民事活动，甚至支配其人格利益。从形式上讲，这种情况似乎是对民事主体独立人格的否定，但从实质上讲，这种情况是为了实现民事主体的人格。因为如果法定代理人不代其进行民事活动，这种特殊的民事主体又无能力为自己进行民事活动，欠缺能力者无异于没有独立的人格。

2. 民事主体的人格不受他人干涉和控制

人格为民事主体作为人的资格，任何组织、个人不得干涉和控制他人的人格，对他人人格的干涉和控制，意味着对"法律面前人人平等"的冲击。在民事法律关系中，民事主体地位平等，不允许任何人凌驾于他人之上，对他人的精神自由、身体自由横加干涉。比如干涉他人的婚姻自主、行动自由、言论自由等，干涉法人或其他组织的设立自由、变更自由、解散自由、订立合同自由等，都构成对他人人格独立的侵犯。

（二）人格自由

人格自由是私法上抽象的自由，既不是公法上的言论自由、出版自由、集会自由、结社自由、信仰自由、游行自由等政治自由，也不是私法上具体的契约自由、财产自由、意志自由、行为自由等，而是指人格不受约束、不受控制的状态。比如一个人的身体受到阻碍或被他人拘束，其具体的身体自由受到了限制，但他作为享有人格自由权的主体，仍不丧失其为自由人的身份，可以依其自由的人格寻求司法上的保护，救济其具体的自由权。

1. 人格自由的含义

从含义上讲，人格自由既指民事主体人格自由的地位，也指民事主体人格自由的权利，更重要的是，人格自由是区别人与动物的标准。有了人格自由，权利主体才可以自主地参加社会活动，享有权利，行使权利，否则，只能沦为他人的财产。人格自由是民事主体享有一切自由权的基础和根源。

2. 人格自由的内容

从内容上讲，人格自由包括保持人格自由和发展人格自由两方面的内容。保持人格自由是指民事主体无论将人格自由看作是一种权利，还是一种地位，都有保持自己人格自由的权利，同时也有此义务。近现代国家的民法典大都规定"任何人不得让与自己的自由"。人格可以说是作为人的资格，与生俱来，与人不可分离，主体只有保持自己的人格,才能成为独立的主体;发展人格自由指在民事主体尤其是自然人的生存期间,可以通过接受教育、不断深造、加强体育锻炼、增进修养等发展、完善自己的人格,使自己成为更健康更完美的人。

(三) 人格平等

一般人格权确立了这样一种观念,即一个人,不论其在社会上有何种政治地位、身份、财产,都平等地享有人格权,这些权利与个人的生命相伴随。在传统民法中,平等从来是与商品交换联系在一起的,然而商品交换瞬间的价值平等不能掩饰甚至替代事实上的不平等。为此,必须从人的共同特性中,构造出一个超越特定社会结构和经济结构的基本价值,这就是人格平等。法律面前人人平等,作为一种理念,指的是资格平等、机会平等,实质上就是人格平等。自然人、法人和其他组织在人格上具有平等性。当然,这种平等并不意味着在具体的民事法律关系中,每个当事人享有的具体民事权利和民事义务都是一样的。人格平等意味着每个人享有平等的机会,每个人都有权利用这个机会充分实现自己的价值。最终结果是否平等,取决于每个人的努力、能力、智力、身体状况及对各种机会的把握力、风险的防范力等。

(四) 人格尊严

这是一般人格权中最重要的内容,是指民事主体作为一个"人"所应有的最起码的社会地位并且受到他人和社会最起码的尊重。应该说,人格独立、人格平等是指人的客观地位、人格自由,指人的主观状态,那么人格尊严是一种主观认识和客观态度的结合。人格尊严具体包括如下内容:

1. 人格尊严是人的一种观念

人格尊严是民事主体对自身价值的认识,这种认识基于自己的社会地位、自身价值和自我感觉。从这个意义上讲,人格尊严具有主观因素。

2. 人格尊严是一种社会态度

人格尊严是这个社会中的具体的人对他人作为"人"应有的尊重,这种尊重是对"人"最起码的态度。这种态度与具体民事主体的能力、智商、社会地位、信用、资产不同,后面这些因素会因人而异,所以社会对具体民事主体的评价也会有高低区别。但是人格尊严中所包含的社会对"人"的最起码的尊重不应受这些具体因素的影响。也就是说,所有民事主体,在能力、智商、文化程度、信用、资产等方面肯定会存在差异,但所有民事主体所应得到的社会最起码的尊重应当是一样的。从这个意义上讲,人格尊严具有客观因素。

完整的人格尊严应当是上述两方面内容的完美结合。

第三节　各种具体的人格权

一、生命权

生命权是自然人享有的以维持其生命存在,保证其生命安全和生命尊严为基本内容的具体人格权。

（一）生命权的特征

（1）生命权以自然人的生命安全为客体。

（2）以维护人的生命活动的延续为其基本内容。

（3）保护的对象是人的生命活动能力。

（二）生命权的内容

1. 生命安全维护权

生命安全维护权是指自然人维护生命安全的权利。生命权请求权的首要内容是维护生命的安全延续。维护生命安全,是权利人保持其生命、防止他人危害其生命的权利内容。人可以依据维护生命安全的权利,防止他人非法侵害自己的生命,在环境对生命构成危险时,可以要求改变生命危险环境,保护生命安全。

2. 生命利益支配权

生命权是否包括生命利益支配权,实际上意味着生命权人可否处分自己的生命。我们对于为了社会公共利益、他人利益或个人气节而慷慨赴死、舍己救人的献身精神持褒奖态度,对于维护生命尊严的安乐死也逐渐持肯定态度。

二、健康权

健康权是自然人以自己的机体生理机能正常运作和功能完善发挥,维持人体生命活动的利益为内容的具体人格权。

（一）健康权的特征

（1）以人体的生理机能正常运作和功能的正常发挥为具体的内容。

（2）以维持人体的正常生命活动为根本利益。

（二）健康权的内容

1. 健康保护请求权

健康维护权的另一项重要内容,是当自然人健康权受到不法侵害时,享有法律保护的请求权,包括健康权请求权和健康权侵权请求权。健康权是绝对权、对世权,除权利主体外,其他任何人都负有不得侵害健康权的法定义务。

2. 健康享有权

健康享有权就是权利人享有保持其身体健康、发展其身体健康的权利。权利人对于自己的身体健康状况,依法享有权利,有权保持它,有权发展它。

3. 健康利益支配权

健康的支配属性,也是健康自我决定权的体现,权利人针对自己的健康状况具有自我决定权,意味着其可以通过各种体育活动提高健康水平,在生理机能、功能出现不正常状况即健康状况下降的时候,有请求医疗、接受医治的权利,使健康状况达到完好的状态或者恢复到原有状态。

三、身体权

身体权是自然人享有的维护其身体完整并支配其肢体、器官和身体组织的具体人格权。

（一）身体权的特征

身体权具有维护自然人身体的完整性以及对其身体的支配性。

（二）身体权的内容

1. 完整性身体保持权

保持身体完整权,就是自然人对自己的身体的完整性,享有保持的权利,禁止任何人侵害身体,破坏身体的完整性。身体的完整性,包括两个方面:一是身体的实质完整性,是指身体的实质组成部分不得残缺;二是身体的形式完整性,是指身体的组成部分不得非法接触。

2. 对自己身体组织部分的肢体、器官和其他组织的支配权

身体利益支配权,是指自然人对自己的身体组成部分在法律准许的情况下,有适当的支配权,可以对自己的身体组成部分进行适当的处置。一是自然人对自己的血液、体液、毛发等附属部分,有处置的权利,依照自己的意志进行支配。二是自然人对自己的器官,也可以有限度地捐献给他人,救助他人的生命。三是生前留下遗嘱,死后将自己的遗体或者角膜捐献给医疗机构、医疗教学机构和眼库,进行医学研究教学或者为他人救治疾病。

四、姓名权

姓名权是自然人决定、使用和依照规定改变自己的姓名并维护姓名利益的具体人格权。自然人享有姓名权,有权依法决定、使用、变更或者许可他人使用自己

的姓名,但是不得违背公序良俗。

（一）姓名权的特征

姓名权是自然人决定使用和依照规定改变自己姓名的权利。

（二）姓名权的内容

1. 姓名决定权

自然人有权决定自己的姓名。由于人出生即要命名,而权利人无法自己行使这一权利,因而由其亲权人行使命名权。子女不能选择第三姓,只能随父姓或者随母姓,除非有极为特殊情况,经过特殊的批准。自然人有自我命名权,自然人有选择自己别名的权利,可以根据自己的意志和愿望,给自己确定本名以外的笔名、艺名以及其他相应的名字,任何人不得干涉。

2. 姓名使用权

姓名权人有权使用自己的姓名,用以区别自己与其他自然人的不同,确定自己的主体地位,实施民事法律行为。

3. 姓名变更权

自然人对自己的姓名可以进行变更,不过通常变更的是名,而不是姓,变更姓氏须有特别理由,且变更姓名时须作变更姓名的登记。

五、名称权

名称权是法人和非法人组织依法享有的决定、使用、变更或者依照法律规定许可他人使用自己名称并排除任何组织和个人非法干涉、盗用或者冒用的具体人格权。

（一）名称权的特征

名称权是自然人以外的民事主体依法享有的决定、使用、改变、转让自己的名称并排除他人非法干涉的一种人格权。

（二）名称权的内容

1. 名称决定权

即决定自己的名称,法人、非法人组织在设立时,享有命名权,对法人或者非法人组织决定名称,并依法进行登记,即享有名称权。

2. 名称使用权

即使用自己的名称,法人、非法人组织取得名称就是为了使用,以标表自己的人格与其他主体的人格上的区别,进行民事活动,取得民事权利,履行民事义务。

3. 名称变更权

即变更自己的名称,法人、非法人组织认为确有必要的,可以改变自己的名称,须依照法律规定进行变更登记。

4. 名称转让权

名称转让后,原名称权人丧失名称权,不得继续使用;受让人成为该名称的权利人,享有专有使用权及名称权的一切权利。这是名称权与其他人格权的最大不同。

六、肖像权

肖像权是自然人以在自己的肖像上所体现的人格利益为内容享有的制作、使用、公开以及许可他人使用自己肖像的具体人格权。

（一）肖像权的特征

(1) 肖像权所体现的基本利益,主要是精神利益。

(2) 肖像权还体现一定的物质利益。

(3) 肖像权是自然人专有的民事权利。

(4) 肖像权的客体即肖像具有可重复利用性和再生性。

（二）肖像权的内容

1. 肖像制作权

权利人可以依照自己的意愿,通过多种艺术表现形式制作自己的肖像,如自拍。

2. 肖像维护权

肖像维护权是关于维护权利人的肖像完整、维护肖像利益不受侵犯的权利内容。这个权利内容分为三个部分：一是维护肖像的完整、完善,任何人不得对民事主体的肖像进行侵害。二是维护肖像权中的肖像精神利益不受侵害。亵渎性地使用他人肖像,构成对肖像权人精神利益的侵害。三是维护肖像权中的物质利益,肖像权中包含的任何物质利益都归属于权利人本人,他人不得侵害,任何人未经许可,对权利人的肖像进行商业性的开发、使用,都构成侵权行为。

3. 肖像使用权

权利人可以对自己的肖像,依照自己的意愿决定如何使用,如自我欣赏。

七、名誉权

名誉权是自然人和法人、非法人组织就其自身属性和价值所获得的社会评价,享有的保有和维护的具体人格权。

（一）名誉权的特征

(1) 名誉权的主体包括所有民事主体。

(2) 名誉权的客体是名誉利益。

(3) 名誉权不具有财产性,但与财产利益有关系。

（二）名誉权的内容

1. 名誉保有权

由于名誉是一种客观的社会评价,权利人无法以主观的力量人为地去改变它、支配它,只能对已获得的名誉予以保有。

2. 名誉维护权

名誉权人依据人格权请求权,对于自己的名誉有权予以维护。一方面,对于其他任何人有不得妨害的不作为请求权,任何人都负有不得侵害名誉权的法定义务。另一方面,对于妨害名誉权的行为人,名誉权人基于人格权请求权和侵权请求权,可以寻求司法保护,要求司法机关对侵权人进行民法制裁,同时对自己遭受损害的权利进行救济。

3. 名誉利益支配权

民事主体可以利用自己良好的名誉,与他人进行广泛的交往,使自己获得更好的社会效益和财产效益,名誉利益的支配权不包括抛弃权、处分权。

八、人身自由权

人身自由权与人格自由不同,不是一般人格权,而是自然人在法律规定的范围内,按照自己的意志和利益进行行动和思维,人身不受约束、控制和妨碍的具体人格权,是自由型人格权的一种,其客体是人身自由。

（一）人身自由权的特征

人身自由权是自然人享有的具体人格权,权利人之外的其他任何人,包括自然人、法人和非法人组织,都对权利人的人身自由权负有义务,即不可侵义务。

（二）人身自由权的内容

1. 行为自由权

即自然人的行动自由支配,不受他人约束、控制和妨碍的权利。

2. 意志自由权

即自然人的思维自由支配,不受他人约束、控制和妨碍的权利。思维自由权也称作精神自由权。

九、荣誉权

荣誉权的客体是荣誉。荣誉是特定民事主体在社会生产、社会活动中有突出表现或者突出贡献而受到政府、单位、团体等组织的积极、肯定的正式评价。荣誉利益中,不仅包括精神利益,而且包括财产利益,如给予特定民事主体荣誉,不仅包括精神嘉奖,还包括物质奖励。

(一)荣誉权的特征

1. 社会评价

名誉是社会评价,它的来源是公众或者是一般的舆论,既包括积极的褒奖,也包括消极的批评、贬损,还包括不含有褒贬色彩的中性评价。而荣誉的评价必须是积极的、褒扬性的评价。

2. 正式评价

荣誉必须是社会组织的正式评价。其授予或撤销、剥夺必须程序化,严格依照法定的或者议定的程序进行。

(二)荣誉权的内容

1. 荣誉保持权

荣誉保持权是民事主体对获得的荣誉保持归己享有的权利。包括两项内容:一是对获得的荣誉保持归己享有,二是要求荣誉权人以外的任何其他人负有不得侵害的义务。

2. 荣誉利益支配权

荣誉利益支配权是荣誉权人对其获得荣誉中精神利益的自主支配权。荣誉权的精神利益指荣誉权人因获得荣誉而享有的受到尊敬、敬仰、崇拜以及荣耀、满足等精神待遇和精神感受。

3. 物质利益获得权

物质利益获得权就是权利人对于荣誉附随的物质利益所享有的法定取得的权利。

4. 物质利益支配权

对于荣誉的一般物质利益的支配权是完整支配权,它的性质是所有权,即自物权。权利人享有完全的占有、使用、收益、处分权能,权利人对其所有的这些物质利益完全自主支配,不受任何拘束,只需符合法律关于所有权行使的一般规定。

十、隐私权

隐私权是自然人享有的人格权,是自然人享有的对与公共利益无关的私人空间、私人活动、私人信息等私生活安全利益自主进行支配和控制、不受他人侵扰的具体人格权。

（一）隐私权的特征

1. 具有专属性

"隐"指权利人不愿意将其公开，"私"指纯粹是个人的，与公共利益、群体利益无关。

2. 具有秘密性

隐私是自然人的私人生活安宁和不愿为他人知晓的私密空间、私密活动、私密信息。

3. 具有可放弃性

隐私权的保护范围受公共利益的限制。当隐私权与公共利益发生冲突时，应当依公共利益的要求进行调整。

（二）隐私权的内容

（1）对自己的隐私进行隐瞒，不为他人所知的权利；

（2）对自己的隐私享有积极利用，以满足自己的精神、物质等方面需要的权利；

（3）对自己的隐私享有支配权，只要不违背公序良俗即可。

《民法典》对侵害隐私权行为做了列举性规定：一是以电话、短信、即时通信工具、电子邮件、传单等方式侵扰他人的私人生活安宁；二是进入、拍摄、窥视他人的住宅、宾馆房间等私密空间；三是拍摄、窥视、窃听、公开他人的私密活动；四是拍摄、窥视他人身体的私密部位；五是处理他人的私密信息；六是以其他方式侵害他人的隐私权。

十一、个人信息保护

自然人的个人信息受法律保护。个人信息是以电子或者其他方式记录的能够单独或者与其他信息结合识别特定自然人的各种信息，包括自然人的姓名、出生日期、身份证件号码、生物识别信息、住址、电话号码、电子邮箱、健康信息、行踪信息等。

（一）个人信息处理的限制

个人信息的处理包括个人信息的收集、存储、使用、加工、传输、提供、公开等。处理个人信息的，应当遵循合法、正当、必要原则，不得过度处理，并符合下列条件：

（1）征得该自然人或者其监护人同意，但是法律、行政法规另有规定的除外；

(2) 公开处理信息的规则;

(3) 明示处理信息的目的、方式和范围;

(4) 不违反法律、行政法规的规定和双方的约定。

(二) 处理个人信息的免责事由

处理个人信息,有下列情形之一的,行为人不承担民事责任:

(1) 在该自然人或者其监护人同意的范围内合理实施的行为;

(2) 合理处理该自然人自行公开的或者其他已经合法公开的信息,但是该自然人明确拒绝或者处理该信息侵害其重大利益的除外;

(3) 为维护公共利益或者该自然人合法权益,合理实施的其他行为。

(三) 个人信息的决定权

(1) 自然人可以依法向信息处理者查阅或者复制其个人信息;发现信息有错误的,有权提出异议并请求及时采取更正等必要措施。

(2) 自然人发现信息处理者违反法律、行政法规的规定或者双方的约定处理其个人信息的,有权请求信息处理者及时删除。

(四) 个人信息安全和保密义务

(1) 信息处理者不得泄露或者篡改其收集、存储的个人信息;未经自然人同意,不得向他人非法提供其个人信息,但是经过加工无法识别特定个人且不能复原的除外。

(2) 信息处理者应当采取技术措施和其他必要措施,确保其收集、存储的个人信息安全,防止信息泄露、篡改、丢失;发生或者可能发生个人信息泄露、篡改、丢失的,应当及时采取补救措施,按照规定告知自然人并向有关主管部门报告。

(3) 国家机关、承担行政职能的法定机构及其工作人员对于履行职责过程中知悉的自然人的隐私和个人信息,应当予以保密,不得泄露或者向他人非法提供。

【案情一】 原告齐玉苓与被告陈晓琪均是被告山东省滕州市第八中学(以下简称滕州八中)的90届应届初中毕业生,当时同在滕州八中驻地滕州市鲍沟镇圈里村居住,两人的相貌有明显差异。齐玉苓在90届统考中取得441分的成绩,虽未达到被告济宁市商业学校(以下简称济宁商校)当年统一招生的录取分数线,但超过了委培生的录取分数线。当年录取工作结束后,济宁商校发出了录取齐玉苓为该校90级财会专业委培生的通知书,该通知书由滕州八中转交。

被告陈晓琪在1990年中专预选考试中,因成绩不合格,失去了继续参加统考的资格。为能继续升学,陈晓琪从被告滕州八中处将原告齐玉苓的录取通知书领走。陈晓琪之父、被告陈克政为此联系了滕州市鲍沟镇政府作陈晓琪的委培单位。陈晓琪持齐玉苓的录取通知书到被告济宁商校报到时,没有携带准考证;报到后,以齐玉苓的名义在济宁商校就读。陈晓琪在济宁商校就读期间的学生档案,仍然是齐玉苓初中阶段及中考期间形成的考生资料,其中包括贴有齐玉苓照片的体格检查表、学期评语表以及齐玉苓参加统考的试卷等相关材料。陈晓琪读书期间,陈克政将原为陈晓琪联系的委培单位变更为中国银行滕州支行。1993年,陈晓琪从济宁商校毕业,自带档案到委培单位中国银行滕州支行参加工作。

被告陈克政为使被告陈晓琪冒名读书一事不被识破,曾于1991年中专招生考试体检时,办理了贴有陈晓琪照片并盖有"山东省滕州市招生委员会"钢印的体格检查表,还填制了贴有陈晓琪照片并加盖"滕州市第八中学"印章的学期评语表。1993年,陈克政利用陈晓琪毕业自带档案的机会,将原齐玉苓档案中的材料抽出,换上自己办理的上述两表。目前在中国银行滕州支行的人事档案中,陈晓琪使用的姓名仍为"齐玉苓",陈晓琪一名只在其户籍中使用。

经鉴定,被告陈克政办理的体格检查表上加盖的"山东省滕州市招生委员会"钢印,确属被告滕州市教育委员会(以下简称"滕州教委")的印章;学期评语表上加盖的"滕州市第八中学"印章,是由被告滕州八中的"滕州市第八中学财务专章"变造而成。陈克政对何人为其加盖上述两枚印章一节,拒不陈述。1999年1月29日,得知真相的齐玉苓以侵害其姓名权和受教育权为由,将陈晓琪、济宁市商业学校、滕州市第八中学和滕州市教委告上法庭,要求其停止侵害、赔礼道歉并赔偿经济损失16万元和精神损失40万元。

1999年,枣庄市中级人民法院一审判决陈晓琪停止对齐玉苓姓名权的侵害、赔偿精神损失费35万元,并认定陈晓琪等侵害齐玉苓受教育权的主张不能成立。

原告不服,向山东省高级人民法院提起上诉。在该案二审期间,山东省高级人民法院向最高人民法院递交了《关于齐玉苓与陈晓琪、陈克政、山东省济宁市商业学校、山东省滕州市第八中学、山东省滕州市教育委员会姓名权纠纷一案的请示》。2001年8月13日,最高人民法院根据山东省高级人民法院的请示,作出《关于以侵犯姓名权的手段侵犯宪法保护的公民受教育的基本权利是否应当承担民事责任的批复》,认定"陈晓琪等以侵犯姓名权的手段,侵犯了齐玉苓依据宪法规定所享有的受教育的基本权利,并造成了具体的损害后果,应承担相应的民事责任"。2001年8月24日,山东省高级人民法院据此作出二审判决:陈晓琪停止对齐玉苓姓名权的侵害;齐玉苓因受教育权被侵犯而获得经济损失赔偿48 045元及精神损失赔偿5万元。

【问题】 陈晓琪等的行为是否侵害了齐玉苓的受教育权以及姓名权?

【法律规定】 自然人的姓名权,就是自然人决定、使用和依照规定改变自己姓名的权利,是自然人所享有的一项重要人格权。采取盗用、假冒、非法干涉、不当使用等方式,侵害他人姓名权的,构成侵权行为。侵害姓名权的主要方式,就是盗用和假冒,凡是盗用他人姓名的,都构成侵权行为。非法干涉、不当使用他人姓名的,也构成侵权行为。

构成侵害姓名权民事责任,须具备以下四个要件:一是侵害姓名权的违法行为一般由作为的方式构成。如盗用、冒用、非法干涉他人姓名的行为,均须以作为的方式实施,不作为不构成此种侵权行为。以不作为方式侵害姓名权,只存在应使用而不使用他人姓名的场合,范围很小。二是侵害姓名权的损害事实,以盗用、冒用他人姓名、干涉他人行使姓名权、不使用他人姓名的客观事实确凿,不必具备特别的损害事实,如精神痛苦、感情创伤等。因而,受害人只要证明侵害姓名权的行为为客观事实,即为举证责任完成,无须证明侵害姓名的事实已为第三人所知悉。三是由于侵害姓名权的违法行为和损害事实合一化的特点,因而两者之间的因果关系无须加以特别证明。四是侵害姓名权的主观过错,必须为故意,过失不构成侵害姓名权。过失造成与他人姓名混同,不认为是侵害姓名权,因为命名权为姓名权的基本内容,权利主体有权决定使用什么样的姓名。但是,如果故意使用姓名混同方法达到某种目的的,则为侵害姓名权。

【法律运用及结果】 从侵权行为法的角度,这也是一个典型的侵害姓名权损害赔偿的案件。假冒他人姓名,不仅是未经姓名权人的同意而使用其姓名,而且还冒充该姓名权人行事。本案是一起典型的假冒他人姓名侵害姓名权案件,符合侵害姓名权的责任构成,被告应当承担侵权责任。第一,被告陈晓琪冒用原告齐玉苓的姓名进入济宁商校学习,这也是被告陈晓琪本人承认的事实,这显然是侵害原告姓名权的违法行为;第二,正是被告侵害姓名权的违法行为,对原告造成了很大损害,使得原告丧失了受教育的机会,也使得原告在精神方面受到损害;第三,被告侵害姓名权的行为与原告的损害具有相当因果关系,没有被告的行为,原告就不会受到这些损害;第四,很明显被告陈晓琪、陈克政、滕州八中、滕州教委在主观方面是一种故意,济宁商校在主观上是一种过失。可见被告的行为符合侵害姓名权精神损害赔偿责任的构成要件,应当承担精神损害赔偿责任。

侵害姓名权应当承担的责任方式,是停止侵害、赔礼道歉、消除影响、赔偿损失。在侵害姓名权的侵权责任中,这几种责任方式都是可以采用的,并且更侧重于对精神利益的保护。本案的处理在责任方式方面非常全面,具有典型意义。第一,在精神利益损害赔偿上,原告由于被告侵害姓名权的行为造成自身精神利益损害。终审法院判决陈晓琪、陈克政、济宁商校、滕州八中、滕州教委于收到本判决书之日起10日内,赔偿齐玉苓精神损害费5万元,一定程度上补偿了原告的精神损害。第二,在财产利益损害的赔偿上,原告由于被告的侵害姓名权行为,在财产方面受到了直接的和间接的损失。终审法院判决陈晓琪、陈克政于收到本判决书之日起10日内,赔偿齐玉苓因受教育的权利被侵犯受到的直接经济损失7 000元,济宁商校、滕州八中、滕州教委承担连带赔偿责任;判决陈晓琪、陈克政于收到本判决书之日起10日内,赔偿齐玉苓因受教育的权利被侵犯遭受的间接经济损失(按陈晓琪以齐玉苓名义领取的工资扣除最低生活保障费后计算,自1993年8月计算至陈晓琪停止使用齐玉苓姓名时止;即从1993年8月至2001年8月,共计41 045元),济宁商校、滕州八中、滕州教委承担连带赔偿责任。第四,在非财产责任方式的适用上,由于被告侵害原告姓名权的行为直到诉讼时仍然在继续,所以,一审法院在责任方式上判决被告陈晓琪停止对原告齐玉苓姓名权的侵害。此外,基于被告侵害原告姓名权的影响,为使原告得到抚慰,一审法院还判决被告陈晓琪、陈克政、济宁商校、滕州八中、滕州教委向原告齐玉苓赔礼道歉。

在侵权责任竞合方面,本案也有一定的代表意义。根据最高人民法院的批复,本案中被告的侵权行为还是对原告齐玉苓受教育权的侵害,因此,本案存在侵害姓名权与侵害受教育权的竞合。

(案例改编自侵权责任案例分析,http://wenku.baidu.com/view/f29fd501a6c30c2259019e80.html)

【案情二】 2001年3月20日,被告作家出版社所属的《作家文摘》刊登了文章《音乐家刘炽与李容功38年婚外婚内情》。原告即文中所涉及的著名音乐家刘炽的前妻柳春认为,该文对原告与刘炽的婚姻与感情生活加以歪曲和捏造,文中有大量对原告及其家庭进行侮辱和诽谤的文字,诸如原告对刘炽"以刀相向""刘炽被刺""浪迹天涯",等等。该文严重损害了原告及其家人的名誉。原告认为被告作为大众媒体,对其刊登的文章不经核实、任意编发,严重侵犯原告的名誉权,故请求法院判令被告承担侵权责任,在全国报刊上向原告公开赔礼道歉、全面消除影响,并给付精神损害赔偿金10元。

而被告辩称,《作家文摘》刊发的文章,并未构成对原告名誉权的侵害。《作家文摘》是由国家新闻出版署批准并由中国作家协会主管的文艺类报纸,可以摘发境内任何一家经合法登记注册的期刊、报纸上的有关文艺类文章而不需要向被摘发的刊物、报纸核实,遵循的原则就是文责自负。《作家文摘》摘发的文章没有贬损刘炽及原告柳春名誉权的主观故意。且文章的内容都是被采访者李容功的叙述,并有刘炽生前的信件为证,均属事实。

法院经审理认为:本案原告所列举文章中的内容,是该文章作者根据被访者李容功的叙述书写,庭审中被采访者李容功的证言表明上述内容除个别时间有误外,其他均属实。文章中虽使用了一些形象化的言辞,有些言辞的使用也不够恰当,但这些言辞都不会给一般公众留下含有横暴无理色彩的认识。

法院还认为,被告作为传媒性单位,尽管其"摘发境内任何一家经合法登记注册的期刊、报纸上的文艺类文章无须核实"的辩解有悖于法,但传媒性单位构成名誉侵权的前提是其疏于审查,未尽到审慎注意之义务,致使具有侵犯他人名誉权内容的文章得以刊登。法院在判决中指出,名誉与名誉感是不同的,名誉是公众对公民或法人的综合社会评价,名誉感是主体自我的主观感受。原告认为《音乐家刘炽与李容功38年婚外婚内情》文章中相关内容把其丑化成伤残丈夫的恶人,用省略号让读者任意想象,对非法同居予以宣扬是对其的侮辱;诽谤其不讲卫生,暗示其对刘炽生活照顾不周,都是其个人的主观感受,属于名誉感的范畴。名誉感并不属于名誉权的保护之列。

北京市东城区人民法院于2003年9月4日一审宣判,驳回原告的诉讼请求。

一审宣判后,原告不服,提起上诉。

【问题】 支配个人的隐私同时又涉及他人隐私的保护,对此究竟应当怎样进行法律协调的问题。

【法律规定】 按照隐私权保护的基本规则,任何人都有自己的隐私权,隐私权就是自然人支配自己隐私的权利,权利人对于自己的隐私,愿意隐瞒就隐瞒,愿意公布就公布。但是,行使自己的隐私权有一个界限:隐瞒自己的隐私,守卫自己的隐私,不得违反公共利益,当向你调查犯罪行为而你借口隐私而予以隐瞒,就不是行使隐私权的问题了;宣扬自己的隐私,诉说自己的隐私,不得侵害他人的权利,侵害他人的权利,也构成侵权行为。

【法律运用及结果】 在很多场合和情况下,一个人的隐私是与他人的隐私相关联的,如所谓"第三者"的隐私,就一定会涉及"第一者"和"第二者"的隐私,讲述其中一个人的故事,就会涉及另外两个人的隐私。相关隐私,就是指涉及两个以上的人的隐私的隐私。"第三者"讲述自己的故事,必然会涉及相对应的另外两个关系人的隐私。如果处理不当,就会发生侵权后果。

相关隐私不是"家庭隐私权","家庭隐私权"的概念是不存在的,因为它不是法律上的概念。一个家庭可能会有自己的"集体隐私",但是,由于家庭不是民事主体,不具有民事权利能力,所以它不享有隐私权。相关隐私,是民事主体之间有着共同内容的隐私。对于这种隐私,不是由一个隐私权来保护的,而是由各个人自己的隐私权保护。对于涉及自己的那一部分隐私,自己都有权进行支配和保护。因此,相关隐私也不是相关隐私权或者集体隐私权。

与相关隐私有关的民事主体对于属于自己的那一部分隐私有权进行支配。讲述自己的故事,支配自己的隐私,都是在行使自己的权利,不会受到非法干涉和限制,如果存在非法干涉和限制,也是侵害隐私权。但是任何人在行使自己的权利时,不能牺牲或者侵害他人的隐私,不能侵害他人的权利。在相关隐私中,一个人行使自己的隐私权,支配自己的隐私利益,应当很好地保护他人的隐私,使有着相关隐私关系人的隐私权不会因此而受到侵害。如果在行使自己的隐私权支配相关隐私时,没有尽到保护相关隐私的关系人的隐私权不受侵害的义务,那么他就要承担侵权责任。这种保护义务就是对相关隐私关系人的保护注意义务,应当以高度的注意程度谨慎行事。未尽这种保护义务,造成相关隐私关系人的权利损害的,应当承担侵权责任。

因此,处理涉及相关隐私的侵权行为时,应当注意三个问题:

第一,处置自己的隐私涉及相关隐私时,应当征得相关隐私关系人的同意。以别人写给自己的书信为依据写的回忆录,双方对此都愿意公开,那么一方自己写作回忆录,说到信中涉及的隐私问题,不会造成侵权的结果。如果对方不同意公开,写作者却硬要写出来,那也是对相关隐私关系人隐私权的侵害,也构成侵权。如果这封信或者这些信还涉及第三人的隐私,那就不仅仅要征求对方的意见,还要征求涉及的第三人对于相关隐私的意见。如果不征求对方和第三人的意见,那就要处理好,凡是涉及对方和第三人的隐私问题都要处理好,不能泄露他人的隐私。违反相关隐私的保护注意义务,造成对方或者第三人的隐私权损害的,都构成侵权。

第二,处理相关隐私的案件,最基本的原则就是行使自己权利的时候不能侵害他人的权利。没有征得相关隐私关系人即隐私权人的同意,不能就这样的隐私进行描写,进行描写也必须隐去他人的隐私,只能暴露或者公布自己的隐私部分,否则构成侵权。

第三,在对已经去世的名人的回忆中,也应当保护他们的隐私利益,不得非法侵害。他们的人格利益受到侵害,法律确认由其近亲属作为保护人,有权进行保护,可以在受到侵害后提出追究侵权责任的请求。

细究之下,本案应当为因相关隐私侵害隐私权的行为,为此原告有权以侵害隐私权为由请求被告承担损害赔偿责任。

(案例改编自侵权责任案例分析之侵害他人相关隐私,行为人应否承担侵权责任?http://wenku.baidu.com/view/f29fd501a6c30c2259019e80.html)

【案情三】 2000年4月22日原告高彬和朋友去北京市朝阳区工体东路一家由被告北京敦煌餐饮有限责任公司(以下简称敦煌公司)开办的TheDen酒吧。中间她因有事出了一次门,但当她想再次进入该酒吧时,与服务员发生了争执。服务员说:"顾客太多了,要控制消费人数。"然而,后面来的人却源源不断地又进了酒吧。4月29日晚,高彬第二次来到这家酒吧。刚进门,两个门卫就挡住了她的去路。在高小姐的一再追问下,门卫说:"你就是我们要禁止入内的人。"4月30日,高彬的朋友道格拉斯先生和另外两位朋友决心试探这家酒吧,结果高彬又被拦在门外,朋友们返身回来把她夹在中间才得以进入。高彬只是象征性地在酒吧里待了3分钟就转身离去了。2000年7月,原告向北京市朝阳区人民法院提起诉讼。原告诉称,酒吧工作人员的行为侵害了其人格尊严权,给其造成了极大的精神伤害,要求被告赔偿精神损失费5万元及交通费、查询费等经济损失2847元,并公开赔礼道歉。

一审法院判决被告向高彬书面赔礼道歉,赔偿高彬交通费、复印费、咨询费40 350元、精神损失费4 000元。

被告敦煌公司不服一审判决,上诉至北京市第二中级人民法院。二审法院审理后认为,敦煌公司的保安在拒绝高彬进入酒吧时具有容貌歧视的主观意识,构成了对高彬人格权的侵害。事发后高彬再次去酒吧,又被拒于门外,使高彬自主选择服务经营者的权利受到侵害。但是敦煌公司的侵权行为情节轻微,赔礼道歉并负担高彬的合理支出已经足以抚慰其精神损害,所以撤销了一审中判赔的精神损失费。

【问题】 人格尊严受到侵害,如何确定责任?

【法律规定】 最高人民法院《关于确定民事侵权精神损害赔偿责任若干问题的解释》第十条第一款的规定:"精神损害的赔偿数额根据以下因素确定:(一)侵权人的过错程度,法律另有规定的除外;(二)侵害的手段、场合、行为方式等具体情节;(三)侵权行为所造成的后果;(四)侵权人的获利情况;(五)侵权人承担责任的经济能力;(六)受诉法院所在地平均生活水平。"

【法律运用及结果】 本案在社会上引起了极大关注,引发了一些有关歧视的讨论。实际上,本案涉及的主要是对人格尊严的侵害,对此应当从侵权行为法理上进行分析,以准确认定有关责任。人格尊严是一般人格权的基本内容之一,也是基本人格权中人格尊严、人格独立、人格自由三大利益中最重要的利益。人格尊严是一个极抽象的概念,并非如有的著作所说的"人格尊严是每个自然人对自己的社会地位、社会价值的自我认识和自我评价",而是指民事主体作为一个"人"所应有的、最起码的社会地位并且应受到社会和他人最起码的尊重。换言之,所谓人格尊严,即把人真正当成"人"。因此,无论自然人职业、职务、政治立场、宗教信仰、文化程度、财产状况、民族、种族、性别有何差别,其人格尊严是相同的,绝无高低贵贱之分。

人格尊严在性质上，与人格独立、人格自由并不相同。人格独立是人的客观地位，人格自由是人的主观状态，而人格尊严则是一种主观认识与客观评价的结合。

第一，人格尊严是一种人的观念，是自然人、法人对自身价值的认识。这种认识基于自己的社会地位和自身价值，它来源于自身的本质属性，并表现为自己的观念认识。因而，人格尊严具有主观的因素。

第二，人格尊严具有客观的因素。这种客观的因素是他人、社会对特定主体作为人的尊重，是一种对人的价值的评价，但与名誉这种社会评价不同，它是对一个人最起码的做人资格的评价，评价的内容不是褒贬，而是把人真正作为一个人所应具有的尊重。因而无论人的各种属性、状态有何不同，对其尊严的评价都无任何不同之处。

第三，人格尊严是人的主观认识和客观评价的结合。它既包括自我认识的主观因素，也包括社会和他人的客观评价和尊重，这两种因素结合在一起，才构成完整的人格尊严。人格尊严是一般人格权客体即一般人格利益的基础。在法律适用中，应当依据人格尊严解释各项具体人格权，创造新的具体人格权，以及补充不被具体人格权所涵括的一般人格利益。如对于在实务上和理论上所争论的侵害肖像权的营利目的是否为必要构成要件的问题，只要弄清人格尊严是各项具体人格权的基础，则必然得出营利目的不是侵害肖像权责任构成的必要条件，就不会舍本逐末，硬要去强调侵害肖像权的构成必须具备营利目的的要件，使对肖像权的法律保护走上歧途。

显而易见，被告开办的酒吧因原告容貌丑陋就拒绝其进入消费，这与其经营性质不符，也违反了《宪法》《民法典》《消费者权益保护法》等法律关于人格尊严的具体规定，是一种侵害原告人格尊严的违法行为。正是由于被告故意地拒绝原告进入酒吧，致使原告的人格尊严受到侵害，造成原告精神利益受损，对此被告应当承担相应的责任。对于侵害人格尊严的行为，应当主要适用精神损害赔偿的责任方式，对受害人进行法律救济。关于精神损害赔偿金的具体计算方法，应当遵循精神损害赔偿的一般原则、方法，根据最高人民法院《关于确定民事侵权精神损害赔偿责任若干问题的解释》第十条第一款的规定，由审理法官合理确定精神损害赔偿数额。令人遗憾的是，本案一审法院判决被告向原告给付4 000元精神损害费，二审法院却对此予以撤销，这对受害人的损害无法完全填补。

当然,对侵害人格尊严造成受害人财产损害的,也应当予以赔偿,本案一审、二审都对此予以确认,判决被告向原告给付合理支出的费用。此外,在侵害人格尊严时,除了对财产损失进行赔偿,以及利用精神损害赔偿金的形式进行赔偿以外,停止侵害、消除影响和赔礼道歉等非财产责任方式也有适用的余地,而且还具有重大的意义。本案一审、二审都判决被告向原告赔礼道歉,这有利于缓和当事人之间的矛盾,也有利于平复受害人的精神痛苦。

(案例改编自侵权责任案例分析之容貌丑陋进酒吧被拒,消费者何种权利被侵害?http://wenku.baidu.com/view/f29fd501a6c30c2259019e80.html)

【本章思考题】

一、案例思考题

1. 案情:某媒体未征得艾滋病患者孤儿小兰的同意,发表了一篇关于小兰的报道,将其真实姓名、照片和患病经历公之于众。报道发表后,隐去真实身份开始正常生活的小兰再次受到歧视和排斥。

问题:该媒体侵犯了小兰哪些权利?

2. 案情:某市国土局一名前局长、两名前副局长和一名干部因贪污终审被判有罪。薛某在当地晚报上发表一篇报道,题为《市国土局成了贪污局》,内容为上述四人已被法院查明的主要犯罪事实。该国土局、一名未涉案的副局长、被判缓刑的前局长均以自己名誉权被侵害为由起诉薛某,要求赔偿精神损害。

问题:三原告的诉讼主张是否成立?

二、简答思考题

1. 简述各种具体的人格权。
2. 简述肖像权的概念和特征。
3. 简述个人信息保护权的具体内容。

第五章 婚姻家庭

教 学 要 求

本章在概述《民法典》婚姻家庭编的调整对象、特征以及基本原则的基础上,论述了无效婚姻和可撤销婚姻的情形;夫妻在家庭中的主要权利和义务,包括共同财产、个人财产、共同债务以及父母子女关系和其他近亲属关系。在夫妻离婚一节中,主要介绍了两种离婚的方式以及离婚后子女、共同财产等处理法律规定;也介绍了收养关系如何成立、收养后会产生什么法律效力以及如何解除收养关系等内容。

第一节 一 般 规 定

一、婚姻家庭编概述

(一)婚姻家庭编的调整对象

《民法典》的婚姻家庭编,调整的是整个婚姻家庭成员之间的权利和义务,包括结婚、离婚、亲子关系、其他家庭成员权利义务以及收养制度。自然人是婚姻家庭关系的主体,对自然人的婚姻家庭关系进行法律调整,最终实现自然人在婚姻家庭领域的人权和家庭和谐。婚姻家庭关系是一种最广泛、最普遍的民事关系,任何自然人,无论其性别、年龄、婚否、有无子女,都是婚姻家庭法律关系的主体,都要受婚姻家庭法律的约束。

(二)婚姻家庭编的特征

1. 婚姻家庭编是规范亲属之间身份关系的法律

《民法典》第一千零四十五条规定了亲属的范围:"包括配偶、血亲和姻亲。配偶、父母、子女、兄弟姐妹、祖父母、外祖父母、孙子女、外孙子女为近亲属。配偶、父母、子女和其他共同生活的近亲属为家庭成员。"

2. 婚姻家庭编是具有习俗性和伦理性的法律

在婚姻家庭关系中,自然人都受其所处国家的环境、风俗、人情、习惯的影响,各有其传统。所以,婚姻家庭编具有习俗性。婚姻家庭也不是简单的民事契约,而是一个完整的家庭伦理大厦。亲属身份关系的伦理色彩极为浓厚,无论何种亲属地位和权利义务关系,都须在必要的伦理范围之内,亲属上的权利必须与义务密切结合,体现纲常伦理,不能只强调权利而忽视义务。

3. 婚姻家庭编是基于自然的血缘关系而形成的社团

团体性亲属身份关系是以夫妻、亲子、其他近亲属的超越个人而结合的亲属团体,在其间固定亲属的身份地位,发生权利义务关系。

4. 婚姻家庭编是强行法、普通法

自然人的身份行为不同于一般民事法律关系,不能人为地附加条件和期限。但是,一旦确立了身份关系,比如结婚,那就要受制于婚姻家庭法律的约束。因此,婚姻家庭编的基本内容是强行法,表现在亲属身份的法律要件以及所生的法律效力,都为定型的、强制性的。婚姻家庭编对于全体自然人而言,除了少数民族自治地区可以规定变通办法之外,其他地区一律适用,因此是普通法。

二、婚姻家庭编的基本原则

(一) 婚姻家庭受国家保护原则

家庭是亲属存在的基本单位。家庭关系的稳固对于家庭成员乃至整个社会都具有重要意义。《民法典》第一千零四十一条第一款规定:"婚姻家庭受国家保护。"此原则是《民法典》新增内容,弥补了原《婚姻法》主要规范的是婚姻关系、对家庭关系重视不够的问题,有利于体现国家对婚姻家庭的重视和保护。

(二) 婚姻自由原则

婚姻自由包括结婚自由和离婚自由,是指自然人依照法律规定行使结婚或者离婚不受拘束、不受控制、不受非法干预的权利。

《民法典》第一千零四十二条第一款规定:"禁止包办、买卖婚姻和其他干涉婚姻自由的行为。禁止借婚姻索取财物。"该规定正是婚姻自由原则的体现。包办婚姻,是指第三方(包括父母在内)违背男女双方的意愿,强迫他人(包括子女)结婚的违法行为。买卖婚姻,是指第三方(包括父母)以索取大量财物为目的,强迫他人婚姻的违法行为。两者的区别在于是否以索取一定的财物为目的,包办婚姻只是违背婚姻自由原则但不索取财物,而买卖婚姻则主要是为了索取财物而强迫他人婚姻的行为。其他干涉婚姻自由的行为就是指包办买卖婚姻以外的各种干涉婚姻自由的行为,比如阻挠那些法律并没有禁止近亲婚的同姓男女结婚等。借婚姻索取财物,主要指婚姻当事人一方向对方索要一定的财物,以此作为结婚条件的行为,其与买卖婚姻不同点,一是索取财物的主体一般是婚姻当事人一方,二是男女双方对结婚基本是自主自愿,属于意思自治。借婚姻索取财物属于侵害婚姻自由原则的行为,也在禁止之列。

(三)一夫一妻原则

一夫一妻原则是一男一女结为夫妻的婚姻制度,也是我国亲属法规定的婚姻关系基本原则。任何人,无论居于何种社会地位,拥有多少钱财,都不得同时有两个以上的配偶。任何人在结婚后、配偶死亡或者离婚之前,不得再行结婚。一切公开的、隐蔽的一夫多妻或者一妻多夫等性关系,都是非法的。

落实一夫一妻原则最重要的就是要禁止重婚,禁止有配偶者与他人同居。重婚是有配偶者又与他人结婚,或者是不登记结婚,但是以夫妻名义同居。有配偶者又与他人登记结婚,是法律上的重婚,没有与他人登记结婚但与他人以夫妻关系同居,那就是事实上的重婚。无论是法律上的重婚还是事实上的重婚,事实上的重婚,都是犯罪行为。

(四)男女平等的婚姻制度原则

男女平等原则是《宪法》男女平等原则的具体化。任何自然人在法律面前人人平等。在婚姻关系中的男女平等表现在男女在结婚中权利平等、条件平等;结婚后处理家庭事务,双方的权利义务平等;男女有平等的离婚请求权,有同等的共同财产分割权利和抚养子女的权利,在共同债务的清偿和经济互助等方面也都有同等的权利。家庭成员的地位平等,全体家庭成员不论男女一律平等。所有的近亲属之间的地位平等。

《民法典》第一千零四十二条第三款规定了"禁止家庭暴力",就是为了维护男女平等原则。家庭暴力是指行为人以殴打、捆绑、残害、强行限制人身自由以及其他手段,给对方配偶以及家庭成员的身体、精神等方面造成损害后果的行为。家庭暴力是发生在家庭里的暴力,不仅包括单纯的身体上的殴打,还包括心理上和情感上的妨害和困扰以及纠缠不休,打骚扰电话和恐吓。

(五)保护妇女、未成年人、老年人、残疾人的合法权益原则

保护妇女、未成年人、老人、残疾人的婚姻家庭权益,是我国婚姻家庭法律制度的一贯原则。

1. 保护妇女的合法权益

妇女的婚姻家庭权益是妇女在婚姻家庭关系中基于特定的亲属身份关系和共同生活关系所享有的权利与利益的总称,包括人身权益和财产权益方面的多项内容。其法律表现主要有两个方面:一是妇女享有的与男子平等的婚姻家庭权益,由男女平等原则来反映;二是妇女依法享有的特殊权益,由保护妇女合法权益的原则来体现。如《民法典》第一千零八十二条规定:"女方在怀孕期间、分娩后一年内或者终止妊娠后六个月内,男方不得提出离婚;但是,女方提出离婚或者人民法院认为确有必要受理男方离婚请求的除外。"第一千零八十七条第一款规定:"离婚时,夫妻的共同财产由双方协议处理;协议不成的,由人民法院根据财产的具体情况,按照照顾子女、女方和无过错方权益的原则判决。"第一千零八十八条规定:"夫妻一方因抚育子女、照料老年人、协助另一方工作等负担较多义务的,离婚时有权向另一方请求补偿,另一方应当给予补偿。具体办法由双方协议;协议不成的,由人民法院判决。"因此,保护妇女的合法权益是男女平等原则的必要补充,也是对男女平等原则的有效保证。

2. 保护未成年人的合法权益

考虑未成年人利益最大化是国际社会的共识,《民法典》婚姻家庭编特别强调了对未成年人利益的保护。如《民法典》第一千零八十四条第三款规定:"离婚后,不满两周岁的子女,以由母亲直接抚养为原则。已满两周岁的子女,父母双方对抚养问题协议不成的,由人民法院根据双方的具体情况,按照最有利于未成年子女的原则判决。子女已满八周岁的,应当尊重其真实意愿。"

3. 保护老年人的合法权益

保护老年人的合法权益是《民法典》婚姻家庭编在基本原则方面的重要补充,构成我国现行婚姻家庭编的基本内容和特征之一。基于确认和维护家庭、亲属养老功能的需要,《宪法》第四十九条明确规定"成年子女有赡养扶助父母的义务","禁止虐待老人"。以此为根据,《民法典》婚姻家庭编在一般规定中把保护老年人的合法权益作为基本原则加以规定,并在家庭关系中对老年人的权益予以周密的保护,如规定父母或祖辈在一定情况下有要求子女或孙辈付给赡养费的权利。

4. 保护残疾人的合法权益

残疾人在婚姻家庭中会遇到许多健康人难以想象的困难和问题,比如结婚自由权的实现相对困难、监护规定不到位、养老问题无法解决等。为了更好地保障残疾人在家庭生活方面的权益,《民法典》婚姻家庭编在基本原则中新增了保护残疾人权益的内容。在处理残疾人离婚案件纠纷时,法院会依据此原则,如果残疾人生活困难,有条件的一方应当给予残疾人一方适当的经济帮助。

《民法典》第一千零四十二条第三款规定禁止家庭成员间的虐待和遗弃,也是能更好地维护保护妇女、未成年人、老年人、残疾人的合法权益原则。这里的虐待是指经常以打骂、冻饿、禁闭、有病不予治疗、强迫过度劳动、限制人身自由、凌辱人格等方法,对共同生活的家庭成员进行肉体上、精神上的摧残和折磨的行为。按照司法解释的规定,持续性、经常性的家庭暴力,构成虐待。遗弃是指负有扶养义务的家庭成员而拒不履行扶养义务的行为。如对受害人实施或者威胁实施身体上的侵害以及限制人身自由等控制行为,是对身体权、健康权、生命权以及人身自由权的侵害;对受害人实施或者威胁实施性暴力,实施凌辱、贬低或者其他损害受害人身体完整、伤害受害人自尊的性行为;实施侮辱、诽谤、骚扰,严重侵犯受害人的隐私、名誉、自由、人格尊严等行为;破坏或者损坏受害人的财产,对受害人实施剥夺、减少或者妨害其获得经济来源的行为等,都属于家庭暴力的范围。

在《民法典》婚姻家庭编,对侵害妇女、未成年人和老年人的合法权益的行为,规定了明确的救济措施。比如,在保护未成年人权益方面,《民法典》婚姻家庭编第一千零六十七条第一款规定:父母不履行抚养义务的,未成年子女有要求给付抚养费的权利。第一千零七十一条第一款规定:"非婚生子女享有与婚生子女同等的权利,任何组织或者个人不得加以危害和歧视。"在保护老年人权益方面,《民法典》婚姻家庭编第一千零六十七条第二款规定:"成年子女不履行赡养义务的,缺乏劳动力或者生活困难的父母,有要求成年子女给付赡养费的权利。"第一千零六十九条还规定:"子女对父母的赡养义务,不因父母的婚姻关系变化而终止。"

第二节 结 婚

一、结婚的概念和特征

(一)结婚的概念

结婚是指男女双方以共同生活为目的,以产生配偶之间的权利义务为内容的两性结合。按照我国法律规定,结婚须得到法律的确认,即结婚行为再加上婚姻登记,就构成婚姻关系,产生配偶权。婚姻法律关系属于民法领域内最主要的人身法律关系。承袭了私法自治基本原则,婚姻当事人在决定是否缔结婚姻关系时,应当具有完全充分的自由,按照自由的意志安排其婚姻法律权利和义务,但是婚姻自由不能违背法律规定的条件和程序,并不是任何人均可随意缔结婚姻法律关系,不受限制。

(二)婚姻法律关系的特征

1. 婚姻法律关系的主体为男女两性

缔结婚姻关系的双方必须是异性,即婚姻关系的双方应是一男一女。因此,两位男性或者两位女性之间的同性结合,即使双方完全自愿缔结婚姻关系,也不属于法律认可的婚姻。同时,我国婚姻制度采取一夫一妻制。

2. 婚姻是法定的一种身份关系

婚姻须有结婚的合意,但是婚姻成立的要件和程序、婚姻的效力、婚姻解除的原因等,都是法定的,而不是行为人意定的。婚姻双方在财产上的权利义务是附随于人身上的权利义务的,创设这种身份关系的婚姻行为,是一种身份法上的行为。

3. 婚姻当事人完全自愿

结婚是婚姻当事人双方的法律行为,双方自愿是婚姻结合的基础。当事人双方确立夫妻关系的意思表示真实、一致。法律要求男女双方完全自愿:一是双方自愿而不是单方自愿,二是双方本人自愿而不是父母或者第三者自愿,三是完全自愿而不是勉强同意。法律禁止当事人的父母或者第三人对婚姻进行包办、强迫或者执意干预,排斥当事人非自愿的被迫同意。

二、无效婚姻和可撤销婚姻

(一)无效婚姻

1. 无效婚姻的概念

无效婚姻是指男女因违反法律规定的结婚要件而不具有法律效力的两性违法结合。无效婚姻是违反婚姻成立要件的违法婚姻,不具有婚姻的法律效力。无效婚姻属于无效的民事行为。结婚是确立夫妻关系的法律行为,必须符合法律规定的各项条件,只有具备法定实质要件和通过法定程序确立的男女结合,才为合法婚姻,发生婚姻的法律效力。

2. 无效婚姻的要件

(1)重婚。一夫一妻是基本原则,任何人不得有两个或两个以上的配偶,有配偶者在前婚未终止之前不得结婚,否则即构成重婚,后婚当然无效。重婚包括法律上的重婚和事实上的重婚,都是构成婚姻无效的法定理由。

(2)有禁止结婚的亲属关系。《民法典》第一千零四十八条规定:"直系血亲或者三代以内的旁系血亲禁止结婚。"直系血亲是指有直接血缘关系的亲属,包括生育自己和自己所生育的上下各代的亲属,如父母与子女、祖父母与孙子女、外祖父母与外孙子女等。旁系血亲是指有间接血缘关系的亲属,即与自己同出一源的亲属,如与自己父母同源的兄弟姐妹,与自己祖父母同源的伯、叔、姑以及堂兄弟姐妹和姑表兄弟姐妹,与自己外祖父母同源的舅、姨以及姨表兄弟姐妹和舅表兄弟姐妹等。凡是与自己为同一高祖所生的子孙,除了直系血亲之外,均为旁系血亲。具体的禁婚亲:① 以世代计算法规定,凡是出自同一祖父母、外祖父母的血亲,都是禁婚亲;② 三代以内的旁系血亲,一是兄弟姐妹;二是伯、叔、姑与侄、侄女,舅、姨与甥、甥女;三是堂兄弟姐妹和表兄弟姐妹。

(3) 未达到法定婚龄。法定婚龄是法律规定的准许结婚的最低年龄,表示的是民事主体的婚姻行为能力必须符合法律要求。《民法典》规定了结婚年龄,男不得早于22周岁,女不得早于20周岁。当事人须具有婚姻行为能力,达到法定婚龄,才可以结婚。但是未达到法定年龄导致婚姻无效,其子女的合法权利仍然受到合法保护,任何人不得加以危害和歧视。

(二) 可撤销婚姻

1. 可撤销婚姻的概念

可撤销婚姻是指虽未违反法律强制性规定,但因欠缺婚姻合意,受胁迫的一方当事人可向人民法院申请撤销的违法两性结合。可撤销婚姻的法理基础在于尊重当事人的意思基础,确定相对的无效状况,赋予当事人撤销婚姻关系的权利或者维持婚姻关系的权利,让其根据自己的意愿自由选择,这有利于保护婚姻当事人的利益,有利于维护婚姻家庭的稳定,而不至于将更多的违法婚姻推入绝对无效的范围,造成社会的不稳定,损害妇女、儿童的权利。

2. 可撤销婚姻的条件

(1) 受胁迫的婚姻。《民法典》第一千零五十二条规定:"因胁迫结婚的,受胁迫的一方可以向人民法院请求撤销婚姻。"《最高人民法院关于适用〈中华人民共和国民法典〉婚姻家庭编的解释(一)》第十八条对何为"胁迫"进行了司法解释,即行为人以给另一方当事人或者其近亲属的生命、身体、健康、名誉、财产等方面造成损害为要挟,迫使另一方当事人违背真实意愿结婚的,可以认定为民法典第一千零五十二条所称的"胁迫"。同时规定,因受胁迫而请求撤销婚姻的,只能是受胁迫一方的婚姻关系当事人本人。因此,构成婚姻胁迫,须具备如下要件:一是行为人为婚姻当事人或者第三人。至于受胁迫者,既可以是婚姻关系当事人,也可以是婚姻关系当事人的近亲属。二是行为人须有胁迫的故意,其内容是通过自己的威胁而使一方当事人产生恐惧心理,并基于这种心理而被迫同意结婚。三是行为人须实施胁迫行为。这种行为应是以受胁迫人或者其近亲属的人身利益或者财产利益造成损害为威胁的不法行为,使其产生恐惧心理。四是受胁迫人同意结婚与胁迫行为之间须有因果关系。受胁迫人之所以同意结婚,是因为胁迫行为致使其产生恐惧心理而不得不结婚。

（2）未履行重大疾病如实告知义务。在缔结婚姻关系时,如果一方患有重大疾病,虽然不属于禁止结婚的疾病,但是对对方当事人负有告知义务,应当在结婚登记前如实告知另一方,对方当事人同意的,当然可以缔结婚姻关系。患病一方当事人如果不尽告知义务或者不如实告知的,即不告知或者虚假告知,另一方当事人享有撤销权,可以向人民法院行使该撤销权,请求撤销该婚姻关系。哪些疾病属于应当告知的范围,《民法典》未作明确规定。根据《母婴保健法》的规定,一般认为以下疾病为重大疾病,应当在结婚前如实告知对方：一是有严重遗传性疾病,其是指由于遗传因素先天形成,患者全部或者部分丧失自主生活能力,后代再现风险高,医学上认为不宜生育的遗传性疾病。二是指定传染病,包括艾滋病、淋病、梅毒、麻风病以及医学上认为影响结婚和生育的其他传染病。三是有关精神病,其是指精神分裂症、狂躁抑郁型精神病以及其他重型精神病。因重大疾病未告知而提出撤销婚姻请求的撤销权,受除斥期间的限制,除斥期间为一年,权利人自知道或者应当知道撤销事由之日起一年内提出。超过除斥期间,撤销权消灭,撤销婚姻的请求不能得到支持。

（三）婚姻无效和可撤销的区别

1. **构成两性违法结合的原因不同**

无效婚姻是由于违反法律规定的婚姻成立条件而构成的两性违法结合,即违反结婚的法定条件。可撤销婚姻虽然也违反法律,但违反的法律内容是关于婚姻当事人的结合必须是真实的婚姻合意的要求,是双方当事人没有真实的建立婚姻关系的合意。

2. **两性违法结合的法律后果不同**

无效婚姻的法律后果是婚姻当然无效、绝对无效,尽管无效婚姻必须通过诉讼程序宣告,但这并不能否认无效婚姻具有当然无效的性质。而可撤销婚姻由于基本具备了婚姻成立的法定条件,仅仅是当事人的合意不够真实,因此不发生当然无效的问题。如果受胁迫的当事人或其他有撤销权的人申请撤销,法院依照法律予以撤销,发生婚姻自始无效的后果；如果当事人不诉请撤销,则婚姻仍得继续存在,发生婚姻的法律效力。

3. 请求宣告无效或者撤销的时限不同

无效婚姻由于是违反法律的强制性规定,因而自始不发生法律效力,主张婚姻无效没有时间的限制,当事人在任何时候都可以请求宣告婚姻无效。而可撤销婚姻仅仅是当事人的婚姻合意欠缺真实基础,在结婚的强制性法律规定方面并没有违反。因此,当事人请求撤销违法婚姻必须在一定的时限之内进行,《民法典》规定撤销婚姻的请求权受除斥期间的约束,除斥期间为一年,申请人应当自胁迫行为终止之日起一年内提出撤销婚姻的请求。被非法限制人身自由的当事人请求撤销婚姻的,则应当自恢复人身自由之日起一年内提出。超过除斥期间的,撤销权消灭,撤销婚姻的请求不能得到支持。

4. 宣告婚姻无效和撤销的请求权人不同

主张婚姻无效的请求权人应当是婚姻关系当事人和利害关系人,因为在无效婚姻的情况下,有的当事人并不请求无效,由于这种婚姻形式违反国家的强制性法律规定,法律规定利害关系人也可以行使请求权,宣告婚姻无效,以维护法律的统一实施。而可撤销婚姻仅仅是缺乏当事人的真实合意,仅仅涉及当事人的结婚意愿的问题,请求婚姻撤销的请求权人则为婚姻当事人,只能由其决定是否撤销婚姻,其他人不享有这种权利。

(四)婚姻无效或者被撤销的法律后果

《民法典》第一千零五十四条规定:"无效的或者被撤销的婚姻自始没有法律约束力,当事人不具有夫妻的权利和义务。同居期间所得的财产,由当事人协议处理;协议不成的,由人民法院根据照顾无过错方的原则判决。对重婚导致的无效婚姻的财产处理,不得侵害合法婚姻当事人的财产权益。"

婚姻无效或者被撤销,其婚姻关系为自始无效,而对无效婚姻关系或者可撤销婚姻关系中父母所生育的子女却不认为是非婚生子女。

婚姻被宣告无效或者被撤销的,无过错方享有损害赔偿请求权。一般来讲,重婚的情形下,无过错方通常为未重婚一方,但是如果明知对方已婚,就无权请求损害赔偿。存在禁止结婚的亲属关系的无效婚姻情形,是否具有亲属关系,一般当事人都比较清楚,很难说哪一方具有过错,需要个案具体判断。未达法定结婚年龄的无效婚姻的情形,符合法定婚龄的一方通常为无过错方,但其明知对方不符合法定婚龄,仍然与之结婚,就不属于无过错方。在撤销婚姻的情形下,被胁迫或未被告知真实情况的另一方当事人不存在过错,可以行使损害赔偿请求权。

【案情】 陈某某与冯某于2016年8月9日在民政局办理了离婚手

续,双方在民政局签订了《离婚协议》。《离婚协议》载明,因夫妻双方性格不合,经常吵架,导致夫妻感情破裂,经协商,双方就具体的财产分割达成协议;双方在人生的非常时期立此协议以便双方凭良心道德互相遵守。(1)甲方(陈某某)同意乙方(冯某)意愿离婚。(2)矿上股份归甲方所有,债权债务甲方享有与承担,房产与车子归乙方所有,但车子归甲方使用。(3)如今后甲方复婚,则乙方无条件答应,房产仍共同享有,乙方不得有异议。(4)乙方在甲方经营困难时必须协助甲方共渡经济危机,必要时可用房产作抵押贷款。(5)双方签字即生效。双方在协议中签字并捺印确认。陈某某诉称双方离婚是为逃避债务而假离婚,请求确认该协议无效。

【问题】 双方签订的《离婚协议》是否存在无效的情形?

【法律规定】 《民法典》婚姻家庭编第一千零五十二条第一款规定:"因胁迫结婚的,受胁迫的一方可以向人民法院请求撤销婚姻。"

【法律运用及结果】 结婚须有婚姻当事人对结婚的合意。结婚合意是指当事人双方确立夫妻关系的意思表示一致。基于人格独立和自治原则,各国法律大多都把双方合意作为结婚的必备条件。双方合意也意味着男女双方有权自主决定自己的婚姻大事,不受任何第三人的强迫或干涉。当然,法律并不排除当事人的父母或他人对当事人提出意见和建议,但是否缔结婚姻应当由当事人自行决定。如果一方因另一方、第三人或组织的强迫或干涉而作出违背自己真实意思的结婚的表示,可以通过法律得到救济的。《民法典》婚姻家庭编第一千零五十二条第一款规定了可撤销婚姻的情形,即"因胁迫结婚的,受胁迫的一方可以向人民法院请求撤销婚姻"。因此,法律保护结婚双方对结婚的真实意思,救济结婚时没有合意的当事人,保障他们的婚姻自由。本案中,陈某某与冯某签订的《离婚协议》第(3)条约定了"如今后甲方(陈某某)复婚,则乙方(冯某)无条件答应",这一内容显然违背了婚姻自由原则,是陈某某对冯某的结婚自由加以强迫和干涉的行为,而不是基于陈某某和冯某对结婚的合意。因此,一、二审法院判决该条款无效。

(案件改编自贵州省金沙县人民法院裁判文书,案号为〔2016〕黔0523民初2721号;贵州省毕节市中级人民法院裁判文书,案号为〔2017〕黔05民终1071号)

第三节 家庭关系

一、夫妻关系

（一）夫妻关系的权利与义务

夫妻在婚姻家庭关系中地位平等，是婚姻家庭领域男女平等原则的主要内容，是一切自然人在法律面前人人平等基本原则在婚姻关系中的体现，体现的是两性平等的基本人权。其核心是男女双方在婚姻、家庭生活中的各个方面都平等地享有权利，负担义务，互不隶属、支配。夫妻双方地位平等贯穿于整个婚姻家庭编，表现在人身关系、财产关系以及子女抚养等多个方面。

1. 夫妻姓名权

《民法典》规定，夫妻双方都有各自使用自己姓名的权利。夫妻双方都有各用自己姓名的权利，体现了我国配偶的独立人格。夫妻各用自己的姓氏，既不一方随另一方姓，也不一方须冠另一方之姓，意味着双方人格的真正平等，既不歧视妇女的独立人格地位，也不歧视赘夫的独立人格地位。当然，法律的这样规定，并不妨碍配偶双方在平等自愿的基础上，就姓名问题作出约定，并通过约定，女方可改姓男方的姓，男方也可改姓女方的姓。

2. 夫妻人身自由权

《民法典》规定夫妻双方都有参加生产、工作、学习和社会活动的自由，一方不得对另一方加以限制或者干涉。因此，夫妻人身自由权包括：

（1）从业自由权。夫妻双方都有权参加生产和工作，反对禁止已婚妇女参加工作的做法，保障双方的权利平等。夫妻都有选择职业的自由，反对一方干涉另一方的择业自由。

（2）学习自由权。夫妻在婚姻关系存续期间，有权通过适当的方式进行学习，提高自己的素质和能力，特别是保障已婚女性的学习自由，提高妇女的素质和工作能力。

（3）社会活动自由权。夫妻在婚姻关系存续期间享有平等的社会活动自由权，可以自由进行参政、议政活动，参加科学、技术、文学、艺术和其他文化活动，参加群众组织、社会团体的活动，以及各种形式的公益活动。

3. 夫妻家事代理权

日常事务代理权，亦称家事代理权，是指旨在合法有效的婚姻关系存续期间，

配偶一方在与第三人就家庭日常事务为一定法律行为时,享有代理对方权利行使的权利。具体行使规则包括:

(1) 代理的事务限于家庭日常事务,如一家的食物、光热、衣着等用品的购买,保健、娱乐、医疗、子女的教养、日常用品的购置、保姆、家庭教师的聘用、亲友的馈赠,报纸杂志的订阅等。对于这类事务,夫妻间均有代理权,一方不得以不知情而推卸共同的责任。

(2) 紧迫情形处理的代理权推定。对于夫妻一方在紧迫情形下,为婚姻共同生活的利益考虑,在配偶因疾病、缺席或者类似原因,无法表示同意时,推定夫妻一方对超出日常事务代理权范围的其他事务有代理权。

(3) 其他事务的共同决定。对于超出上述范围的婚姻事务,应当由夫妻双方共同决定,不得由一方决定。

(4) 第三人无法辨别配偶一方是否有代理权的责任,如果配偶中任何一方实施的行为为个人责任,但该行为无法使第三人辨别是否已经超越日常事务代理权的,他方配偶应当承担连带责任。夫妻一方滥用日常事务代理权的,配偶可以对其代理权加以限制。为了保障交易的安全,保护善意第三人的合法利益,该种限制不得对抗善意第三人。

4. 夫妻遗产继承权

依照《民法典》继承编的规定,夫妻之间互为配偶,相互享有继承权。配偶可以用遗嘱将遗产分配给对方配偶继承。在法定继承中,配偶是第一顺序继承人,在对方配偶死亡时,依照法定继承的规定,在第一顺位享有继承其遗产的权利。这种权利以配偶关系的存在为前提。

5. 婚内分割夫妻共同财产请求权

在婚姻关系存续期间,对夫妻共同共有财产是不能分割的,目的在于保持共有关系的稳定性和基础,保护共有人的合法权益。不过,《民法典》第三百零三条规定:"共有人有重大理由需要分割的,可以请求分割。"其中的有重大理由可以对共同共有财产进行分割,就包括了夫妻共同财产部分分割的情形,包括:

(1) 一方有隐藏、转移、变卖、毁损、挥霍夫妻共同财产或者伪造夫妻共同债务等严重损害夫妻共同财产利益行为的。隐藏就是采用欺骗的手段将一些本应属于夫妻共同所有的财产予以瞒报,如通常所称的私房钱大部分就是夫妻一方采用隐瞒手段隐藏的一些应当归属于夫妻共同财产的部分财产。转移是指将属于夫妻共同所有的财产转移他处。变卖是指将共同财产予以出卖,所得归个人所有,如果对于共同财产出卖,但是所得仍然归属于共同财产,并不属于此处的情况。毁损是指故意毁灭或者损坏共同财产,以降低或消灭财产的价值。挥霍共同财产是指毫无限度地随意消耗共同财产,如吸毒、赌博或超出能力的随意的巨额奢侈消费等方式浪费共同财产。伪造夫妻共同债务是指采用虚假的方法伪造夫妻的共同债务,增加夫妻的债务负担,造成夫妻财产的减少,如果不允许对于共同财产进行分割,会对另一方造成严重的财产损失。因此,在这种情况下应当允许对于共同财产进行分割。

(2)一方负有法定扶养义务的人患重大疾病需要医治,另一方不同意支付相关医疗费用。由于夫妻共同财产属于双方共同共有,对于夫妻共同财产的使用需要夫妻双方共同同意,因而会出现一方需要使用夫妻共同财产用于夫妻共同事务以外的事项而另一方不同意的情况。如果夫妻一方因其负有法定扶养义务的人(如其父母、子女等)患有重大疾病,急需进行救治,而另一方不同意的,那么就会对其履行抚养义务造成严重妨碍,也不利于夫妻感情的维护。因此,在这种情况下,应当允许其向法院主张分割共同财产。

6. 父母对未成年子女抚养、教育和保护的权利义务

《民法典》第一千零五十八条规定:"夫妻双方平等享有对未成年子女抚养、教育和保护的权利,共同承担对未成年子女抚养、教育和保护的义务。"这是对共同亲权的规定。亲权是指父母对未成年子女在人身和财产方面的管教和保护的权利和义务。亲权的法律特征有:

(1)亲权的性质是基本身份权。亲权不是人格权,是基本身份权,是由若干派生身份权构成的权利的集合体。因此,亲权不是单一的权利,而是一个由若干具体权利构成的权利,与配偶权、亲属权相并列,三者统一构成亲属法的身份权。

(2)亲权是权利和义务的综合体。亲权作为父母与未成年子女之间的身份权,一方面,这是父母的权利,未成年子女必须服从父母的教养与保护;另一方面,亲权的行使又具有职责的性质,是法定的义务,父母基于这种法定义务,应对其未成年子女的养育和照顾尽全责。因而,亲权不得抛弃、非法转让或非法剥夺。

(3)亲权以教育、保护未成年子女为目的。亲权是专有权,只为父母所专有,父母者,无论生父母、养父母及形成抚养关系的继父母,都专有亲权。亲权的目的具有一定的支配性质,这种支配性质并非专制的人身支配,而是以教养、保护未成年子女为其目的,对亲权利益进行支配。因此,父母的亲权并非无限制,亲权的行使仅限于监护子女的必要范围且要符合子女的利益。

7. 夫妻抚养的义务

夫妻之间的扶养是指夫妻在物质上和生活上互相扶助、互相供养。这种权利

和义务完全平等,有抚养能力的一方必须自觉承担这一义务,尤其是在一方丧失劳动能力时,更应当履行这一义务。一方违反这一义务,另一方有权要求其履行,可以请求有关组织调解,也可以向人民法院提起请求给付之诉,要求对方给付扶养费。

(二) 夫妻共同财产

1. 夫妻共同财产的概念

夫妻共同财产是指夫妻在婚姻关系存续期间,一方或双方取得,依法由夫妻双方共同享有所有权的共有关系。它不是讲某种财产,而是指一种夫妻财产制度,以及在该种财产制度下财产所有人的权利义务关系。

2. 夫妻共同财产的法律特征

(1) 夫妻共同财产的发生以夫妻关系的缔结以及夫妻没有选择其他夫妻财产制为前提和必要条件,依照法律的规定而产生。

(2) 夫妻共同财产的权利主体是夫妻两人。在夫妻共同财产中,夫妻享有的是一个权利,即共有权,但作为财产权的主体的夫妻却是两个分别具有民事权利能力和民事行为能力的独立主体,是独立的人。

(3) 夫妻共同财产的来源为夫妻双方或一方的婚后所得。

(4) 夫妻共同财产的性质为共同共有。在夫妻共同财产存续期间,夫妻作为共有人,不分份额地共同享有夫妻共同财产的所有权,除非夫妻关系消灭,共同共有关系不能终止。

3. 夫妻共同财产的种类

(1) 工资、奖金、劳务报酬。工资、奖金、劳务报酬均为劳动所得报酬,指夫或妻一方或者双方从事一切劳动包括脑力劳动、体力劳动所获得的工资报酬和奖金报酬。具体而言,基本工资、各种形式的补贴、奖金、福利等,甚至还有一定范围的食物分配,都属于这一范围。

(2) 生产、经营、投资的收益。夫妻关系存续期间一方或双方经营私营企业、个体工商业、合伙等,凡其所获收益,均为夫妻共同财产。不仅如此,股票、股权、股份等投资性收益也属于夫妻共同财产。对于夫妻一方个人财产在婚后产生的收益,除孳息和自然增值外,应认定为夫妻共同财产。

(3) 知识产权的收益。其是指婚姻关系存续期间,实际取得或者已经明确可以取得的财产性收益。一方取得的知识产权,权利本身属于个人所有,依该权利已经取得的经济利益为夫妻共同财产,在夫妻关系存续期间尚未取得的经济利益即预期利益,不属于夫妻共同财产。

（4）继承或受赠的财产。夫妻一方或双方继承、受赠的财产作为夫妻共同财产，符合婚后所得共同制的原则，但是遗嘱或赠与合同中确定只归夫或妻一方的财产除外。

（5）由一方婚前承租、婚后用共同财产购买的房屋，登记在一方名下的，应当认定为夫妻共同财产。这也属于夫妻关系存续期间获得的财产，属于共同财产。

（6）其他应当归夫妻共同所有的财产。一是夫妻一方以个人财产投资取得的收益；二是夫妻双方实际取得或者应当取得的住房补贴、住房公积金；三是夫妻双方实际取得或者应当取得的基本养老金、破产安置补偿费。

（三）夫妻个人财产

夫妻个人财产是指夫妻在实行共同财产制的前提下，依照法律的规定或者夫妻之间的约定，各自保留一定范围的属于个人所有的财产。

1. 婚前个人财产

婚前财产是指夫妻在结婚之前各自所有的财产，包括婚前个人劳务所得财产、继承或受赠的财产以及其他合法财产。除此之外，婚前个人所有的货币及一般的生产资料、生活资料均归个人所有，不属于夫妻共同财产。夫妻一方的婚前财产在婚后产生的孳息和自然增值部分，仍应属于个人财产。但是，如果个人婚前所有的不动产在婚后用共同财产进行过修缮等改良行为，增加了价值的，在该财产中应当包含对方配偶的权利。

2. 夫妻一方因受到人身损害获得的赔偿或者补偿

夫妻一方因受人身伤害而获得的医疗费、残疾人生活补助费以及其他的赔偿或者补偿，是因受到人身伤害而得到的补偿费中的部分。

3. 遗嘱或赠与合同中确定只归夫妻一方的财产

赠与人或被继承人明确以赠与、继承给个人为条件，所赠与或者所继承的物品具有鲜明的个人属性，也体现了财产所有人支配财产的真实意志，完全是所有权应有的内容。

4. 夫妻一方专用的生活物品

个人衣物、书籍、资料等都是极具个人属性的财产，为个人财产。在离婚纠纷中争夺这些财产的也不在少数。

5. 其他应当归夫妻一方所有的财产

一是婚前个人财产增值部分。婚前个人财产在婚后增值，应当分为两个部分，即经过夫妻共同管理、经营部分的增值，为夫妻共同财产；自然增值和未经共同管理、经营部分的增值，为个人财产。二是复员、转业军人的复员费、转业费、医疗补助费和回乡生产补助费,归个人所有。三是夫妻一方的人身保险金。人寿保险金、伤害保险金等具有人身性质,只能作为个人财产。四是其他个人财产。与个人身份密切相关的奖品、奖金,国家资助优秀科学工作者的科研津贴,一方创作的手稿、文稿、艺术品设计图、草图等,为个人所有。

（四）夫妻共同债务

夫妻共同债务,是以夫妻共同财产作为一般财产担保,在夫妻共有财产的基础上设定的债务。包括夫妻在婚姻关系存续期间为解决共同生活所需的衣、食、住、行、医,履行法定扶养义务,必要的交往应酬,因共同生产经营活动等所负之债,以及为抚育子女、赡养老人,夫妻双方同意而资助亲朋所负债务。其中,夫妻双方共同确认或者夫妻一方确认,另一方事后追认等通过共同意思表示所负的债务也属于夫妻共同债务。有些债务虽然在夫妻关系存续期间发生,但是并不属于夫妻共同债务,而是属夫妻个人债务。

1. 夫妻双方约定由个人负担的债务

《民法典》婚姻家庭编第一千零六十五条准许夫妻双方对财产的所有进行约定,也包括对债务的负担进行约定,双方约定归个人负担的债务,为个人债务。约定个人债务,可以与财产所有的约定一并约定,也可以单独就个人债务进行约定。经过公示的约定可以对抗第三人,但以逃避债务为目的进行的约定,不产生法律上的效力,仍为夫妻共同债务。

2. 夫妻一方未经对方同意擅自资助与其没有扶养义务的亲朋所负的债务

没有抚养义务指的是没有法定的抚养、赡养、扶养义务。没有此种义务,未经对方同意,擅自对亲朋进行资助,所负债务为个人债务。

3. 夫妻一方未经对方同意独自筹资从事经营活动的收入

夫妻一方未经另一方同意而独自筹资从事经营活动,其收入确未用于共同生活所负的债务。

4. 其他应由个人承担的债务

这种债务包括:因个人实施违法行为所欠债务,如个人赌博所欠赌资的债务;婚前一方所欠债务;婚后一方为满足个人欲望确系与共同生活无关而负的债务等。

（五）夫妻财产约定制

夫妻约定财产制是指夫妻以书面契约的形式决定婚姻关系存续期间所得财产所有关系的夫妻财产制度,是夫妻法定财产的补充。夫妻财产约定的内容,可以约定婚姻关系存续期间所得的财产以及婚前财产归各自所有、共同所有或者部分各自所有、部分共同所有;没有约定或者约定不明确的,适用《民法典》婚姻家庭编第一千零六十二条、第一千零六十三条的规定,即按照共同财产的范围和个人特有财产的范围处理。

夫妻财产约定的协议对双方具有约束力,第三人知道该约定的可以对抗该第三人,第三人不知道该约定的,就不发生对抗第三人的效力,应当以双方当事人的财产清偿债务。

【案情】 郑某与庄某是朋友关系。庄某、江某于2002年4月9日登记结婚,庄某、江某对夫妻存续期间所得的财产、个人名义所负的债务,均未作特别的约定。郑某于2013年2月2日至2014年7月5日共分九次向庄某转款,款项合计308.5万元。郑某与庄某对款项核对后,由江某书写了两张借条交郑某收执。两张借条均书写在同一张A4纸上,内容(从上而下)为"兹借到郑某人民币叁佰万元整(小写¥3 000 000元)借款人:庄某2014.7.5","兹借到郑某人民币伍拾万元整(小写¥500 000元)借款人:庄某2014.5.12"。郑某为催收借款,诉至法院。

【问题】 涉案借款是夫妻个人债务还是夫妻共同债务?

【法律规定】 《民法典》第一千零六十五条规定:"男女双方可以约定婚姻关系存续期间所得的财产以及婚前财产归各自所有、共同所有或者部分各自所有、部分共同所有。约定应当采用书面形式。没有约定或者约定不明确的,适用本法第一千零六十二条、第一千零六十三条的规定。夫妻对婚姻关系存续期间所得的财产以及婚前财产的约定,对双方具有法律约束力。夫妻对婚姻关系存续期间所得的财产约定归各自所有,夫或者妻一方对外所负的债务,相对人知道该约定的,以夫或者妻一方的个人财产清偿。"

【法律运用及结果】 为了尊重夫妻的意思以及因应婚姻生活的特殊性和个性,夫妻可以依据意思自治,对婚内财产进行约定。夫妻双方实行约定财产制的,如果债权人事先知道该约定,并与夫妻中的一方建立债权债务关系的,应当用债务人的个人财产清偿。如果债权人事先并不知道债务人实行约定财产制的,债权人可以向夫妻双方主张权利。本案中,庄某、江某未对夫妻存续期间所得的财产、个人名义所负的债务,作特别的约定,且郑某也不知道该约定。根据《民法典》的规定,法院判决郑某有权请求庄某、江某共同承担清偿债务的责任。

(案件改编自广东省广州市海珠区人民法院裁判文书,案号:〔2017〕粤

0105 民初 4017 号;广东省广州市中级人民法院裁判文书,案号:〔2018〕粤 01 民终 428 号)

二、父母子女关系和其他近亲属关系

(一) 抚养赡养义务

1. 父母与子女之间的抚养赡养义务

(1) 父母对未成年子女的抚养义务。父母对未成年子女的抚养义务是法定义务。抚养是指父母对未成年子女的健康成长所提供的必要物质条件,包括哺育、喂养、抚育、提供生活、教育和活动的费用等。父母对未成年子女的抚养义务是无条件的义务,不能以任何借口而免除。从子女出生开始直到其能够独立生活止,都必须承担,即使父母离婚后也不能免除。父母对未成年子女负有抚养义务,对于不能独立生活的子女也有抚养义务。这里的"不能独立生活的成年子女"指尚在校接受高中及其以下学历教育,或者丧失、部分丧失劳动能力等非因主观原因而无法维持正常生活的成年子女。

(2) 成年子女对父母的赡养义务。赡养是指子女对父母的供养,即在物质上和经济上为父母提供必要的生活条件。赡养义务是法定义务,是成年子女必须履行的义务,特别是对缺乏劳动能力的父母,成年子女必须承担赡养义务。成年子女不履行赡养义务的,缺乏劳动能力或者生活困难的父母,有要求成年子女给付赡养费的权利,可由当事人所在单位或者有关部门调解,也可以向法院起诉,请求判令成年子女强制赡养父母。对追索赡养费的请求,必要时可以依法裁定先予执行。对于拒不履行赡养义务,情节恶劣,构成遗弃罪的,应依法追究刑事责任。

2. 祖与孙的抚养赡养义务

由于祖父母、外祖父母与孙子女、外孙子女之间具有直系血亲关系,其血缘关系较近,因而在相互之间负有扶养义务。但是祖孙之间抚养或赡养关系的形成应当具备以下条件:

(1) 子女在未成年时父母双亡或者父母丧失抚养能力;祖父母、外祖父母的子女在成年后死亡或者丧失抚养能力,无法赡养父母的。

(2) 需要承担抚养、赡养义务的祖父母、外祖父母与孙子女和外孙子女确有承担抚养、赡养义务的能力。如果具有法律意义上的抚养义务人没有一定的抚养能力或负担能力不够,那么可以适当克减,甚至免除其义务。

(3) 被抚养或赡养人确实有困难需要被抚养或赡养。孙子女、外孙子女尚未成年,没有独立生活能力,祖父母、外祖父母应当承担抚养义务。同样,需要孙子

女、外孙子女赡养的祖父母、外祖父母,也应当丧失劳动能力,没有收入来源,生活困难。如果本身就有较多的收入或者财富,就无须再确定抚养或者赡养义务了。

3. 兄姐与弟妹的抚养义务

兄弟姐妹是血缘关系最近的旁系血亲,相互之间负有扶养义务。在一方需要扶养时,他方应当尽到扶养义务。这里的兄弟姐妹包括同胞兄弟姐妹、同父异母或同母异父的兄弟姐妹、养兄弟姐妹和继兄弟姐妹。

(1) 兄、姐要承担抚养义务应满足以下条件:一是必须是父母已经死亡或者父母根本无力履行抚养义务;二是受要求的兄、姐必须有抚养的能力;三是弟、妹必须尚未成年。

(2) 弟、妹承担扶养义务应满足以下条件:一是兄、姐要求弟、妹扶养,弟、妹应当是由兄、姐抚养成人的。即在弟、妹未成年时,父母已经死亡或父母无抚养能力,兄、姐对弟、妹的成长尽了抚养义务。按照权利义务对等原则,弟、妹应承担兄、姐的扶养责任。二是兄、姐应当缺乏劳动能力又缺乏生活来源。三是弟、妹有负担能力。若无负担能力则不负扶养义务。

(二) 父母与子女之间的权利与义务

1. 父母对未成年子女的教育与保护义务

父母对未成年子女的教育和保护义务,通常称为管教权,是父母对未成年子女负有必要教育和保护的义务,也是权利。父母行使管教权的目的,是教育和保护子女,提高他们的心理素质,培养他们的良好品行,增强他们辨别是非的能力,保证他们的身体健康与心理健康。当然,行使管教权,必须在适当的范围内,以适当的方法行使,以不损伤未成年子女的身心健康为原则。同时,未成年人如果造成他人损害的,应当由其父母承担赔偿责任。这种责任是法定的责任。如果父母已经尽了监护责任,也不能免除父母的民事责任,但可以适当减轻其赔偿责任。未成年子女如果有财产,赔偿费用应当从本人财产中支付,不足部分,仍由其父母承担。

2. 遗产继承权

父母和子女有相互继承遗产的权利。父与母对子女遗产的继承权是平等的。子与女对父母遗产的继承权也是平等的,不受性别、年龄、已婚或未婚的影响。

(1) 这里所称的父与母包括:① 生父母。但亲生子女已由他人收养的,在收养关系解除前,生父母不得继承该子女的遗产。② 养父母。养父母的继承权以收养关系的存在为前提,如果收养关系解除,收养人无权继承其的遗产。③ 继父母。应依是否相互形成扶养关系而定,只有形成扶养关系的继父母才有继承权。

(2) 这里所称得子女,包括:① 婚生子女。婚生子女不论随母姓还是随父姓,不论已婚、未婚,也不论结婚后是到男方家落户还是到女方家落户,都有继承父母遗产的权利。根据法律对胎儿继承利益的特殊保护,不仅于父母死亡前出生的子女有继承权,而且于父亲死亡前已受孕在其父亲死亡后活着出生的子女也有继承权。② 非婚生子女。非婚生子女享有与婚生子女同等的权利,任何组织或者个人不得加以危害和歧视。③ 养子女。收养关系一经成立,养子女便取得同婚生子女同等的法律地位,当然有权继承养父母的遗产。④ 有扶养关系的继子女。有扶养关系的继子女有双重继承权,既可以继承继父母的遗产,还可以继承其生父母的遗产。⑤ 非传统方式生育的子女。随着科学技术的发展,试管婴儿、借腹生子等非传统方式突破了传统的生育方式,且非传统生育方式出生的子女日渐增多。为保障人工生育子女和实施人工生育当事人的继承权,应赋予以这种非传统生育方式出生的子女以平等的继承权。

第四节 离 婚

一、婚姻关系的解除

婚姻关系的解除指解除当事人之间现存的婚姻关系,即离婚。通常离婚的方式有两种,一种为协议离婚,另一种为调解与诉讼离婚。

(一) 协议离婚

1. 协议离婚的概念及内容

协议离婚是指夫妻双方自愿离婚,签订了书面离婚协议,双方亲自到婚姻登记机关申请离婚登记,当离婚的请求登记在婚姻登记机关的登记簿上,即发生解除婚姻关系的效果。

离婚协议是婚姻关系当事人表明离婚意愿和具体内容的文书。协议中,应当载明双方自愿离婚的意思表示,以及对子女抚养、财产及债务处理等事项协商一致的意见。

2. 协议离婚冷静期的期限及法律效力

协议离婚冷静期是指在离婚自由原则下,婚姻双方当事人自愿申请离婚,在婚姻登记机关收到该申请之日起一定期间内,任何一方都可撤回离婚申请、终结登记离婚程序的冷静思考期间。离婚冷静期是30日,自婚姻登记机关收到离婚登记申请之日起30日内,任何一方不愿意离婚的,都可以向婚姻登记机关撤回离婚登记申请。在30日的冷静期届满后,当事人未到婚姻登记机构申请离婚证的,视为撤回离婚登记申请,不发生离婚的后果。在30日的冷静期届满后的30日内,双方亲自到婚姻登记机关申请发给离婚证,婚姻登记机关应当发给离婚证,即解除婚姻关系。需要注意的是,冷静期内夫妻关系没有解除,所以夫妻之间的权利义务关系并没有发生改变。

(二)调解与诉讼离婚

调解与诉讼离婚是在法院作出判决书或者调解书,且在判决书或者调解书发生法律效力时,婚姻关系正式解除,双方不再存在配偶关系。判决准予离婚的,当事人可以在一审判决书送达之日起15天内提起上诉。如果在上诉期内没有上诉的,一审判决发生法律效力。此时,婚姻关系正式解除。当事人上诉引起二审程序的,二审人民法院仍然可以进行调解,调解无效的,依法作出准予离婚的判决,二审判决一经作出即发生法律效力,双方婚姻关系正式解除。

1. 诉讼离婚的程序和离婚判决标准

《民法典》第一千零七十九条规定:"夫妻一方要求离婚的,可以由有关组织进行调解或者直接向人民法院提起离婚诉讼。人民法院审理离婚案件,应当进行调解;如果感情确已破裂,调解无效的,应当准予离婚。有下列情形之一,调解无效的,应当准予离婚:(一)重婚或者与他人同居;(二)实施家庭暴力或者虐待、遗弃家庭成员;(三)有赌博、吸毒等恶习屡教不改;(四)因感情不和分居满二年;(五)其他导致夫妻感情破裂的情形。一方被宣告失踪,另一方提起离婚诉讼的,应当准予离婚。经人民法院判决不准离婚后,双方又分居满一年,一方再次提起离婚诉讼的,应当准予离婚。"

根据《民法典》第一千零七十九条的规定,可以看出离婚法定事由分为基本事由和具体事由。判决离婚的基本事由是夫妻感情确已破裂,即夫妻之间感情已不复存在,已经不能期待夫妻双方有和好的可能。从主观上一般从婚姻基础、婚后感情、离婚原因、夫妻关系的现状和有无和好的可能等方面综合分析。从客观上以调解无效为标准。离婚的具体事由是:

(1)重婚或有配偶者与他人同居的。重婚是指有配偶者与他人结婚的行为,包括有配偶者与他人进行结婚登记,以及有配偶者与他人以夫妻名义共同生活的事实重婚。重婚不仅是一般的违法行为,而且构成犯罪。如果非重婚方提出离婚请求,则构成判决离婚的法定理由,应判决离婚。如果重婚方提出离婚的,应审查婚姻关系是否确已破裂,对确已破裂的,判决离婚。重婚方构成重婚罪的,依法追究刑事责任。有配偶者与他人同居,是指有配偶者与婚外异性不以夫妻名义,持续、稳定地共同居住。配偶间互负忠实义务,配偶在婚姻之外发生性行为,与其他异性同居,构成对忠实义务的违反。因此,有配偶者与他人同居,是离婚的法定事由,对方起诉离婚的,法院应当判决准予离婚。在过错方请求离婚的情形,不应把处理其错误行为与是否判决离婚等同起来,一方坚决离婚时,如果确无和好可能,无论对方配偶是否同意,均视为婚姻关系无可挽回的破裂,可以判决离婚。

(2) 实施家庭暴力或虐待、遗弃家庭成员的是指行为人以殴打、捆绑、残害、强行限制人身自由以及其他手段,给对方配偶以及家庭成员的身体、精神等方面造成损害后果的行为。其中,家庭暴力是发生在家庭生活中的暴力,不仅包括单纯的身体上的殴打,还包括心理上和情感上的妨害和困扰,如纠缠不休、打骚扰电话和恐吓。虐待是指经常以打骂、冻饿、禁闭、有病不予治疗、强迫过度劳动、限制人身自由、凌辱人格等方法,对共同生活的家庭成员进行肉体上、精神上的摧残和折磨的行为。按照《最高人民法院关于适用〈中华人民共和国民法典〉婚姻家庭编的解释(一)》第一条的规定,持续性、经常性的家庭暴力,构成虐待。遗弃是指负有扶养义务的家庭成员而拒不履行扶养义务的行为。

(3) 有赌博、吸毒等恶习屡教不改的。配偶一方确有赌博、吸毒、酗酒、嫖娼、卖淫、淫乱、好逸恶劳等,屡教不改的,不履行婚姻义务,夫妻难以共同生活,作为离婚的法定事由。

(4) 因感情不和分居满2年的,分居是指配偶双方拒绝在一起共同生活,互不履行夫妻义务的行为,在主观上,配偶确有分居的愿望,拒绝在一起共同生活;在客观上,配偶的夫妻共同生活完全废止,分开生活。按照法律规定,这种状态已满2年的,构成离婚法定事由。

(5) 其他导致夫妻感情破裂的情形。这是离婚法定事由的弹性规定,可以理解为包括:一方被判处长期徒刑,或其违法犯罪行为严重伤害夫妻感情的,如犯强奸罪、奸淫幼女罪等,应视为夫妻感情确已破裂;一方并非以同居的方式发生婚外情,且有了孩子,使得夫妻感情破裂等。另外还有两种可以判决离婚的情形:一是一方被宣告失踪,另一方提起离婚诉讼的,应当准予离婚。二是经人民法院判决不准离婚后,又分居满1年,一方再次提起离婚诉讼的,应当准予离婚。

2. 男方提出离婚的限制与除外情况

《民法典》第一千零八十二条规定:"女方在怀孕期间、分娩后一年内或者终止妊娠后六个月内,男方不得提出离婚;但是,女方提出离婚或者人民法院认为确有必要受理男方离婚请求的除外。"根据此条规定,限制男方提出离婚的有三种情况:

(1) 女方在怀孕期间。包括在诉讼中发现怀孕,一审法院会直接驳回离婚诉讼请求,而不是判决不准离婚。在二审期间发现怀孕的,应当撤销原判,驳回原告的诉讼请求。

(2) 女方在分娩后一年内。无论女方分娩的是活着的婴儿还是死胎,均受该期间的限制。

(3) 女方终止妊娠后六个月。在此期间,无论女方出于何种原因终止妊娠的,都不准男方提出离婚诉讼。

对于上述期间的例外规定是,一是女方提出离婚的,不受该期间的限制。这是因为女方在该期间提出离婚,自己已经有所思想准备,她认为离婚才能够更好地保护自己和胎儿的利益。对此如果予以限制,反而会对女方和胎儿、婴儿不利。二是如果法院认为确有必要受理男方的离婚诉讼,则不受该期间的限制。对此,法院应当严格把握"确有必要"的尺度,如在此期间双方确实存在不能继续共同生活的重大而紧迫的情况,一方对他方有危及生命、人身安全的可能,女方怀孕是因与他人通奸所致等,均为"确有必要"。

3.离婚时的经济补偿请求以及经济帮助

(1) 经济补偿。夫妻双方在照料老人、子女或者配偶以及为家庭生活提供服务和便利等方面付出更多的一方,将其更多的时间和精力投入无偿家务劳动中的利他行为,使得包括配偶在内的家庭成员均受益,根据民法权利义务相一致的原则,负担更多家庭义务的一方,应当享有获得相应经济补偿的权利。对于经济补偿,由共同生活中付出义务较多的一方当事人提出经济补偿请求,补偿的数额应当由双方协商解决。协商不成的,向法院起诉,由人民法院判决。人民法院判决时,应考虑请求权人付出义务的大小、请求权人因此受到损失的情况和另一方从中受益的情况,包括家务劳动时间、投入家务劳动的精力、家务劳动的效益、负担较多一方的信赖利益等综合确定。

(2) 经济帮助。离婚时,原配偶的一方如果生活困难,有负担能力的另一方应当予以适当帮助。它与夫妻关系存续期间的扶养义务不同,只是派生于原存的夫妻关系的一种延伸责任。提供适当经济帮助的办法,应当由双方当事人协议,协议不成时,由人民法院判决。法院应当考虑受助方的具体情况和实际需要,也要考虑帮助方的实际经济负担能力。如果受助方年龄较轻且有劳动能力,只是存在暂时性困难的,多采取一次性支付帮助费用的做法给付。如果受助方年老体弱,失去劳动能力,依靠个人财产和离婚时分得的财产无法维持当地基本生活水平,又没有生活来源的,一般要给予长期的妥善安排。

【案情】 刘某与张某于2012年8月10日登记结婚,婚后无子女。

后因生活琐事发生矛盾。现刘某名下有房产两套。根据刘某提交的证据材料显示,刘某于2007年4月17日购买了山西省晋中市汇通路×号房屋,2011年1月17日购买了北京市海淀区大柳树路×号房屋。张某称,购买北京市海淀区大柳树路房屋时,自己曾经以现金方式给付了刘某10万元,刘某否认张某出资。张某称,其与刘某经历了五年的恋爱才结婚;为了和刘某在一起,自己放弃军籍独自来到北京。刘某曾经承诺为自己办理随军,以取得北京户口。现张某没有北京市户口、没有固定工作、没有住房,生活困难。刘某向一审法院提起诉讼,称双方感情破裂,请求离婚。

【问题】 张某是否属于一方生活困难,离婚时需要经济帮助?

【法律规定】 《民法典》第一千零九十条规定:"离婚时,如果一方生活困难,有负担能力的另一方应当给予适当帮助。具体办法由双方协议;协议不成的,由人民法院判决。"

【法律运用及结果】 法院判决一审法院认为,双方婚后因为家务琐事产生矛盾,致使夫妻感情破裂。故刘某要求离婚的诉讼请求,应予支持。离婚时,如一方生活困难,另一方应从其住房等个人财产中给予适当帮助,考虑到张某的现实生活状况及为婚姻的付出,在刘某不同意张某继续居住在海淀区大柳树路×号房屋内的情况下,刘某应当给予张某适当经济帮助为宜。张某提出买房时支付过10万元房款,但是其未提交相应的证据证明,不予支持。法院判决:一、准予刘某与张某离婚;二、刘某于判决生效后二十日内给付张某帮助费22万元;三、驳回张某的其他诉讼请求;四、驳回刘某的其他诉讼请求。一审判决后,刘某向二审法院提起上诉,请求撤销原判第二项,确认刘某无须给付张某帮助费。二审法院认为,双方婚后常为生活琐事发生矛盾,双方再无和好可能,经法院调解无效,原审法院据此确认双方感情确已破裂并准予双方离婚,并无不当,二审法院依法予以维持。关于双方当事人所争议的给付帮助费的问题。现张某没有住房,离婚后生活确实存在困难。法院判决驳回上诉,维持原判。

(案件改编自北京市海淀区人民法院裁判文书,案号:〔2014〕海民初字第16798号;北京市第一中级人民法院裁判文书;案号:〔2015〕一中民终字第3169号)

4. 离婚损害赔偿请求

(1) 离婚损害赔偿的概念。离婚过错损害赔偿是指夫妻一方因为过错实施法律规定的违法行为,妨害婚姻关系和家庭关系,导致夫妻离婚,过错方应当承担的侵权损害赔偿责任。这些过错包括重婚、与他人同居、实施家庭暴力、虐待、遗弃家庭成员以及有其他重大过错。

(2) 离婚损害赔偿的责任方式。离婚损害赔偿的责任方式包括两种,一是人身损害赔偿,二是精神损害赔偿。人身损害赔偿就是在实施家庭暴力、虐待、遗弃等违法行为中,造成了受害人的身体权、健康权的损害,构成了人身损害的后果。在赔偿中,应当按照人身损害赔偿的规则进行。对于离婚损害赔偿中的精神损害赔偿,应当包括两个方面:一是侵害配偶权,造成的纯粹的精神利益损害,可以请求精神损害赔偿;二是造成人身损害的,除了可以请求人身损害赔偿之外,还可以请求精神痛苦的抚慰金赔偿。

(3) 离婚损害赔偿的程序。离婚损害赔偿的程序包括两个方面,一是确认离婚损害赔偿的主体。在离婚损害赔偿诉讼中,原告只能是无过错的一方配偶,简称无过错方。被告是无过错方的配偶,即有过错的配偶一方。其他家庭成员,不是离婚损害赔偿案件的当事人。二是离婚损害赔偿请求权行使的期限。无过错配偶作为原告起诉离婚的,必须在离婚诉讼的同时起诉离婚损害赔偿。如果无过错配偶作为离婚诉讼的被告,在离婚诉讼中不同意离婚,也不提出离婚损害赔偿请求,法院判决离婚的,其起诉的时限规定为离婚后的一年,在一年内可以提出离婚损害赔偿诉讼请求。如果无过错配偶作为离婚诉讼的被告,在一审中没有提出离婚损害赔偿诉讼请求,而是在二审中提出的,法院应当对离婚损害赔偿诉讼请求进行调解。调解成功的,调解结案;调解不成的,依法判决离婚,在离婚后一年内,无过错配偶可以另行起诉。如果无过错配偶作为离婚诉讼的被告,在离婚诉讼中同意离婚并请求离婚损害赔偿请求的,应当提起反诉。

二、婚姻关系解除后的子女与共同财产的处理

(一) 离婚后子女的抚养与探望

1. 离婚后子女的抚养

夫妻之间因离婚导致婚姻关系的解除,使得未成年子女无法再继续与父和母共同生活,因此须解决未成年子女随哪一方生活的问题。未成年子女随哪一方共同生活,谁是直接抚养人,谁就是监护人。

(1) 离婚后子女抚养的规则:一是不满 2 周岁的子女,以母亲直接抚养为原

则。由父亲直接抚养的例外情况主要是母亲患有久治不愈的传染性疾病或者其他严重疾病,子女不宜与其共同生活;有抚养条件不尽抚养义务,而父亲要求子女随其生活;因其他原因,子女确不宜随母亲生活,如母亲因职业的原因不能哺乳,母亲出走或其他原因不能哺乳婴儿,必须由父亲抚养的。二是已满2周岁的子女,父母双方对抚养问题协议不成的,由人民法院根据双方的具体情况,按照最有利于未成年子女的原则判决。《最高人民法院关于适用〈中华人民共和国民法典〉婚姻家庭编的解释(一)》第四十六条规定了优先抚养权原则:"对已满两周岁的未成年子女,父母均要求直接抚养,一方有下列情形之一的,可予优先考虑:(一)已做绝育手术或者因其他原因丧失生育能力;(二)子女随其生活时间较长,改变生活环境对子女健康成长明显不利;(三)无其他子女,而另一方有其他子女;(四)子女随其生活,对子女成长有利,而另一方患有久治不愈的传染性疾病或者其他严重疾病,或者有其他不利于子女身心健康的情形,不宜与子女共同生活。"第四十七条规定:"父母抚养子女的条件基本相同,双方均要求直接抚养子女,但子女单独随祖父母或者外祖父母共同生活多年,且祖父母或者外祖父母要求并且有能力帮助子女照顾孙子女或者外孙子女的,可以作为父或者母直接抚养子女的优先条件予以考虑。"三是8周岁以上未成年子女。8周岁以上的未成年人是限制民事行为能力人,已经具备一定的自主意识和认知能力,他们可以根据自己的认知能力判断究竟是随父还是随母生活对自己更为有利。原则上,法院应当尊重子女的选择;但是,8周岁以上未成年子女的认知能力终究是有限的,如果其所作的选择对其成长不利,法院也可以作出更有利于其健康成长的判决。

(2)夫妻离婚后,子女归一方抚养,另一方在以下情况下可以请求变更子女抚养关系,人民法院应予支持:一是与子女共同生活的一方因患严重疾病或者因伤残无力继续抚养子女;二是与子女共同生活的一方不尽抚养义务或有虐待子女行为,或者其与子女共同生活对子女身心健康确有不利影响;三是已满8周岁的子女,愿随另一方生活,该方又有抚养能力;四是有其他正当理由需要变更。

如果在离婚诉讼期间,双方均拒绝抚养子女的,可以先行裁定暂由一方抚养。

2. 离婚后子女抚养费的负担

父母离婚后,任何一方对未成年子女仍有抚养、教育和保护的义务,享有亲权,不得以不直接抚养而拒绝支付抚养费。离婚后,子女由一方直接抚养的,另一方应当负担部分或者全部抚养费。包括子女生活费、教育费、医疗费等。负担费用的多少和期限的长短,由双方协议;协议不成的,由人民法院判决。

(1)抚养费的数额。可以根据子女的实际需要、父母双方的负担能力和当地的实际生活水平确定。有固定收入的,抚养费一般可以按其月总收入的百分之二十至三十的比例给付。负担两个以上子女抚养费的,比例可以适当提高,但一般不得超过月总收入的百分之五十。无固定收入的,抚养费的数额可以依据当年总收入或者同行业平均收入,参照上述比例确定。有特殊情况的,可以适当提高或者降低上述比例。父母一方无经济收入或者下落不明的,可以用其财物折抵抚养费。父母双方也可以协议由一方直接抚养子女并由直接抚养方负担子女全部抚养费。但是直接抚养方的抚养能力明显不能保障子女所需费用、影响子女健康成长的,人民法院不予支持。

(2) 抚养费的给付期限。抚养费应当定期给付,有条件的可以一次性给付。抚养费的给付期限,一般至子女18周岁为止。16周岁以上不满18周岁,以其劳动收入为主要生活来源,并能维持当地一般生活水平的,父母可以停止给付抚养费。

(3) 抚养费的增加。在原定抚养费数额不足以维持当地实际生活水平或因子女患病、上学,实际需要已超过原定数额以及有其他正当理由时,子女要求有负担能力的父或者母增加抚养费的,人民法院应予支持。

3. 离婚后离婚后子女的探望权

探望权是指夫妻离婚后,不直接抚养子女的父或母有权对子女进行探望的权利。探望权并不是产生于父母之间的协议,也不需要法院判决确认。只要直接抚养权一确定,探望权也同时成立,非直接抚养一方的父或母即取得探望权。但当事人有必要确定探望的时间、方式。行使探望权利的方式、时间由当事人协议;协议不成时,由人民法院判决。在确定探望的时间和方式问题上,规定了父母协议和法院判决两种方式,并且确定了"协议优先"原则。

【案情】 曹某甲、朱某原系夫妻,2007年5月30日生一子曹某乙。2014年3月14日,曹某甲、朱某经民政部门登记离婚,并自愿达成离婚协议,其中涉及子女抚养条款为:(1)离婚后,儿子曹某乙随男方共同生活,每月抚养费由男方负责,高中教育阶段之后的有关费用双方日后重新协商;(2)在提前通知男方后,女方可探望儿子。每周周一至周五17时至21时期间,女方可到男方家中探望儿子两次。每月两次,女方可在周六到男方家中接儿子外出游玩,8时30分接出,18时之前送回。节假日根据儿子的意愿另行协商。离婚后,曹某乙随曹某甲共同生活至今。2015年1月28日,朱某曾向一审法院提起探望权诉讼。2015年2月26日,经法院主持调解,曹某甲、朱某达成如下协议,主要内容为:(1)朱某自

2015年3月起每周周六8时至当日19时30分及自2015年起的每年7月2日8时至当年7月8日19时30分对朱某与曹某甲所生之子曹某乙实施探望权,探望交接地点为曹某甲住所地(或双方协商一致的其他地点),曹某甲有协助朱某实施探望权的义务,至曹某乙18周岁时止;(2)朱某自2015年3月起每月支付曹某乙抚养费1500元,至曹某乙18周岁时止。嗣后,朱某按月支付曹某乙抚养费,而曹某甲未能按约协助朱某履行探望权。2015年7月21日,朱某曾就探望权纠纷向法院申请执行。2016年5月3日,曹某甲就探望权纠纷起诉至一审法院。诉讼中,曹某乙称,由于平时课业负担较重,希望减少朱某的探望时间,另周六其欲睡个懒觉,故希望探望起止时间作顺延。诉讼中,曹某甲、朱某对平时探望时间达成一致,即两周一次,一次一天。但对寒、暑假探望时间双方存在较大争议。法院判决一审法院认为,从维护曹某乙的身心健康角度出发,应充分保障朱某对曹某乙的探望时间,让曹某乙充分感知父母之爱。作为曹某甲而言,不应借口曹某乙学业负担重、参加兴趣班等事由而阻却朱某对曹某乙实施探望权。就平时探望时间,双方对探望时间基本达成一致,予以准许。除此之外,探望时间应集中于寒、暑假。

【问题】 曹某乙不愿意接受妈妈探望,希望减少探望次数,法院是否应当考虑孩子的意愿?

【法律规定】 《民法典》第一千零八十六条:"离婚后,不直接抚养子女的父或者母,有探望子女的权利,另一方有协助的义务。行使探望权利的方式、时间由当事人协议;协议不成的,由人民法院判决。父或者母探望子女,不利于子女身心健康的,由人民法院依法中止探望;中止的事由消失后,应当恢复探望。"

【法律运用及结果】 法院认为,曹某乙当时不满10周岁,依照案件发生时的法律规定属无民事行为能力人,曹某乙不愿母亲探望的表述,除其自身因父母离异而产生心理偏差的因素外,与父亲、家人的教育亦存在直接因果关系。因此,更应当充分保障母亲的探望权。保证曹某乙与母亲相处的时间,更加有利于孩子的成长。《民法典》第一千零八十六条规定了探望权,是保障不直接抚养的父或母实质参与孩子抚养、教育的权利,使孩子能够得到父母双方的关心爱护,最大限度地减少家庭破碎对孩子的伤害。曹某甲作为直接抚养孩子的一方,有协助朱某行使探望权的义务。一审法院作出判决:朱某自判决生效之月起每月第二、四周周六9

时起至当日18时30分止(除寒、暑假假期),以及自2016年起每年暑假假期(当年7月1日8时起至当年7月23日18时止)、寒假假期(放假第一天8时起至放假第七日18时止)对曹某甲与朱某所生之子曹某乙实施探望权,探望交接地点为曹某甲住所地(或双方协商一致的其他地点),曹某甲有协助朱某履行探望权的义务,至曹某乙18周岁时止。一审判决后,曹某甲不服,提起上诉,请求改判为。二审法院认为,每月两次的探望频次为法院处理探望权纠纷案件通常所掌握的标准,符合常理,亦能满足父母子女之间的正常情感需求,如改为每月一次探望,则间隔时间过长。且寒暑假期间共四周左右的集中探望亦不会严重影响到孩子的学习,反而有助于加强孩子和母亲之间的交流、沟通,充分享受父母完整之爱。至于在探望时间段如发生因孩子生病而不便探望之情形的,则双方可通过协商进行适当调整,这不构成减少探望频次、时间的充分理由。判决驳回上诉,维持原判。

(案件改编自上海市闵行区人民法院裁判文书,案号:〔2016〕沪0112民初12612号;上海市第一中级人民法院裁判文书,案号:〔2016〕沪01民终6904号)

(二) 离婚时夫妻共同财产的处理

1. 离婚时夫妻共同财产的处理

《民法典》第一千零六十二条规定了夫妻共同财产,第一千零六十三条规定了夫妻个人财产。离婚时,分割夫妻共同财产的原则和方法如下:

(1) 由双方协议处理,达成协议的,写在离婚协议中,经过婚姻登记机关确认生效。

(2) 协议不成的,由人民法院根据财产的具体情况,照顾子女、女方和无过错方权益的原则判决,因而并不是平均分配,判决分割时应当照顾子女、照顾女方和照顾无过错方。

(3) 保护土地承包经营权的个人权益。由于农村承包土地是以家庭为单位进行承包的,夫妻离婚后,不会因为离婚而再给其分配承包地。因此,夫或者妻在家庭土地承包经营中享有的权益等,在分割共同财产中应当依法予以保护,不能使在家庭关系中分离出去的一方受到损害。

关于离婚时,对分割夫妻共同财产不分或者少分财产的例外情形,《民法典》规定了法定事由:一是夫妻一方隐藏、转移、变卖、毁损、挥霍夫妻共同财产;二是伪造夫妻共同债务企图侵占另一方财产。具有上述情形之一的,在离婚分割夫妻共同财产时,对隐藏、转移、变卖、毁损、挥霍夫妻共同财产或者伪造夫妻共同债务的一方,可以少分或者不分。

2. 离婚时夫妻共同债务的清偿

夫妻共同债务指的是夫妻在共同生活中,为共同生活或为履行抚养、赡养义务等所负债务。离婚时夫妻共同债务清偿的方法如下:

(1) 夫妻共同债务应由夫妻共同清偿,即以共同财产清偿。一般债权人会要求从夫妻共有财产中先清偿夫妻共同债务,然后剩余的由夫妻对共有财产进行分割。清偿时以共同财产为限,清偿后不剩共同财产的,不再分割。

(2) 如果共同财产不足以清偿或者财产归各自所有的,由双方协议,按照协议约定的方法进行清偿。

(3) 双方协议不成的,向法院起诉,由人民法院依法判决。

第五节 收 养

一、收养关系的成立

(一) 被收养人的规定

收养是指自然人领养他人的子女为自己的子女,依法创设拟制血亲亲子关系的身份法律行为。依收养身份法律行为创设的收养关系,就是拟制血亲的亲子关系,是基于收养行为的法律效力而发生的身份法律关系。这种拟制血亲的亲子关系,具有与自然血亲同样内容的权利义务关系。在收养的身份法律行为中,当事人分别是收养人、被收养人和送养人。其中领养他人子女为自己的子女的人是收养人,被他人收养的人为被收养人,将子女或者儿童送给他人收养的自然人或者社会组织为送养人。收养人为养父或养母,被收养人为养子或养女,送养人是抚养被收养人的生父母或者其他人。

对于被收养人的条件,在各国的收养法中都是有规定的,宽严程度各有不同,多数国家的规定限制在未成年人,只有少数国家立法规定可以收养成年人。我国《民法典》规定只有未成年人才能为被收养人。

(1) 丧失父母的孤儿。孤儿是指其父母死亡或者人民法院宣告其父母死亡的未成年人。

(2) 查找不到生父母的未成年人。

(3) 生父母有特殊困难无力抚养的未成年子女。如父母出于无经济负担能力、患有严重疾病、丧失民事行为能力等原因,无法或者不宜抚养子女。

(二) 送养人适格条件的规定

(1) 孤儿的监护人。孤儿是未成年人,其监护人可以送养,但监护人送养孤儿的,应当征得有抚养义务的人同意。

(2) 儿童福利机构。儿童福利院、设有儿童部的社会福利院等机构,对于他们养育的孤儿、查找不到生父母的弃婴、儿童,儿童福利机构可以送养给合格的收养人。

(3) 有特殊困难无力抚养子女的生父母,也可以将未成年子女送养,这有利于子女的健康成长。当然须双方共同送养,如果生父母一方不明或者查找不到的,可以单方送养;生父母一方死亡,对方配偶可以送养子女,但死亡一方的父母主张优先抚养权的,构成送养的法定障碍。

(三) 收养人条件的规定

(1) 无子女或者只有一名子女。无子女者,包括未婚者无子女、已婚者无子女以及因欠缺生育能力而不可能有子女等情形。无子女或者只有一名子女的"子女",包括婚生子女、非婚生子女及拟制血亲的子女。

(2) 有抚养、教育和保护被收养人的能力。不仅要考虑收养人的经济负担能力,而且要考虑在思想品德等方面是否有抚养教育的能力。其标准应当不低于对监护人监护能力的要求。

(3) 未患有在医学上认为不应当收养的疾病。在医学上认为不应当收养子女的疾病是指危害养子女健康的传染性疾病或者危害养子女人身安全的精神性疾病。

(4) 无不利于被收养人健康成长的违法犯罪记录。这有利于被收养人得以在良好的环境中健康成长。

(5) 年满30周岁。收养人须满30周岁,是对有配偶者双方和无配偶者的共同要求。继父或者继母收养继子女不受年龄满30周岁的限制。

(6) 基于伦理道德的考虑,无配偶者收养异性子女的,收养人与被收养人的年龄应当相差40周岁以上。

(7) 为了有利于夫妻和睦和对被收养人的抚养教育及收养关系的稳定,有配偶者收养子女,应当夫妻共同收养。

(四) 对收养三代以内旁系同辈血亲子女的规定

收养三代以内旁系同辈血亲的子女,多是本家族内的近亲属照顾无子女近亲属的一种举措,不必限制过多,可以不受"生父母有特殊困难无力抚养的子女""有特殊困难无力抚养子女的生父母"以及"无配偶者收养异性子女的,收养人与被收养人的年龄应当相差四十周岁以上"规定的限制。

华侨收养三代以内旁系同辈血亲的子女,不仅不受上述三个规定的限制,而且还可以不受《民法典》第一千零九十八条第一项关于收养人"无子女或者只有一名子女"规定的限制。

(五) 对收养人收养子女数量的规定

对收养人收养子女数量的限制,是为了防止收养人因收养子女过多,无照顾能力,进而损害被收养人的利益,同时也防止出现借收养之名拐卖人口的情况。因此,《民法典》规定,无子女的收养人可以收养两名子女;有子女的收养人只能收养一名子女。但收养残疾未成年人或者收养儿童福利机构抚养的查找不到生父母的未成年人,可以不受无子女的收养人只能收养两名子女或者有子女的收养人只能收养一名子女的限制,也不受收养人无子女或者只有一名子女规定的限制。但在收养人拟收养多名的时候,应当考虑收养人的抚养能力和其他条件,不宜过多。

(六) 当事人收养合意的规定

在收养问题上,收养人和送养人的意思表示必须真实、自愿、一致,才能构成合意。8周岁以上的被送养人需经其同意,收养未满8周岁的未成年人,不必经过本人的同意。8周岁以上的未成年人是限制民事行为能力人,如果其不同意,构成收养合意的法律障碍。有成立收养的合意,只能说明当事人有此共同意愿。还需通过收养登记法定的方式,收养关系才能为国家所承认,为法律所保护。

(七) 收养关系成立形式要件的规定

收养关系成立的形式要件是指收养关系成立所需要的程序性的必要条件。收养登记是收养的形式要件,必须具备。收养协议和收养公证是出于当事人的意愿和要求而进行的程序,不具有强制的意义。

收养应当向县级以上人民政府的民政部门登记。在地域管辖上,分为下列四种情形:一是收养儿童福利机构抚养的查找不到生父母的弃婴、儿童和孤儿的,在儿童福利机构所在地的收养登记机关办理登记。二是收养非儿童福利机构抚养的查找不到生父母的弃婴和儿童的,在弃婴和儿童发现地的收养登记机关办理登记。三是收养生父母有特殊困难无力抚养的子女或者由监护人监护的孤儿的,在被收养人生父母或者监护人常住户口所在地(组织作监护人的,在该组织所在地)的收养登记机关办理登记。四是收养三代以内同辈旁系血亲的子女以及继父或者继母收养继子女的,在被收养人生父或者生母常住户口所在地的收养登记机关于收养登记。公安部门应当依照国家有关规定,为被收养人办理户口登记。

(八)对外国人在中国收养子女的实质性和程序性规定

我国于1999年颁布了《外国人在中华人民共和国收养子女登记办法》,2005年正式加入海牙《跨国收养方面保护儿童及合作公约》,2011年实施《涉外民事关系法律适用法》。

1. 关于涉外收养成立的实质要件

《跨国收养方面保护儿童及合作公约》第二章规定了跨国收养的实质要件:要求儿童原住国的主管机关确认该儿童适于被收养;确认充分考虑国内安置的可能性后,跨国收养符合儿童的最佳利益;确认相关人员(包括符合条件的儿童)得以行使同意权。要求儿童收养国的主管机关确认收养人适格;保证该被收养儿童已经或将被批准进入并长期居住该国。原则上,涉外收养的收养人应当满足《民法典》第一千零九十八条规定的收养人条件,与收养人所在国法律规定不一致的,两国政府有关部门协商处理。

2. 关于外国人在中国收养子女,要经过特别的收养程序

(1)通过所在国收养组织向中国收养组织提出收养申请。

(2)中国送养人向我国民政部门提出送养申请。

(3)涉外收养的审批与通知。

收养关系当事人办理收养登记后,各方或者一方要求办理收养公证的,应当到收养登记地的具有办理涉外公证资格的公证机构办理收养公证。

【案情】 方某某1出生后不久,其父母因家庭困难无力抚养,经中间人介绍于1993年4月30日将其送养给方某某,方某某1父母与方某某未订立收养、送养书面协议,也未到民政部门进行收养登记。后方某某以养女关系到广安市公安局桂兴派出所为方某某1进行了户籍登记。另外,方某某1不属于方某某三代以内同辈旁系血亲的子女,也无身体残疾。方某某至今未婚,在收养原告方某某1时未满35周岁。方某某1主张,其因被其亲生父母遗弃,于1993年4月被方某某收养,但其从小随方某某哥嫂方某某2、王某某夫妇长大成人,方某某收养她违反了法律的规定,该收养行为应为无效。

【问题】 无配偶者收养异性子女时,收养人与被收养人的年龄相差不到四十周岁的,该收养关系是否有效?

【法律规定】《民法典》第一千一百零二条规定:"无配偶者收养异性

子女的,收养人与被收养人的年龄应当相差四十周岁以上。"

【法律运用及结果】 无配偶者可以收养异性子女,但是需要满足收养人与被收养人的年龄相差40周岁以上的条件。"无配偶者"包括未婚、离婚和丧偶等几种无配偶的情况。无配偶的男性可以收养女性子女,或者无配偶的女性可以收养男性子女,但是为了防止收养人损害被收养人的合法权益,法律要求收养人与被收养人的年龄相差40周岁以上。收养人与被收养人的相差年龄大,也意味着收养人有一定的经济基础收养被收养人,承担得起收养的经济负担,这对被收养人健康成长是有利的。本案中,方某某1的父母因家庭困难无力抚养,将无身体残疾的女婴方某某1送养给无配偶的男性方某某。送养时方某某1刚出生不久,方某某则未婚、未满35周岁。由于方某某与方某某1的年龄相差不到40周岁,违反了无配偶者收养异性子女的,收养人与被收养人的年龄应当相差40周岁以上的规定。此外,方某某将方某某1收养后,方某某1从小随方某某哥嫂长大成人,方某某没有尽抚养方某某1的义务。故方某某收养方某某1的行为无效。一审法院、二审法院据此判决方某某的收养行为无效。

(案件改编自四川省广安市前锋区人民法院裁判文书,案号:〔2016〕川1603民初字第392号;四川省广安市中级人民法院裁判文书,案号:〔2016〕川16民终694号)

二、收养的效力

(一)收养的法律效力

收养的法律效力是指法律赋予收养行为发生的强制性法律后果。这种法律后果表现为收养的拟制效力和解销效力。

1. 收养的拟制效力

收养的拟制效力,亦称为收养的积极效力,是指收养依法创设新的亲属身份关系及其权利义务的效力。收养的拟制效力不仅及于养父母和养子女以及养子女所出的晚辈直系血亲,同时及于养父母的血亲,表现为养子女与养父母的近亲属以及养父母与养子女的近亲属之间发生的拟制效力,取得亲属的身份,发生权利义务关系。

2. 收养的解销效力

收养的解销效力,亦称收养的消极效力,是指收养依法消灭原有的亲属身份关系及其权利义务的效力。我国立法采取养子女与生父母之间的权利义务完全消灭。这种解销效力,消灭的仅仅是法律意义上的父母子女关系,而不是自然意义上的父母子女关系。养子女与生父母之间基于出生而具有的直接血缘联系是客观存在的,无法通过法律手段加以改变。法律关于禁婚亲的规定仍然适用于养子女与生父母及其近亲属。

3. 继父母收养后与生父母的权利义务关系

在收养关系中,有一种较为特别的情况,即当继父母收养继子女时,继子女与生父母的权利义务关系是否消灭,理论上存有争议。继父母与继子女收养关系成立后,继子女与生父母的权利义务关系也因收养关系的成立而消灭。我国采用完全收养制度,一方面是为了保护养子女利益,另一方面是为了保护收养人利益,防止其受到养子女原生家庭的打扰。但是继父母收养继子女与其他情况的收养不同,继父母收养继子女是因为新的婚姻关系的建立,而并非被收养人原生家庭的原因。有学者建议收养人为继父或继母的,养子女与和其共同生活的生母或生父及其近亲属间的权利义务仍然存在。这种观点很有道理。

(二) 对养子女姓氏的规定

养子女被收养后,可以随养父或者养母的姓氏,生父母不得反对。

如果经当事人协商一致,也可以保留原姓氏。被收养人年满8岁以上的,如需改动其姓名,应当征得被收养人的同意。

(三) 对无效收养行为的规定

无效收养行为是指欠缺收养成立的法定有效要件,不能发生收养法律后果的收养行为。从性质上说,无效收养行为就是无效的民事法律行为。发生无效收养行为的原因如下:

(1) 欠缺收养关系成立的实质要件,如收养人、送养人不具备相应的民事行为能力以及《民法典》规定的收养或送养条件;收养人、送养人关于收养的意思表示不真实;8周岁以上的被收养人不同意收养而被收养等。

(2) 欠缺收养关系成立的形式要件,如没有经过收养登记,欠缺收养成立的法定程序等。

(3) 违反法律、行政法规强制性规定或者违背公序良俗,如借收养之名拐卖儿童或者出卖亲生子女等。

【案情】 魏某1是魏某某、吴某夫妇的婚生子。魏某2年幼时,生父母将其送给当时未生育魏某1的姑姑、姑父即魏某某、吴某夫妇,在魏家长大成人。1974年前沿用原姓氏,1974年更改为魏姓。后魏某某、吴某夫妇相继去世，留下一份遗产即坐落于古田县胜利街和平路的房屋，魏某2与魏某1因该房产的继承事宜发生争执。魏某2向一审法院起诉请求：确认其享有养父母魏某某、吴某夫妇一半遗产的合法继承权，并判定房屋的一半产权归其所有。

【问题】 魏某某、吴某夫妇与魏某2是否存在收养关系？

【法律规定】《民法典》第一千一百一十二条规定："养子女可以随养父或者养母的姓氏，经当事人协商一致，也可以保留原姓氏。"

【法律运用及结果】 魏某1以魏某2成年以后才改姓魏为由，主张不存在收养关系。因为当时原《收养法》尚未出台，所以只能根据具体情况判断。养子女既可以随生父母姓，也可以随养父母姓，不应当以养子女的姓作为判断标准，而应当根据魏某某、吴某夫妇是否将魏某2抚养长大、当地习惯以及其他文件和资料记载等综合判断。从案中证据可知，魏某2在魏家长大，生活花费甚至结婚费用都是养父魏某某提供的。此外，魏某某和魏某2在各自的工作材料中多次填写双方的收养关系，已经过组织审查和认可。综上，可以确认魏某某、吴某与魏某2形成事实上的收养关系，魏某2有权参与遗产继承。因此，一审法院认为，魏某2与魏某1同为魏某某、吴某夫妇的子女，对魏某某、吴某夫妇的遗产有同等的继承权，魏某2主张继承养父母魏某某、吴某夫妇的遗产即房屋的一半，理由充分，予以支持。一审法院作出判决：魏某2对魏某某名下的房屋占一半产权份额。魏某1不服一审判决，向二审法院提起上诉，请求撤回一审判决，理由是魏某2成年以后才改姓魏，且未进入魏某某、吴某户籍，魏某某、吴某与魏某2并不存在收养关系，而是寄养关系。魏某2没有法定继承权。魏某2提交的证据有：(1)由宁德地区公路局保存的其养父魏某某退休时填报的《工人退休呈批表》、1974年在南昌铁路局工作时填写的履历表、1982年其30岁时在南昌二中工作时填写的履历表，都把养父母填在家庭成员一栏，把生父母填在社会关系一栏，同时在1988年市委办公厅的干部履历表中也写明了"1958年因家庭生活困难，生父母便将其本人送给姑姑（生父之姐）为子"。(2)养父母生前长期与其保持通信，其保存下来的36封信，全部都是以父子、母子相称，同时可以证明其一直有给养母寄生活费并承担医疗费。二审法院认为，第一，魏某2提交的有关证据可以证明，诉争房产应属于魏某某、吴某夫妇遗产。第二，本案一、二审期间，上诉人魏某1对魏某2幼时即与她一同在魏某某、吴某夫妇的家中长大成人的事实并无异议，魏某2在一、二审期间提交的魏某某退休呈批表，与魏某某、吴某夫妇生前的信件，三份干部履历表、全家福照片等足以证实魏某2与魏某某、吴某夫妇形成事实上的养子女与养父母关系。二审法院作出判决：驳回上诉，维持原判。

（案件改编自福建省古田县人民法院裁判文书，案号：〔2017〕闽0922民初2390号；福建省宁德市中级人民法院裁判文书；案号：〔2018〕闽09民终102号）

三、收养关系的解除

（一）对解除收养关系的规定

收养关系解除是指收养的法律效力发生后，因出现一定的法定事由，无法继续维持收养亲子关系，通过法定程序将其人为消灭。收养关系解除的程序有两种：

1. 协议解除

协议解除收养关系适用于两种情况：一是在收养关系成立之后，被收养人成年之前，收养人和送养人双方可以通过协议解除收养关系；二是养父母与养子女间关系恶化，无法共同生活的，也可以通过协议解除收养关系。协议解除收养的程序是：达成收养解除的合意的，到收养登记机关办理解除收养关系的登记。收养关系自登记之日起消灭。

2. 诉讼解除

收养关系当事人就解除收养关系不能达成协议的，收养人、送养人及已经成年的被收养人可以向人民法院提起诉讼。诉讼解除收养关系的适用主要有三种情形：一是如果生父母反悔，并用不正当手段破坏养亲子关系，以至于收养关系恶化，无法继续维持的，法院也可以判决解除收养关系。如果送养人有正当理由，如收养人对养子女不履行抚养义务，有虐待、遗弃以及其他侵害养子女的合法权益行为的，法院应当判决解除收养关系。二是被收养人已成年，与收养人关系恶化，一方要求解除收养关系。经调解无效，应当准予解除收养关系。三是养父母死亡后终止收养关系。对此，我国《民法典》婚姻家庭编收养部分未作规定，可以参照有关立法例，在养父母死亡后，养子女不能维持生活而无谋生能力的，可以请求人民法院判决终止收养关系，使被收养人返回本家。

当事人协议解除收养关系的，应当到民政部门办理解除收养关系登记。

（二）关于解除收养关系后身份关系发生变化的法律后果的规定

收养关系解除后，养子女和养父母之间的亲子身份地位以及权利义务关系不再存在;养子女与养父母的近亲属之间也不再具有子女与父母的近亲属身份地位和权利义务关系。

收养关系解除后,养子女尚未成年的,与生父母及其他近亲属之间的权利义务关系自行恢复。养子女已经成年的,其与生父母及其他近亲属的权利义务关系是否恢复,可以由当事人协商确定。需要探究的是,成年的养子女与生父母协商确定同意恢复的,该协议的效力是否及于其他近亲属。我们认为,不当然及于其他近亲属。因为权利义务关系是否恢复关系到每一个人的利益,所以与其他近亲属之间也需要协商是否恢复权利义务关系。

(三) 对收养关系解除后发生其他效力的规定

收养关系解除之后,还发生对解除收养关系后成年养子女的生活费给付义务和养父母的补偿请求权的效力。

1. 成年养子女的生活费给付义务

收养解除之后,经养父母抚养的成年养子女,对缺乏劳动能力又缺乏生活来源的养父母,应当给付生活费。其标准一般应不低于当地居民的普通生活费用标准。

2. 养父母的补偿请求权

(1) 因为生父母反悔或因过错而导致解除收养关系,一定程度上伤害了养父母的感情,在经济上造成了一定的损失。因此,生父母应当给予养父母一定的补偿,以弥补养父母在抚育养子女期间发生的生活费、教育费等费用。

(2) 养子女成年后虐待、遗弃养父母而解除收养关系的,不论养父母是否有生活来源,养父母都可以要求养子女补偿收养期间支出的抚养费。这是对虐待、遗弃养父母的养子女的一种惩罚性规定。

【案情】 被告汤某与李甲原系夫妻关系,1986 年收养原告李某,未办理收养手续。1999 年 10 月 17 日,被告夫妇与原告及其亲生父母共同签署了《解除对李某抱养关系协议书》,该协议未经公证。2001 年,李甲作为所有权人取得涉案房屋。2015 年 7 月 14 日,李甲死亡。2017 年 6 月 19 日,法院判决,解除原、被告收养关系。李甲的父母早已去世,且终生未生育子女,涉案房屋价值 42 万元。李某起诉请求继承李甲的遗产。

【问题】 (1) 李甲夫妇与李某的收养关系是否成立?(2) 李甲夫妇与李某的收养关系是否因签订解除收养协议而解除?

【法律规定】 《民法典》第一千一百一十六条规定:"当事人协议解除收养关系的,应当到民政部门办理解除收养关系登记。"

【法律运用及结果】 （1）关于李甲夫妇与李某的收养关系是否成立的问题：李甲夫妇对李某的收养发生在1986年，虽然1992年4月1日开始实施的《收养法》不承认事实收养，但是司法实践中对《收养法》实施之前已经形成的事实收养关系予以保护。根据《司法部关于办理收养法实施前建立的事实收养关系公证的通知》的规定，对于《收养法》实施前已建立的事实收养关系，自当事人达成收养协议或因收养事实而共同生活时成立。李甲夫妇收养李某时虽然未办理收养手续，但是长期以父母子女的关系共同生活，应按收养关系对待。（2）关于李甲夫妇与李某的收养关系是否因签订解除收养协议而解除的问题：根据《民法典》第一千一百一十六条的规定，协议解除收养关系的，应当到民政部门办理登记手续。李某的生父母与养父母于1999年签订了解除收养协议，签订协议发生在《收养法》实施之后，由于双方未到民政部门登记，因此不发生解除收养关系的效力；直到2017年法院判决，李某才与汤某解除收养关系。但此时李甲已经去世，在李甲去世时李某与李甲依然存在收养关系。因此，在李甲死亡后，李某享有法定继承权，可以获得应当继承的遗产。

（案件改编自云南省昆明市盘龙区人民法院裁判文书，案号：〔2017〕云0103民初4224号）

【本章思考题】

一、案例思考题

1. 案情：甲、乙是夫妻，甲在婚前发表了小说《昨天》，婚后获得稿费。乙在婚姻存续期间发表了小说《今天》，离婚后第二天获得稿费。甲在婚姻存续期间创作小说《明天》，离婚后发表并获得稿费。

问题：这些稿费收入中哪些属于夫妻共同财产？

2. 案情：甲（男）、乙（女）结婚后，甲承诺，在子女出生后，将其婚前所有的一间门面房变更登记为夫妻共同财产。后女儿丙出生，但甲不愿兑现承诺，导致夫妻感情破裂离婚，女儿丙随乙生活。后甲又与丁（女）结婚。未成年的丙因生重病住院急需医疗费20万元，甲与丁签订借款协议，从夫妻共同财产中支取20万元用作丙的医疗费。

问题：甲、乙离婚时，乙有权请求甲将门面房作为夫妻共同财产吗？如果丁不同意支付医疗费，甲有权分割与丁的夫妻共同财产吗？

3. 案情：甲、乙为夫妻，婚后甲经商取得成功，成为富商并在乙不知情的情况下以个人名义购得三套房屋。后甲与丙有染。为达到与乙离婚的目的，甲伪造发生巨额债务的证据并用其所经营的商铺抵债；还将三套房屋中的一套赠予丙且办理了过户手续；又将另一套房转让给丁且办理了过户手续，但丁未支付房款。

问题：乙发现后，在离婚前应当提出哪些诉讼请求可以得到法院的支持？

二、简答思考题

1. 父母未履行抚养子女的义务，子女能否主张免除赡养义务？为什么？
2. 基于完成父母的心愿或者报恩等动机缔结的婚姻关系是否违背婚姻自由原则？请简述理由。
3. 简述无过错方损害赔偿请求权的损害赔偿范围。
4. 简述夫妻抚养义务履行的前提条件。
5. 简述如何认定查找不到生父母的未成年人认定标准。

第六章 继承权

教学要求

要求读者掌握继承权的概念、特征和本质,继承权的接受、放弃、丧失和保护以及我国《民法典》继承编的基本原则;掌握法定继承的概念和特征,法定继承的适用范围,法定继承人的范围和继承顺序,代位继承和转继承的区别,以及遗产的分配原则;掌握遗嘱继承的概念和特征,遗嘱的设立;遗嘱的变更、撤销和执行;遗赠的概念和特征,遗赠扶养协议的概念和特征以及遗嘱继承、遗赠和遗赠扶养协议三者的不同;掌握继承开始的时间和意义,遗产的概念和特征,遗产的范围,遗产的分割与债务清偿,无人继承又无人受遗赠的遗产如何处理。

第一节 继承权概述

一、继承权的概念和特征

（一）继承权的概念

继承权是指继承人依法取得被继承人遗产的权利。包括两种含义：

（1）客观意义上的继承权,指继承开始前,公民依照法律的规定或者遗嘱的指定而接受被继承人遗产的资格,即继承人所具有的继承遗产的权利能力。

（2）主观意义上的继承权,指当法定的条件具备时,继承人对被继承人留下的遗产已经拥有的事实上的财产权利,即已经属于继承人并给他带来实际财产利益的继承权。这种继承权同继承人的主观意志相联系,不仅可以接受、行使,而且还可以放弃,是具有现实性、财产权的继承权。继承权的实现以被继承人死亡或宣告死亡时开始。

（二）继承权的特征

（1）继承权是自然人基于一定的身份关系享有的权利。

（2）继承权是依照法律的直接规定或者合法有效的遗嘱而享有的权利。

（3）继承权的标的是遗产。

（4）继承权是继承人于被继承人死亡时才可行使的权利。

二、继承权的取得、放弃、丧失和保护

（一）继承权的取得

自然人取得继承权主要有两种方式：法律直接规定和合法有效的遗嘱的指定，前者称之为法定继承权的取得，后者称之为遗嘱继承权的取得。

1. 法定继承权的取得

《民法典》继承编规定，自然人可以基于以下三种原因而取得继承权：

（1）因婚姻关系而取得。配偶之间有互相继承遗产的权利并且是第一顺序继承人。

（2）因血缘关系而取得。父母子女、兄弟姐妹间相互享有继承权正是基于血缘关系产生的。

（3）因抚养、赡养关系而取得。有抚养关系的继父母与继子女间以及有抚养关系的继兄弟姐妹之间有继承权；丧偶的儿媳对公婆，丧偶的女婿对岳父母，尽了主要赡养义务的，作为第一顺序继承人。这是权利义务相一致原则的体现。

2. 遗嘱继承权的取得

自然人取得遗嘱继承权必须依据被继承人生前立下的合法有效遗嘱。被继承人只能在法定继承人的范围内选定遗嘱继承人或者对法定继承人的继承份额作出规定，而不能任意选定遗嘱继承人。

（二）继承权的放弃

继承权的放弃是指继承人在继承开始后、遗产分割前，以明示的方式作出的拒绝接受被继承人遗产的意思表示。放弃继承的意思表示属单方法律行为，只要放弃继承的继承人有放弃继承的意思表示即可，无须经他人同意。

继承人放弃继承的意思表示应该在继承开始后、遗产分割前以明示的方式作出。继承人在遗产分割前没有作出意思表示的，视为接受继承。

放弃继承的继承人不享有请求分割遗产的权利，同时对被继承人遗留的债务也不负清偿责任，并且放弃行为的效力溯及继承开始时。在遗产处理前或诉讼进行中，继承人对放弃行为反悔的，由人民法院依其提出的理由决定是否予以承认。遗产处理后，继承人对放弃继承反悔的，法院不予承认。

(三) 继承权的丧失

继承权的丧失是指继承人因对被继承人或其他继承人有法律规定的违法行为而被依法剥夺继承权，从而丧失继承权的法律制度。

1. 继承权丧失的法定事由

根据《民法典》第一千一百二十五条的规定，继承人有下列行为之一的，丧失继承权：

(1) 故意杀害被继承人的。故意杀害被继承人的继承人不但应当受到刑罚处罚，而且应剥夺其继承权。其构成要件主观上的要求是故意，客观上必须有杀害行为，不予考虑是否既遂。

(2) 为争夺遗产而杀害其他继承人的。只有继承人杀害的动机是争夺遗产、杀害的对象是其他继承人时，才能确定其丧失继承权。并不是出于争夺遗产的目的杀害其他继承人的则不能剥夺其继承权。

(3) 遗弃被继承人或虐待被继承人情节严重的。遗弃被继承人是指有赡养能力、抚养能力的继承人，拒绝赡养或抚养没有独立生活能力或丧失劳动能力的被继承人的行为。虐待被继承人主要是指经常对被继承人进行肉体或精神上的折磨，如侮辱、打骂、冻饿等。依照相关司法解释的规定，继承人以后确有悔改表现而且被遗弃人、被虐待人又在生前表示宽恕的，可以不剥夺其继承权。

(4) 伪造、篡改或者销毁遗嘱情节严重的。情节严重是指伪造、篡改或销毁遗嘱的行为侵害了缺乏劳动能力又无生活来源的继承人的利益，并造成其生活困难的。

(5) 以欺诈、胁迫手段迫使或者妨碍被继承人设立、变更或者撤回遗嘱，情节严重的。

继承人有前款第(3)项至第(5)项行为，确有悔改表现，被继承人表示宽恕或者事后在遗嘱中将其列为继承人的，该继承人不丧失继承权。欺诈是指继承人故意告知被继承人虚假情况，或故意隐瞒真实情况，诱使被继承人作出违背其真实意愿设立、变更或者撤销遗嘱的行为。胁迫是指继承人以给被继承人或其亲友的生命健康、荣誉、名誉、财产等造成损害为要挟，迫使被继承人作出违背其真实意思设立、变更或者撤回遗嘱的行为。设立遗嘱的权利是被继承人的基本权利和自由，受法律保护。以欺诈或者胁迫的手段，迫使或者妨碍被继承人设立、变更或者撤回遗嘱，严重侵犯了被继承人的遗嘱自由和权利，使被继承人所立遗嘱违背其内心的真实意思。因此,继承人有上述行为并且情节严重的,应剥夺其继承权。受遗赠人有故意杀害被继承人行为的,也丧失受遗赠权。

2. 继承权丧失的效力

继承权丧失的效力是指继承权丧失的法律效果,它包括时间效力和对人的效力。我国《民法典》对继承权丧失的时间效力没有明确规定,从立法精神来看,当继承人具有丧失继承权的法定事由时,其继承权就当然丧失;若丧失继承权的法定事由出现在继承开始之后,则其效力追溯至继承开始之时。在对人的效力方面,继承权的丧失具有特定性,即使丧失了对特定人的继承权,继承人仍享有对其他被继承人的遗产继承权。

(四)继承权的保护

继承权的保护是指合法继承人的继承权受到他人侵害时,继承人可以通过诉讼程序请求人民法院予以保护,从而使继承权恢复到继承开始时状态的情形。对继承权的保护实际上是继承恢复请求权的行使。继承恢复请求权的行使必须以继承权受到侵害为前提,它包括请求返还遗产的权利和请求确认继承人的资格的权利。

三、《民法典》继承编的基本原则

(一)保护公民合法财产继承权的原则

我国《宪法》规定,法律保护公民的私有财产继承权,这是我国《民法典》继承编的立法依据,也同时决定了《民法典》继承编的立法宗旨和首要任务就是保护自然人的私有财产继承权。《民法典》继承编一方面规定了继承权的主体、客体、内容、变动等事项,起到确权的作用;另一方面规定了继承权受到侵害时的法律保护措施,起到护权的作用,充分体现了保护公民私有财产继承权的原则。

(二)继承权平等原则

(1)继承权男女平等。

(2)非婚生子女与婚生子女继承权平等。

(3)养子女与亲生子女继承权平等。

(4)儿媳与女婿在继承权上权利平等。《民法典》继承编赋予了那些对公婆、岳父母尽了主要赡养义务的丧偶儿媳或丧偶女婿第一顺序法定继承人的法律地位。

(5)同一顺序继承人继承遗产的权利平等。

(三) 养老育幼、互助互济原则

养老育幼是人类文明的体现，也是家庭的一项重要职能。它既是一项道德的要求，也是我国《民法典》继承编确立的一项基本原则。《民法典》继承编中的"特留份"制度、对缺乏劳动能力又没有生活来源的继承人的照顾都是这一原则的体现。

(1) 继承人为有法定扶养义务的近亲属。

(2) 遗产的分配有利于养老育幼。

(3) 在遗嘱继承和遗赠中保护老幼、残疾人的利益。

(4) 遗产分割不能侵害未出生人的利益。

(5) 承认遗赠扶养协议的效力。

第二节 法定继承

一、法定继承的概念和适用范围

(一) 法定继承的概念和特征

1. 法定继承的概念

法定继承是指根据法律直接规定的继承人的范围，继承人继承的顺序，继承人继承遗产的份额及遗产的分配原则，继承被继承人的遗产。

2. 法定继承的特征

(1) 法定继承是遗嘱继承的补充。

(2) 法定继承是对遗嘱继承的限制。

(3) 继承人是法律基于继承人与被继承人间的亲属关系规定的，而不是由被继承人指定的。

(4) 法定继承规定具有强行性，任何人不得改变。

(二) 法定继承的适用范围

(1) 遗嘱继承人放弃继承或者受遗赠人放弃受遗赠的。如果遗嘱继承人放弃继承和受遗赠人放弃受遗赠的，其放弃继承和受遗赠的遗产部分，适用法定继承处理。如果是部分遗嘱继承人放弃继承或部分受遗赠人放弃遗赠，未放弃继承或受遗赠的遗产部分，不适用法定继承。

(2) 遗嘱继承人丧失继承权力或者受遗赠人丧失受遗赠权。对丧失继承权或者受遗赠权的，不能接受遗产，应当按照法定继承处理遗产。

(3) 遗嘱继承人、受遗赠人先于遗嘱人死亡或者终止。其因不具有继承能力或受遗赠能力而不能继承、受遗赠,遗嘱指定由其继承、受遗赠的财产部分适用法定继承。

(4) 遗嘱无效部分涉及的遗产。如果是遗嘱全部无效,则被继承人的所有遗产都应当按照法定继承处理;如果遗嘱部分无效,遗嘱无效部分所涉及的遗产,适用法定继承。

(5) 遗嘱未处分的遗产。对于未处分的部分遗产,不能推定被继承人按照遗嘱处理,应当按照法定继承处理,由被继承人的法定继承人取得该部分遗产。

二、法定继承人的范围和继承顺序

(一) 法定继承人的范围

(1) 配偶,在继承领域,配偶特指在被继承人死亡时没有离婚且尚生存的配偶。

(2) 子女,包括婚生子女、非婚生子女、养子女和有扶养关系的继子女。

(3) 父母,包括生父母、养父母和有扶养关系的继父母。

(4) 兄弟姐妹,包括同父母的兄弟姐妹、同父异母或者同母异父的兄弟姐妹、养兄弟姐妹、有扶养关系的继兄弟姐妹。

(5) 祖父母和外祖父母。

(二) 法定继承人的继承顺序

1. 第一顺序

配偶、子女、父母。

2. 第二顺序

兄弟姐妹、祖父母和外祖父母。

继承开始后,由第一顺序继承人继承,第二顺序继承人不继承;没有第一顺序继承人继承的,由第二顺序继承人继承。

【案情】 经村民委员会证实,自1990年至2005年间,巫某甲共获得补偿、补助、分红等款项90 000余元(此后村民委员会又出具证明称1992年征用巫某甲土地的补偿款35 000元只补偿给巫某甲一部分,其余部分归了集体)。巫某甲去世后,留下的遗产有益民街三巷13号的房屋一套,该房屋系移民拆迁安置房,缪氏兄妹与巫某乙均认可该套房屋的现价值为120 000余元。缪某甲、缪某乙系兄妹关系,巫某甲是他们的舅父,巫某乙是巫某甲的弟弟。2005年9月11日,巫某甲去世。巫某甲去世前父母已亡,又无配偶及子女,一人独自生活,去世后,巫某乙是其唯一法定继承人。巫某乙在香港居住且与其兄巫某甲关系不好,既未对巫某甲的日常生活进行过照料,也未直接对巫某甲进行过经济方面的扶助。在巫某甲去世前的几年间,由于年老及脚部曾经骨折等原因,缪氏兄妹本人或请工人、保姆,对巫某甲的日常生活进行了阶段性的照顾,同时在巫某甲生病住院期间对其进行了护理。巫某甲去世后,丧葬事宜由缪氏兄妹、巫某雄(巫某乙之子)以及巫某甲的其他亲属、族人进行料理,巫某乙未参与。巫某甲去世时留有存款12 000余元,巫某甲的丧葬费用在其遗留的存款中支付,巫某甲的一个堂侄因在巫某甲生前给巫某甲送饭吃,分得巫某甲遗留存款中的3 000多元。

巫某甲去世后,缪氏兄妹以对巫某甲尽了较多扶养照顾责任,而巫某乙未对巫某甲尽扶养义务为由请求法院判决巫某乙丧失继承权,巫某甲的遗产由缪氏兄妹继承。

巫某乙辩称,虽然其与兄长巫某甲关系不好,但巫某甲生前有分得90 000多元补偿款等,根本不需要其在经济方面的扶养。其作为巫某甲唯一的法定继承人,应当继承巫某甲的全部遗产,请求法院驳回缪氏兄妹的诉讼请求。

【问题】 法定继承人以外的人能否分得遗产?

【法律规定】《民法典》第一千一百二十七条规定:"遗产按照下列顺序继承:(一)第一顺序:配偶、子女、父母;(二)第二顺序:兄弟姐妹、祖父母、外祖父母。继承开始后,由第一顺序继承人继承,第二顺序继承人不继承;没有第一顺序继承人继承的,由第二顺序继承人继承。本编所称子女,包括婚生子女、非婚生子女、养子女和有扶养关系的继子女。本编所称父母,包括生父母、养父母和有扶养关系的继父母。本编所称兄弟姐妹,包括同父母的兄弟姐妹、同父异母或者同母异父的兄弟姐妹、养兄弟姐妹、有扶养关系的继兄弟姐妹。"第一千一百三十一条规定:"对继承人以外的依靠被继承人扶养的人,或者继承人以外的对被继承人扶养较多的人,可以分给适当的遗产。"

【法律运用及结果】 一审法院认为:巫某乙作为巫某甲的弟弟、巫某甲去世后的唯一法定继承人,对巫某甲生前特别是在其年老生活不便时负有扶养照顾的义务,这种扶养照顾既包括经济上的帮助,也包括对日常生活的照料,但巫某乙并未尽到这种扶养照顾义务。缪氏兄妹作为巫某甲的亲属,在巫某甲年老生病及生活不便时亲自或雇请工人进行了扶养照顾,从巫某甲生前的经济状况来看,缪氏兄妹对巫某甲的扶养,更多地表现为日常生活的照料。继承人以外的对被继承人扶养较多的人,可以分给他们适当的遗产。本案中,巫某乙作为巫某甲的继承人,对巫某甲未尽到扶养义务,缪氏兄妹作为继承人以外的人,对巫某甲尽了较多的扶养义务,缪氏兄妹依法应分得巫某甲的部分遗产。考虑到本案的具体情况,巫某甲的遗产是一套房屋,具有不宜分割的特征,因此该套房屋由巫某乙继承,由巫某乙向缪氏兄妹各补偿 30 000 元。依照相关法律规定,判决:一、巫某甲的遗产益民街三巷 13 号的房屋一套由巫某乙继承;二、巫某乙于本判决生效后 10 日内向缪氏兄妹各补偿人民币 30 000 元;三、驳回缪氏兄妹的其他诉讼请求。

一审判决后,缪氏兄妹(缪某甲、缪某乙,一审原告)以一审判决认定事实不清,适用法律错误为由,以巫某乙(一审被告)为被上诉人,提起上诉。

二审法院认为:缪氏兄妹一审的诉讼请求为请求分配被继承人巫某甲的遗产并请求确认巫某乙不享有继承权,一审法院根据缪氏兄妹的诉讼请求和本案争议事实将本案定性为法定继承纠纷正确,应予维持。缪氏兄妹二审期间提交证据欲证明被继承人临终前立有口头遗嘱,将其遗产遗赠给自己。然而,被继承人巫某甲临终前有十几个人和他在一起,这些人里既有上诉人的证人,也有被上诉人的证人,且这些证人均与诉讼双方有亲戚关系,现双方的证人证言相互矛盾,缪氏兄妹除此之外未能提供其他证据印证其欲主张之事实,故不予采纳。鉴于被继承人巫某甲没有立遗嘱,巫某乙作为巫某甲的唯一法定继承人,又无法律规定的丧失继承权的情节,应合法享有继承权。缪氏兄妹本不是法定继承人,但是考虑到对被继承人进行了扶养,一审判决其分得部分遗产正确,一并予以维持。综上所述,判决驳回上诉,维持原判。

(案例改编自广东省惠州市中级人民法院裁判文书,案号:〔2009〕粤 06 民终 364 号)

三、代位继承的概念和适用范围

(一)代位继承的概念和特征

1. 代位继承的概念

代位继承是在被继承人的子女先于被继承人死亡的情形下由其晚辈直系血亲

代位继承被代位继承人应继承份额的继承方式。被继承人的兄弟姐妹先于被继承人死亡的,由被继承人的兄弟姐妹的子女代位继承。代位继承人一般只能继承被代位继承人有权继承的遗产份额。

2. 代位继承的特征

(1) 被代位人须为先于被继承人死亡的子女或者被继承人的兄弟姐妹。

(2) 代位人须是被继承人的子女或者兄弟姐妹的晚辈直系血亲。

(3) 被代位人未丧失继承权。

(4) 代位继承人只能继承被代位人应继承的遗产份额。

(5) 代位继承只适用于法定继承。

(二) 代位继承与转继承的区别

1. 发生时间和成立条件不同

代位继承基于继承人先于被继承人死亡的事实而发生;转继承基于继承人后于被继承人死亡的事实而发生。

2. 适用范围不同

代位继承只适用于法定继承;转继承既适用于法定继承也适用于遗嘱继承。

3. 主体不同

代位继承中的代位继承人只能是被代位继承人的晚辈直系血亲;转继承中的继承人是被转继承人的一切法定继承人,既可以是被转继承人的直系血亲,也可以是被转继承人的其他法定继承人。

4. 性质和效力不同

代位继承的晚辈直系血亲直接参与对被继承人遗产的分割,与其他有继承权的人共同参与继承活动;转继承只能对其法定继承人应继承的遗产进行分割,不能与被继承人的其他合法继承人共同分割被继承人的遗产。

例如,甲、乙、丙三人,甲为乙的父亲,乙为丙的父亲。如果甲死亡时,乙已经不在世,则丙继承甲的遗产属于代位继承。如果甲死亡时,乙还在世,只是分割遗产时乙已经死亡了,丙继承甲的遗产属于转继承。

【案情】 小王的外祖母病故,小王的母亲在料理丧事期间,因食物中毒抢救无效死亡。小王的外祖母遗下瓦房五间,本应由小王的母亲和小王的舅舅共同继承。

【问题】 由于小王的母亲死亡,小王的外祖母的遗产怎样继承?

【法律规定】 根据法律规定,继承人在被继承人死亡后,遗产分割以前死亡的,其应得份额由他的法定继承人继承,这在法律上叫作转继承。

【法律运用及结果】 从继承人的范围来说,转继承是由其法定继承人继承,而代位继承是由其直系晚辈亲属继承。小王外祖母死亡后,应由小王的舅舅和小王的母亲共同继承遗产,由于小王的母亲在取得遗产前死亡,这样小王的母亲应继承的那份遗产,应由小王的父亲、姐姐和小王本人共同继承。

(案例改编自继承法案例分析,http://wenku.baidu.com/view/b2fa58eeb8f67c1cfad6b812.html)

四、法定继承中的遗产分配

(一)遗产分配原则

(1)继承人继承遗嘱的份额一般应当均等。

(2)特殊情况下继承人继承的份额可以不均等:一是对生活特别困难的缺乏劳动能力的继承人,分配遗产时,应当予以照顾;二是对继承人尽了主要抚养义务或者与被继承人共同生活的继承人,在分配遗产时,可以多分;三是有扶养能力和有扶养条件的继承人,不尽扶养义务的,分配遗产时,应当不分或者少分;四是继承人协商同意不均分。

(二)非继承人的遗产取得权

(1)依靠被继承人抚养的缺乏劳动能力又没有生活来源的人。

(2)对被继承人扶养较多的人。

养子女对其生父母若尽了主要赡养义务的,可以依据这一规定适当分得其亲生父母的遗产。

【案情一】 王某和李某于1975年结婚,生育有甲、乙、丙、丁四个子女。1980年,王某和李某因感情不和离婚。后来,王某娶赵某为妻,并生育一子戊。1981年,王某的父亲病故,留有6间房由王某继承。后来,王某的子女均搬出另过,只有甲一个人同两位老人一起生活,照顾其生活。1986年,戊病逝,王某和赵某的感情恶化而分居,分居期间,甲还经常到赵某的住处照料赵某。1992年,王某死亡,留下房屋6间、存款2万元。甲处理好丧事,通知乙、丙、丁和赵某分割财产,乙和丙以王某生前主要由甲照料为由,主张多分给甲一点,丁明确表示放弃继承。但是,赵某认为自己是王某的妻子,是第一顺序法定继承人,应当继承全部财产。那么,本案应当如何处理?

【问题】 本案涉及的是法定继承的继承顺序问题。

【法律规定】 《民法典》第一千一百三十条规定:"同一顺序继承人继承遗产的份额,一般应当均等。对生活有特殊困难又缺乏劳动能力的继承人,分配遗产时,应当予以照顾。对被继承人尽了主要扶养义务或者与被继承人共同生活的继承人,分配遗产时,可以多分。有扶养能力和有扶养条件的继承人,不尽扶养义务的,分配遗产时,应当不分或者少分。继承人协商同意的,也可以不均等。"

【法律运用及结果】 本案中,甲、乙、丙、丁和赵某均为王某的第一顺序的法定继承人,其中丁明确表示放弃继承权,其他的几位接受继承,对于这几位继承人,应当按照法律规定将遗产分出一半(房屋3间,存款1万元)作为赵某的个人财产,其余的一半作为王某的遗产由继承人等额继承。由于乙、丙对王某尽的义务较少,甲尽的义务较多,因此,在分配遗产时乙和丙应当少分,甲应当多分。所以,甲、乙、丙、丁和赵某同时作为第一顺序继承人,应当等额分割遗产。丁明确表示放弃继承,因此,应当由甲、乙、丙和赵某等额分割遗产;甲尽了主要的扶养义务,应当适当多分得遗产。

值得注意的是,所谓继承中"一般情况",是指同一顺序的各个法定继承人,彼此在生活状况、劳动能力以及对被继承人所尽抚养、扶养或赡养义务等方面,情况基本相同,条件大致相近。所谓"均等分配遗产",是指同一顺序的各个法定继承人所取得的被继承人遗产数额比例相同,没有明显差别。

特殊情况下同一顺序的继承人可不均等分配遗产,这些特殊情况,一是指生活有特殊困难的缺乏劳动能力的继承人,在分配遗产时应当予以照顾,可以多分。若具备上述条件,在分配遗产时,必须给予照顾,其实际取得遗产份额,应当较其他继承人多。二是指对被继承人尽了主要赡养或扶养义务或者与被继承人共同生活的继承人,在分配遗产时,可以多分。对于符合上述情况的继承人,在分配遗产时可以适当多分。三是指有扶养能力和有扶养条件的继承人,不尽扶养义务的,分配遗产时,应当不分或者少分。四是指经继承人之间协商同意的,也可以不均等分配。在同一顺序的各个法定继承人的条件大致相当的情况下,继承人之间既可均等分配也可以协商,在达成一致同意的基础上,对被继承人的遗产进行不均等分配,这是继承人自主自愿的行使其继承权的结果,法律对此不加以干预。

(案例改编自2007年司法考试继承法考点)

【案情二】 1985年,王晴雯的单位分给了她住房2间,1988年8月王晴雯死亡,所留2间房屋由丈夫魏文杰继承。1988年魏文杰再婚,娶妻常英,常英也是再婚,其与前夫所生之女刘小方已经搬出另过。后来,魏文杰搬到城市里与常英同住,其在乡下的2间房屋由魏文杰的侄子魏仁毅照料。因年事已高,常英搬到女儿刘小方的住处由刘小方照料,魏文杰搬回去由魏仁毅照料。1992年魏文杰去世,留下财产房屋2间、电视机1台、存款5万元。魏文杰病逝时,常英正在住院,魏仁毅料理了魏文杰的后事,并占有了魏文杰的财产,常英听说后,就遗产问题与魏仁毅产生了纠纷,认为自己是魏文杰的唯一继承人,魏文杰的财产应当由自己单独继承,魏仁毅无权取得遗产。

【问题】 本案涉及的是继承人以外的人取得遗产的问题。

【法律规定】《民法典》第一千一百三十一条规定:"对继承人以外的依靠被继承人扶养的人,或者继承人以外的对被继承人扶养较多的人,可以分给适当的遗产。"

【法律运用及结果】《民法典》第一千一百三十一条的规定是继承人以外的人适当分得遗产的法律依据。本案中,常英是魏文杰的配偶,刘小方虽然为常英之女,应当是与魏文杰形成继父女关系的,但因没有在一起生活,尚未形成扶养关系,没有继承权,故常英为魏文杰的唯一第一顺序法定继承人,有权继承魏文杰的全部遗产。另外,在本案中,魏仁毅是魏文杰的侄子,不属于魏文杰法定继承人的范围,因此无权继承魏文杰的遗产。但是魏仁毅在魏文杰生前对其尽了较多的赡养义务,魏文杰死后又负责料理了魏文杰的后事,因此,他属于法律规定的对被继承人尽了较多的赡养义务的人,依法可以分得一定数额的遗产。当然,魏仁毅所分得的只能是魏文杰个人财产的一部分,魏文杰所留下的财产是魏文杰与常英夫妻的共有财产,应当从中分割一半归常英所有,剩余一半可以由魏仁毅适当分得。

值得注意的是,这种可以酌情分得遗产的权利主体是参加继承的继承人以外的不得参加继承的人,既可以是非法定继承人,也可以是不能参加继承的法定继承人。例如在第一顺序法定继承人的继承遗产时,第二顺序法定继承人不能参加继承,如果具备法定的条件,可以适当分得遗产。有权酌情分得遗产的人包括:继承人以外的依靠被继承人扶养的缺乏劳动能力又没有生活来源的人;继承人以外的对被继承人扶养较多的人。对被继承人的扶养,既包括经济上的扶助、劳务上的扶助,也包括精神上的慰藉。是否扶助较多,应从扶助的质和量上进行综合比较分析。酌情分得遗产的义务主体,通说认为,应是参加遗产继承的继承人。被继承人死亡后,遗产在分割前即转归继承人所有,有多个继承人的,归他们共同共有,因此,应由参加继承的继承人分给酌情分得遗产的人适当的遗产。

(案例改编自司法考试继承法复习指导:法定继承中的遗产分配,http://www.chinalawyer.cc/fangwudichan/20101007012513_421647_3.html)

第三节 遗嘱继承、遗嘱和遗赠、遗赠扶养协议

一、遗嘱继承

(一)遗嘱继承的概念和特征

1. 遗嘱继承的概念

遗嘱继承是指继承开始后,按照被继承人所立的合法有效的遗嘱继承被继承人遗产的制度。

2. 遗嘱继承的特征

(1) 遗嘱继承直接体现着被继承人的遗愿。

(2) 发生遗嘱继承的法律事实须有合法有效的遗嘱。

(3) 遗嘱继承是对法定继承的一种排斥。

(二)遗嘱继承的适用条件

(1) 没有遗赠扶养协议。

(2) 被继承人立有遗嘱且合法有效。

(3) 遗嘱中指定的继承人未丧失继承权,也未放弃继承权。

二、遗嘱

(一) 遗嘱的概念和特征

1. 遗嘱的概念

遗嘱是自然人生前按照法律规定处分自己的财产及安排与此有关的事务并于死亡后发生法律效力的单方民事行为。

2. 遗嘱的特征

(1) 遗嘱是一种单方民事行为。遗嘱仅有立遗嘱人自己的意思表示即可成立,无须取得遗嘱指定继承人的同意,不存在合意问题,因此遗嘱属于单方法律行为。

(2) 遗嘱是由遗嘱人生前亲自独立实施的民事行为。遗嘱是遗嘱人处分自己身后财产的法律行为,影响其处分决定的因素,主要是遗嘱人与有关亲属之间的感情和遗嘱人的愿望,具有强烈的感情色彩,必须由遗嘱人亲自进行,不得代理。

(3) 遗嘱是于遗嘱人死亡后发生法律效力的法律行为。遗嘱虽是遗嘱人生前因其单独意思表示即可成立的行为,但于遗嘱人死亡时才能发生法律效力,因此是死因行为。

(4) 遗嘱是要式行为。我国《民法典》继承编明确规定了自书遗嘱、代书遗嘱、打印遗嘱、录音录像遗嘱、口头遗嘱、公证遗嘱的形式,立遗嘱人必须根据这些形式订立遗嘱,否则无效。

(5) 遗嘱是依法律规定处分财产的民事行为。

(二) 遗嘱的形式

1. 自书遗嘱

自书遗嘱,也叫亲笔遗嘱,是指由遗嘱人亲笔书写的遗嘱形式。自书遗嘱不需要见证人参加,只要遗嘱人亲笔书写出自己的意思表示即可。自书遗嘱对遗嘱人没有特别要求,只要遗嘱人有文字书写能力的,就可以独立作出自书遗嘱。

2. 代书遗嘱

代书遗嘱,亦称代笔遗嘱,是指由他人代为书写的遗嘱形式。代书遗嘱须符合以下要求:

(1) 须由遗嘱人口授遗嘱内容,并由一个见证人代书。

(2) 须有两人以上在场见证。

(3) 须代书人、其他见证人和遗嘱人在遗嘱上签名,并注明年、月、日。在实践中,遗嘱人如确实是不会书写自己名字的,可用捺印或者盖章方式代替签名,但是遗嘱的见证人、能够书写名字的遗嘱人须在遗嘱上签名而不能以捺印或盖章方式代签名。

3. 打印遗嘱

打印遗嘱是指遗嘱人通过电脑制作，用打印机打印出来的遗嘱。打印遗嘱有效的要件是：

(1) 遗嘱为电脑制作、打印机打印出来的文本形式。

(2) 打印遗嘱应当有两个以上见证人在场见证，并在打印遗嘱文本的每一页都签名。

(3) 遗嘱人在遗嘱文本的每一页都签名。

(4) 在打印遗嘱的末页，应以签字的形式注明遗嘱设立的年、月、日。

4. 录音录像遗嘱

录音录像遗嘱是一种新型的遗嘱方式，是指以录音或者录像方式录制下来的遗嘱人的口述遗嘱，其实就是视听遗嘱。录音录像遗嘱应当符合下列要件：

(1) 须有两个以上的见证人在场见证。在录制遗嘱时，见证人应当把各自的姓名、性别、年龄、籍贯、职业、所在工作单位和家庭住址等基本情况予以说明。

(2) 须由遗嘱人亲自叙述遗嘱的内容。

(3) 须遗嘱人、见证人将有关视听资料封存，并签名、注明日期。

(4) 须当众开启录音录像遗嘱，在继承开始后，在参加制作遗嘱的见证人和全体继承人到场的情况下，当众启封，维护录音录像遗嘱的真实性。

5. 口头遗嘱

口头遗嘱是指在危急情况下，由遗嘱人口头表述，由两个以上见证人予以见证的遗嘱，也称口授遗嘱。口头遗嘱须具备以下条件：

(1) 须遗嘱人处于危急情况下，不能以其他方式设立遗嘱。危急情况是指遗嘱人生命垂危、在战争中或者发生意外灾害，随时都有生命危险，而来不及或无条件设立其他形式遗嘱的情况。

(2) 须有两个以上的见证人在场见证。订立口头遗嘱时，见证人应将遗嘱人口授的遗嘱记录下来，并由记录人、其他见证人签名，注明年、月、日；见证人无法当场记录的，应于事后追记、补记遗嘱人口授的遗嘱内容，并于记录上共同签名，并注明年、月、日，以保证见证内容的真实和可靠。

(3) 须不存在危急情况解除后遗嘱人能够利用其他形式立遗嘱的情形。

6. 公证遗嘱

公证遗嘱是指通过法律规定的公证形式订立的，有关的订立程序、形式都由法律规定的遗嘱。公证遗嘱的办理须符合的以下要求：

（1）须由遗嘱人亲自申办并提交下列证件和材料：一是居民身份证或者其他身份证件；二是遗嘱涉及的不动产、交通工具或者其他有产权凭证的财产的产权证明；三是公证人员认为应当提交的其他材料。

（2）须于公证员面前亲自书写遗嘱或者口授遗嘱。

（3）须公证员遵守回避的规定。为保证公证遗嘱的真实性，遗嘱人与公证人员有近亲属身份关系的，公证人员应当回避。遗嘱人认为出场办理公证的人员有某种利害关系会影响公证的，有权要求公证人员回避。遗嘱人要求公证人员回避时，公证人员应当回避，由公证机关另行派出公证人员。违反公证管理规则订立的遗嘱，不能产生公证遗嘱的效力。

（4）须公证员依法作出公证。对于符合下列条件的，公证处应当出具公证书：一是遗嘱人身份属实，具有完全民事行为能力；二是遗嘱人意思表示真实；三是遗嘱人证明或者保证所处分的财产是其个人财产；四是遗嘱内容不违反法律规定和社会公共利益，内容完备，文字表述准确，签名、制作日期齐全；五是办证程序符合规定。其中，在需要有见证人在场方可生效的遗嘱形式中，以下人不得作为证人：

一是无行为能力人、限制行为能力人以及其他不具有见证能力的人。二是继承人、受遗赠人。三是与继承人、受遗赠人有利害关系的人。所谓有利害关系的人是指和继承人、受遗赠人具有某种法律关系而基于此种法律关系继承人、受遗赠人受有利益时其也会随之受有利益，如丈夫和妻子基于夫妻关系，丈夫取得财产，妻子也受有相应的利益。

（三）遗嘱的内容

（1）指定继承人、受遗赠人。

（2）说明遗产的分配办法或份额。

（3）对遗嘱继承人、受遗赠人附加的义务。

（4）再指定继承人。

（5）指定遗嘱执行人。

（四）遗嘱的有效要件

（1）遗嘱人须有遗嘱能力。

（2）遗嘱须是遗嘱有真实的意思表示。

（3）遗嘱不得取消缺乏劳动能力又没有生活来源的继承人的继承权。

（4）遗嘱中所处分的财产须为遗嘱人的个人财产。

（5）遗嘱须不违反社会公共利益和社会公德。

（五）合立遗嘱

合立遗嘱是指两个以上被继承人共同订立的遗嘱，多表现为夫妻合立遗嘱。

（六）遗嘱的变更、撤销和执行

1. 遗嘱的变更、撤销及效力冲突

遗嘱人可以撤回、变更自己所立的遗嘱。立遗嘱后，遗嘱人实施与遗嘱内容相反的民事法律行为的，视为对遗嘱相关内容的撤回。立有数份遗嘱，内容相抵触的，以最后的遗嘱为准。变更、撤销遗嘱的要件：

（1）遗嘱人须有遗嘱能力。

（2）遗嘱的变更、撤销须为遗嘱人的真实意思表示。

（3）遗嘱的变更、撤销须依法定方式由遗嘱人亲自为之。

2. 遗嘱的执行和管理

继承开始后，遗嘱执行人为遗产管理人；没有遗嘱执行人的，继承人应当及时推选遗产管理人；继承人未推选的，由继承人共同担任遗产管理人；没有继承人或者继承人均放弃继承的，由被继承人生前住所地的民政部门或者村民委员会担任遗产管理人。

（1）法院指定遗产管理人。在以下特定情况下，应当由法院直接指定遗产管理人：一是遗嘱未指定遗嘱执行人或遗产管理人，继承人对遗产管理人的选任有争议的。二是没有继承人或者继承人下落不明，遗嘱中又未指定遗嘱执行人或遗产管理人的。三是对指定遗产管理人的遗嘱的效力存在争议的。四是遗产债权人有证据证明继承人的行为已经或将要损害其利益的。

（2）遗产管理人应当履行下列职责：一是清理遗产并制作遗产清单。清理遗产是指查清遗产的名称、数量、地点、价值等状况。二是向继承人报告遗产情况。遗嘱管理人应向继承人报告，使继承人掌握被继承人遗留遗产的情况。三是采取必要措施防止遗产毁损、灭失。在遗产管理人管理遗产时，为了足以保护遗产，需要采取必要的处分措施，如变卖易腐物品、修缮房屋、进行必要的营业行为、收取到期债权等。这些必要的处分措施是为了保存遗产而为的，不能超越必要限度，如果超出限度，则属于遗产管理人的非必要处分行为，对继承人、受遗赠人等造成的损害，应由遗产管理人承担赔偿责任，如遗产管理人将遗产无偿赠与他人、将遗产故意毁坏等。在遗产管理中，如果有必要进行诉讼的（如为了取得到期债权），遗产管理人可以向法院提起诉讼。四是处理被继承人的债权债务。遗产管理人在通知或公告后，对于有关遗产债务应当进行清偿，以遗产的实际价值为限。对遗产债务的清偿应当按照一定的顺序，对同一顺序的债务无法全部清偿的，可以按一定的比例。只有在清偿完毕债务后尚有剩余遗产的,才能按照被继承人的遗嘱执行遗赠。五是按照遗嘱或者依照法律规定分割遗产。如果只有一个继承人,则应当及时将遗产移交给继承人。如果有两个及两个以上继承人的,则应当进行遗产分割,将分割后的遗产交给继承人。六是实施与管理遗产有关的其他必要行为。遗嘱管理人应查明被继承人是否留有遗嘱,如果留有遗嘱,应当确定该遗嘱是否真实、合法。同时,通知包括继承人、受遗赠人、遗赠扶养协议中的扶养人等承受遗产的权利人,也应当查明被继承人的债权人和债务人。在无法得知继承人、受遗赠人、债权人时,遗产管理人应当向法院申请公告,公告继承人、受遗赠人、债权人等在公告所规定的期限内申报债权或表明是否受遗赠。

【案情】 原告张某与被继承人李某某系夫妻关系,双方登记结婚。二被告系被继承人李某某与李某菊婚生女,系原告张某继女。李某菊1996年2月去世,李某某于2014年9月17日去世。本案诉争房屋购房款于1996年1月21日前付清,产权登记在被继承人李某某名下。庭审中,原告提交房产证一份,房屋买卖协议一份,证明诉争房屋系原告与被继承人婚后取得;提交表格一份,主张二被告应配合原告共同办理领取抚恤金、丧葬费手续,所得款项依法分割。对此,二被告质证表示:房子系被继承人单位团购房,1995年交房,1996年入住,房款早在二被告母亲李某菊去世前就已付清,原告并未出资。被告提交被继承人手书遗嘱一份,主张二被告为本案诉争房屋合法继承人,原告无继承权。原告认为该份遗嘱的书写时间早于纸张的出厂时间,故对其真实性不予认可。就此,被告进一步举证张家口市第十二中学出具的证明一份,拟证明遗嘱所用纸张上显示的出厂时间系印刷错误,对此原告不予认可。庭审中,被告方表示为处理被继承人李某某丧葬事宜二被告共花费12 000元,相关票据在原告手中。原告认可丧葬费票据在原告手中,但费用系其实际支付。另查明,诉争房屋现由原告实际占有、使用。原告张某诉讼请求:(1)依法分割房产;(2)二被告配合原告办理被继承人死亡后遗嘱抚恤金领取手续,依法分割抚恤金;(3)本案诉讼费全部由被告承担。事实和理由:原告与被继承人李某某系夫妻关系,双方登记结婚。被告李某甲、李某乙系被继承人李某某亲生子女,系原告张某继子女。被继承人李某某于2014年9月17日因病去世。双方因继承问题协商未果,诉至法院,请求依法判决。二被告辩称:原告一直住着房子,但是房子所有权应按照遗嘱由我方继承;原告所称抚恤金我方认为实为丧葬费,我父亲的丧事都是由我方亲友及单位领导操办,12 000元都是我花的,若有剩余可以依法分割。

【问题】 分割遗产前死亡的继承人可否将其继承的遗产份额转给他的继承人?

【法律规定】 《民法典》第一千一百五十二条规定:"继承开始后,继承人于遗产分割前死亡,并没有放弃继承的,该继承人应当继承的遗产转给其继承人,但是遗嘱另有安排的除外。"

【法律运用及结果】 法院审理后认为:因购房款在被继承人李某某与李某菊夫妻关系存续期间付清,诉争房屋应认定为李某某与李某菊夫妻共同财产。被告提交的遗嘱书写时间早于纸张的出厂日期,被告方虽进一步进行举证,但并不足以排除合理怀疑,故本院对该份遗嘱的真实性不予认定,诉争遗产应按法定继承进行分割。依据相关法律规定,继承开始后,继承人没有表示放弃继承,并于遗产分割前死亡,其继承遗产的权益转移给他的合法继承人,李某某作为李某菊遗产的合法继承人,于遗产分割前死亡,其继承权利随之转移给他的合法继承人,即本案原、被告。本案中,诉争房屋分割顺序应为:首先,按夫妻共同财产分割为李某某、李某菊各得二分之一份额;其次,李某菊二分之一份额作为遗产由李某某、被告李某甲、李某乙均分各得六分之一;最后,李某某死后本人所有二分之一份额与从配偶李某菊处应得六分之一份额作为遗产由原、被告三人均分,各得九分之二。综上,原告应享有诉争房屋九分之二产权,被告李某甲、李某乙各取得十八分之七份额。考虑到原告的实际情况,诉争房屋仍由原告继续占有、使用,但不得处分。由于丧葬费费用票据在原告手中,该项费用应认定为原告垫付,实际金额11 122.3元。原、被告三方应共同办理领取抚恤金事宜,所得款项除去已支出丧葬费11 122.3元,由原、被告三方均分。案件经调解无效,判决如下:一、房屋由原告张某与被告李某甲、李某乙共同继承,其中原告张某享有九分之二份额,被告李某甲、李某乙各享有十八分之七份额,该房屋由原告继续占有、使用,但不得处分;二、自本判决生效后十日内,被告李某甲、李某乙协助原告张某办理抚恤金领取手续,所得款项除去已支付丧葬费11 122.3元后,由原、被告三方均分;三、驳回原、被告其他诉讼请求。

(案件改编自河北省张家口市桥西区人民法院裁判文书,案号:〔2016〕冀0703民初810号)

三、遗赠

(一) 遗赠的概念和特征

1. 遗赠的概念

遗赠是指自然人以遗嘱的方式将其个人财产赠与国家、集体或者法定继承人以外的组织和个人，而于其死后发生效力的民事行为。

2. 遗赠的特征

(1) 遗赠是一种单方的民事行为。

(2) 遗赠是于遗赠人死亡后发生效力的死后行为。

(3) 受遗赠人是法定继承人以外的人。

(4) 遗赠是无偿给予受遗赠人财产利益的行为。

(5) 遗赠是只能由受遗赠人接受的行为。

(二) 遗赠与遗嘱继承的区别

(1) 受遗赠人与遗嘱继承人的主体范围不同。遗赠抚养协议的受让人必须是法定继承人以外的自然人，或国家及其他社会组织。而遗嘱继承中的受让人，即继承人必须在法定继承人范围内，且必须是自然人。

(2) 受遗赠权与遗嘱继承权的客体范围不同。遗赠抚养协议的客体只包括财产权利，不包括消极的财产义务，但执行遗嘱不得妨碍清偿遗赠人依法应当缴纳的税款和债务。而继承的客体范围不仅包括财产权利，还包括财产义务。

(3) 受遗赠权与遗嘱继承权的行使方式不同。遗赠抚养协议的受遗赠人只有在法定期间(在知道受遗赠的两个月)内明确作出接受的意思表示时才视为接受，否则视为放弃遗赠。而遗嘱继承人在继承开始后，遗产分割处理前，明确作出放弃继承的表示才能有效。

(4) 受遗赠人与遗嘱继承人取得遗产的方式不同。遗赠抚养协议的受遗赠人必须履行协议中规定的义务后，才能取得遗赠财产。遗嘱继承的继承人无须履行任务义务，即可成为遗嘱继承人。

(5) 在遗赠中，遗赠人不能于指定受遗赠人后再指定；而在遗嘱继承中遗嘱人可以于遗嘱中指定候补继承人。

四、遗赠扶养协议

(一) 遗赠扶养协议的概念和特征

1. 遗赠扶养协议的概念

遗赠扶养协议是指自然人与扶养人之间关于扶养人扶养受扶养人，受扶养人将财产遗赠给扶养人的协议。

2. 遗赠扶养协议的特征

(1) 遗赠扶养协议是双方的民事行为。遗赠扶养协议中存在双方当事人,一方为接受扶养的遗赠人,另一方为扶养人,双方订立协议对有关扶养与遗赠事项进行明确,显然为双方法律行为。

(2) 遗赠扶养协议是诺成、要式民事行为。遗赠扶养协议自双方意思表示达成一致时起即发生效力,因此遗赠扶养协议是诺成法律行为。根据遗赠扶养协议的性质,遗赠扶养协议应采用书面形式,不能采用口头形式。

(3) 遗赠扶养协议是双务、有偿行为。遗赠扶养协议是当事人双方都负有一定义务的法律行为,属于双务法律行为。遗赠扶养协议是一种有偿的法律行为,任何一方享受权利都以履行一定的义务为对价。扶养人不履行对受扶养人生养死葬的义务,则不能享有受遗赠的权利;受扶养人不将自己的财产遗赠给扶养人,也不享有要求扶养人扶养的权利。

(4) 遗赠扶养协议内容的实现有阶段性。遗赠扶养协议包括扶养与遗赠两个阶段,在遗赠扶养协议签订后,扶养人就应当按照遗赠扶养协议的规定履行扶养义务,其发生效力比较明显,但是有关遗赠人的财产遗赠部分却在遗赠人死亡后才会发生转移的效力。

(5) 遗赠扶养协议不因受扶养人的死亡而终止。

(6) 遗赠扶养协议中的扶养人须无法定扶养义务。

(二) 遗赠扶养协议的效力

1. 内部效力

在遗赠扶养协议中,通过协议确定扶养人负有负责受扶养人的生养死葬的义务,受扶养人也有将自己的财产遗赠给扶养人的义务。

2. 外部效力

这是遗产处理的依据,在遗产处理时排斥遗嘱继承和法定继承。

【案情】张某年近七旬,老伴已去世,生有一女丁某,在外省某城市工作。由于年岁大了,行动不便,又不愿到女儿家住,生活起居无人照料。于是想找一个人照顾自己,后来通过居委会,找到沈某。通过一段时间的相处,张某觉得沈某心地善良,照顾周到,便于2002年5月20日与沈某签订了一份协议书,协议书明确约定:"由沈某照顾自己生活起居直至养老送终,死后自己所有的房产上二下二独家小院一座归沈某所有。"2005年国庆节期间,丁某一家人回来看望母亲,张某享受天伦之乐,异常高兴,于是就于2005年10月10日和丁某一起到公证部门亲自书写遗嘱,并进行了公证,遗嘱上写道:"我死后房产上二下二独家小院一座由丁某继承。"2006年春节刚过,张某因脑溢血抢救无效死亡,其丧事亦由沈某一手操办。事后,丁某要继承房产,沈某拿出张某生前与其签订的遗赠扶养协议,要求房产归自己所有。丁某拿出自己公证遗嘱认为遗嘱经过公证效力最高,房屋应归自己。无奈沈某于2006年3月初以丁某为被告诉至法院,请求法院依法确认遗赠抚养协议有效,房产应归自己所有。

【问题】 公证遗嘱与遗赠抚养协议的效力。

【法律规定】《民法典》第一千一百四十二条规定:"立有数份遗嘱,内容相抵触的,以最后的遗嘱为准。"第一千一百五十八条规定:"自然人可以与继承人以外的组织或者个人签订遗赠扶养协议。按照协议,该组织或者个人承担该自然人生养死葬的义务,享有受遗赠的权利。"第一千一百二十三条规定:"继承开始后,按照法定继承办理;有遗嘱的,按照遗嘱继承或者遗赠办理;有遗赠扶养协议的,按照协议办理。"《最高人民法院关于适用〈中华人民共和国民法典〉继承编的解释(一)》第三条规定:"被继承人生前与他人订有遗赠扶养协议,同时又立有遗嘱的,继承开始后,如果遗赠扶养协议与遗嘱没有抵触,遗产分别按协议和遗嘱处理;如果有抵触,按协议处理,与协议抵触的遗嘱全部或部分无效。"

【法律运用及结果】 2002年5月20日,张某与沈某签订的协议书实际上就是一份遗赠扶养协议。所谓遗赠扶养协议是指遗赠人与扶养人(包括组织)签订的,遗赠人的全部或部分财产在其死亡后按协议规定转移给扶养人所有,扶养人承担对遗赠人生养死葬义务的协议。该案中沈某按照协议约定承担了对张某生养死葬的义务。但张某生前却违背协议,于2005年10月10日和丁某一起到公证部门亲自书写遗嘱,进行公证,将自己所有的房产上二下二独家小院确定给丁某继承,该公证遗嘱看似具有最高效,但是根据《民法典》第一千一百二十三条"继承开始后,按照法定继承办理;有遗嘱的,按照遗嘱继承或者遗赠办理;有遗赠扶养协议的,按照协议办理"之规定,继承开始后应先执行遗赠抚养协议,然后才按遗嘱继承和法定继承处理遗产。张某的公证遗嘱内容和张某与沈某签订的遗赠抚养协议的内容完全相抵触,张某的公证遗嘱全部无效。综上,张某的公证遗嘱全部无效,遗赠扶养协议有效,房屋应为沈某所有。

(案例改编自法律常识网扶养协议和遗嘱该采用谁? http：//china.findlaw.cn/falvchangshi/yizhujicheng/jcgz/jcal/139995.html)

第四节 遗产的处理

一、继承的开始

(一) 继承开始的时间和意义

1. 继承开始的时间

继承从被继承人死亡时开始。相互有继承关系的数人在同一事件中死亡,难以确定死亡时间的,推定没有其他继承人的人先死亡。都有其他继承人,辈分不同的,推定长辈先死亡;辈分相同的,推定同时死亡,相互不发生继承。

2. 继承开始的意义

(1) 确定法定继承人的范围。

(2) 确定遗产的范围。

(3) 确定继承人的应继份额。

(4) 确定放弃继承权及遗产分割的溯及力。

(5) 确定遗嘱的效力。

(6) 确定保护继承权的最长期间。

(7) 确定遗产的权利归属。

(二) 继承开始的地点

(1) 继承开始的地点一般为被继承人生前最后的住所地。

(2) 被继承人生前的最后住所地与主要遗产所在地不一致的,以主要遗产所在地为继承的地点。

(3) 遗产为不动产的,以不动产所在地为继承的地点。

(三) 继承开始的通知

(1) 继承开始后,知道被继承人死亡的继承人应当及时通知其他继承人或遗嘱执行人。

(2) 继承人中无人知道被继承人死亡或者知道被继承人死亡而不能通知的,

由被继承人生前所在单位或者住所地的居民委员会、村民委员会负责通知。

【案情】 胡某有两个儿子、一个女儿。1983年6月份，胡的老伴去世。1987年胡患病住院，胡怕自己死后儿女们为争遗产伤感情，便立下书面遗嘱，两个儿子、一个女儿各执一份。胡某出院后便住在大儿子家。胡的二儿子怀疑父亲的8 500元钱会被哥哥慢慢花掉，便提出先分割这笔钱。胡不同意，认为自己还没死，钱不能分。为此，胡的二儿子和女儿跑到哥哥家吵闹，提出按照胡立的遗嘱分钱。

【问题】 父亲还没有去世，能按遗嘱开始继承吗？

【法律规定】《民法典》第一千一百二十一条规定："继承从被继承人死亡时开始。"

【法律运用及结果】 根据这一法律规定，继承的开始是被继承人死亡这一法律事实，且从被继承人死亡之时才开始。被继承人所立的遗嘱，也只有到继承开始的时候才能确定是否有效。本案中，胡某虽然立下遗嘱，但是还没有去世，继承尚未开始，所立遗嘱还不能生效。所以，胡的子女在胡生前要求按遗嘱继承财产是不符合法律规定的。

（案例改编自继承法案例分析，http：//wenku.baidu.com/view/b2fa58eeb8f67c1cfad6b812.html）

二、遗产

（一）遗产的概念和特征

1. 遗产的概念

遗产是公民死亡时遗留的个人合法财产。

2. 遗产的特征

（1）遗产只能是公民死亡时遗留的财产，具有时间上的特定性。

（2）遗产的内容具有财产性和包括性。

（3）遗产具有范围上的限定性和合法性。

（二）遗产中不能包括的权利义务

（1）与被继承人人身不可分的人身权利。

（2）与人身有关的和专属性的债权债务，因为这些债权债务具有不可转让性。

（3）国有资源的使用权。

（4）承包经营权。

三、遗产的分割和债务清偿

(一)遗产的分割

1. 遗产的分割原则

(1)遗产分割自由原则。

(2)保留胎儿继承的份额。遗产分割时,应当保留胎儿的继承份额。胎儿娩出时是死体的,保留的份额按照法定继承办理。

(3)互谅互让、协商分割原则。遗产分割应当有利于生产和生活需要,不损害遗产的效用。

2. 遗产的分割方式

关于遗产的分割方式,若遗嘱中已经指定,则应按遗嘱中指定的方式分割;遗嘱中未指定的,由继承人具体协商;继承人协商不成的,可以通过调解或者诉讼解决。《民法典》第一千一百五十六条规定:"不宜分割的遗产,可以采取折价、适当补偿或者共有等方法处理。"据此,对遗产的分割可根据具体情形采用实物分割、变价分割、补偿分割和保留共有的分割四种方式。

3. 遗产分割的效力

关于遗产分割的法律效力,各国继承法上有两种不同的主张:一是转移主义,即以遗产分割为一种交换,各继承人因分割而互相让与各自的应有部分,而取得分配给自己的财产的单独所有权。依此遗产分割有转移或创设效力。二是宣告主义,又称溯及主义,认为因遗产分割而分配给继承人的财产,视为自继承开始业已归属于各继承人单独所有,遗产分割只是宣告既有的状态,依此遗产分割有宣告的效力或认定的效力。我国法律上未明确规定遗产分割的效力,学者中也有两种不同的观点。多数人主张,遗产分割的效力应当溯及自继承开始,继承人因遗产分割所取得的财产为直接继承被继承人的遗产。

(二)被继承人的债务清偿

1. 债务的范围

(1)被继承人依照税法规定应缴纳的税额。

(2)因合同之债发生的未履行的给付财物的债务。

(3)因不当得利而承担的返还不当得利的债务。

(4)因无因管理之债的成立而负担的偿还管理人必要费用的债务。

(5)被继承人因侵权行为而承担的损害赔偿债务。

(6)其他债务。

2. 债务清偿原则

法定继承、遗嘱继承和遗赠同时存在时清偿遗产债务顺序既有法定继承又有遗嘱继承、遗赠的，由法定继承人清偿被继承人依法应当缴纳的税款和债务；超过法定继承遗产实际价值部分，由遗嘱继承人和受遗赠人按比例以所得遗产清偿。

(三) 无人继承又无人受遗赠的遗产

1. 无人继承又无人受遗赠的遗产的范围

(1) 死者无法定继承人，也未与他人订立遗赠扶养协议。

(2) 被继承人的法定继承人、遗嘱继承人全部放弃继承，受遗赠人全部放弃受遗赠。

(3) 被继承人的法定继承人、遗嘱继承人全部丧失继承权，受遗赠人全部丧失受遗赠权。

2. 无人继承又无人受遗赠的遗产的归属

(1) 归国家所有。

(2) 归所在的集体所有制组织所有。

【案情】 小张母亲退休后与小张一家共同生活，小张哥哥分居另过。小张和小张爱人的工资都交由母亲统一支配使用，近两年来买了一些高档家具和家用电器。今年初母亲去世时，小张哥哥提出要继承母亲的遗产。

【问题】 遗产中有涉及非被继承人财产时该如何处理？怎样进行遗产分割？

【法律规定】《民法典》第一千一百五十三条规定："遗产在家庭共有财产之中的，遗产分割时，应当先分出他人的财产。"

【法律运用及结果】 遗产是被继承人死亡时遗留的个人所有财产，而不是与他人共有财产。因此，根据《民法典》第一千一百五十三条规定，小张母亲的遗产处在小张家庭共有财产之中，所以，如果小张哥哥要分割遗产，应当按照《民法典》的这一规定办理，即先将小张家庭财产从共有财产中分出来，然后再开始继承。

(案例改编自继承法案例分析之遗产在家庭共有财产之中怎样进行分割？http://wenku.baidu.com/view/b2fa58eeb8f67c1cfad6b812.html)

【本章思考题】

一、案例思考题

1. 案情：甲与乙签订协议，约定甲将其房屋赠与乙，乙承担甲生养死葬的义务。后乙拒绝扶养甲，并将房屋擅自用作经营活动，甲遂诉至法院要求乙返还房屋。

问题：(1) 该协议是附条件的赠与合同吗？为什么？(2) 该协议在甲死亡后会发生法律效力吗？为什么？(3) 法院是否应判决乙向甲返还房屋？为什么？(4) 法院应判决乙取得房屋所有权吗？为什么？

2. 案情：甲有一子一女，两人请了保姆乙照顾甲。甲为感谢乙，自书遗嘱，表示其三间房屋由两个子女平分，所有现金都赠与乙。后甲又立下书面遗嘱将其全部现金分给两个子女。不久甲去世。

问题：(1) 甲的前一遗嘱是否无效？为什么？(2) 甲的后一遗嘱是否有效？为什么？(3) 本案中所有现金应归甲的两个子女所有，还是应归乙所有？

3. 案情：徐某死后留有遗产100万元。徐某立有遗嘱，将价值50万元的房产留给女儿，将价值10万元的汽车留给侄子。遗嘱未处分的剩余40万元存款由妻子刘某与女儿按照法定继承各分得一半。遗产处理完毕后，张某通知刘某等人，徐某死亡前一年向其借款，本息累计70万元至今未还。经查，张某所言属实，此借款系徐某个人债务。

问题：徐某的女儿应向张某偿还多少钱？

二、简答思考题

1. 简述遗赠与遗嘱继承的区别。
2. 简述遗嘱的形式及注意点。

第七章 侵 权

教 学 要 求

掌握侵权行为的概念与法律特征,侵权行为与债的关系,侵权行为与犯罪行为的区别以及对侵权行为的分类;掌握归责原则的概念和体系,以及过错责任原则、无过错责任原则和公平责任原则的概念和特征;掌握一般侵权行为的构成要件及行为的违法性、损害事实、因果关系、主观过错的含义及特点;掌握各种特殊侵权行为,如产品缺陷致人损害、高度危险作业致损害、环境污染致损、地面施工致损、工作物致损、饲养的动物致损、无行为能力限制行为能力人致损等构成要件。

第一节 侵权行为的概述

一、侵权行为的概念与特征

(一)侵权行为的概念

侵权行为是指行为人由于过错侵害他人的民事权益,依法应当承担民事责任的不法行为,以及依法特别规定应当承担民事责任的其他侵害行为。《民法典》总则编规定的民事权利,即人格权、身份权、物权、债权、知识产权、继承权和股权及其他投资性权利,都在侵权责任的保护之中;另外,法律保护的民事利益即法益,包括一般人格权保护的其他人格利益、胎儿的人格利益、死者的人格利益、其他身份利益和其他财产利益,都由侵权责任予以保护。

(二)侵权行为的特征

1. 侵权行为是违法行为

行为的违法性是侵权行为的前提,给他人造成人身与财产损害的行为应当是违反强制性或禁止性规定的行为。如果虽有损害后果,但行为是合法实施的则不构成侵权行为。如工商机关工作人员依法销毁假冒伪劣产品是其履行职责的合法行为,不构成侵权。

2. 侵权行为的侵害对象是绝对权

侵权行为侵害的是他人的物权、人身权、知识产权。与债权不同,侵权行为侵害的权利均是绝对权,其义务主体是不特定的,该权利的实现无须借助权利人以外的其他人协助。债权作为一种请求权,是相对权,其实现需要他人实施一定的行为。虽然在理论上已出现了将第三人侵害债权的行为纳入侵权行为的观点,但按照通说及现行立法,债权不能成为侵权行为的对象。

3. 侵权行为是行为人有意识的行为

(1) 对于侵权的一般理解。侵权人实施侵权行为是其自由意识的体现,除了特殊侵权责任外,一般侵权责任都以行为人主观上有过错为要件,无论行为人出于故意还是过失,其实施的行为均是其意识的自愿表达,是受其意愿控制的结果。

(2) 侵权行为与犯罪行为具有一定的联系又存在显著的区别。侵权行为与犯罪行为往往会发生竞合,如杀人、放火等行为既构成侵权又构成犯罪,因而在追究其刑事责任后,并不排斥继续追究其民事侵权责任。其区别表现在,侵权行为是对民事主体人身或财产权利的侵害,其后果是对受害人的补救;犯罪行为是对社会秩序与公共利益的侵害,其结果是对行为人实施惩罚。

(3) 侵权行为与违约行为虽然都是民事违法行为,但亦存在显著区别:一是侵权行为违反的是法定义务,违约行为违反的是合同中的约定义务;二是侵权行为侵犯的是绝对权,违约行为侵犯的是相对权即债权;三是侵权行为的法律责任包括财产责任和非财产责任,违约行为的法律责任仅限于财产责任。

二、侵权行为的分类

(一) 一般侵权行为与特殊侵权行为

1. 一般侵权行为

一般侵权行为是指行为人基于主观过错实施的、应适用侵权责任一般构成要件和一般责任条款的致人损害的行为。如故意侵占、毁损他人财物、诽谤他人名誉等诸如此类的行为。

2. 特殊侵权行为

特殊侵权行为是指由法律直接规定,在侵权责任的主体、主观构成要件、举证责任的分配等方面不同于一般侵权行为,应适用民法上特别责任条款的致人损害的行为。如《民法典》第一千一百八十八至第一千二百五十八条规定的是特殊侵权行为。

（二）单独侵权行为与共同侵权行为

1. 单独侵权行为

单独侵权行为是指损害行为是由一人实施的侵权行为。

2. 共同侵权行为

共同侵权行为是指损害行为是由两人或数人实施的侵权行为。共同侵权行为的构成表现在：

（1）主体的复数性，加害人为两人或两人以上。

（2）行为的共同性，多个加害人的行为彼此关联共同导致损害后果的发生。

（3）结果的单一性，数个加害行为共同产生一个损害后果。《民法典》第一千一百七十一条规定："二人以上分别实施侵权行为造成同一损害，每个人的侵权行为都足以造成全部损害的，行为人承担连带责任。"

（三）积极的侵权行为与消极的侵权行为

1. 积极的侵权行为

积极的侵权行为是指行为人违反对他人的不作为义务，以一定的行为致人损害的行为。如不法占有他人财物、假冒他人注册商标、侵害他人身体等行为。

2. 消极的侵权行为

消极的侵权行为是指行为人违反对他人负有的作为义务，以一定的不作为致人损害的行为。如建筑施工中未安放警示标志致使他人损害的，保管人未尽保管义务致使被保管物遗失，等等。

第二节　侵权行为归责原则

一、侵权行为归责原则的概念

侵权行为的归责原则是指在行为人的行为致人损害时，根据何种标准和原则确定行为人的侵权责任。侵权行为的归责原则是侵权行为法的核心，决定着侵权行为的分类、侵权责任的构成要件、举证责任的负担、免责事由等重要内容。它既是认定侵权构成，处理侵权纠纷的基本依据，也是指导侵权损害赔偿的准则。我国侵权行为的归责原则主要包括过错责任原则、非过错责任原则与公平责任原则。

二、侵权行为归责原则的体系

(一) 过错责任原则

所谓过错责任原则是指当事人的主观过错是构成侵权行为的必备要件的归责原则。《民法典》第一千一百六十五条规定:"行为人因过错侵害他人民事权益造成损害的,应当承担侵权责任。"

过错是行为人决定其行动的一种故意或过失的主观心理状态。过错违反的是对他人的注意义务,表明了行为人主观上的应受非难性或应受谴责性,是对行为人的行为的否定评价。过错责任的意义表现在,根据过错责任的要求,在一般侵权行为中,只要行为人尽到了应有的合理、谨慎的注意义务,即使发生了损害后果,也不能要求其承担责任。其目的在于引导人们行为的合理性。在过错责任下,对一般侵权责任行为实行"谁主张,谁举证"的原则。受害人有义务举出相应证据表明加害人主观上有过错,以保障其主张得到支持。加害人过错的程度在一定程度上也会对其赔偿责任的范围产生影响。

适用过错责任原则时,第三人的过错和受害人的过错对责任承担有重要影响。如果第三人对损害的发生也有过错,即构成共同过错,应由共同加害人按过错大小分担民事责任,且相互承担连带责任。如果受害人对于损害的发生也有过错的,则构成混合过错,依法可以减轻加害人的民事责任。

过错推定责任是指一旦行为人的行为致人损害就推定其主观上有过错,除非其能证明自己没有过错,否则应承担民事责任。如《民法典》第一千一百六十五条第二款规定:"依照法律规定推定行为人有过错,其不能证明自己没有过错的,应当承担侵权责任。"按照《民法典》侵权责任编的规定,下述情形适用过错推定原则:一是在关于责任主体的特殊规定中,监护人责任、一时性丧失心智致人损害、无民事行为能力人在教育机构受到损害的责任,适用过错推定原则;二是在机动车交通事故责任中,机动车造成非机动车驾驶人或者行人人身损害的,适用过错推定原则;三是在医疗损害责任中,医疗伦理损害责任适用过错推定原则;四是在动物损害责任中,违反管理规定未对动物采取安全措施造成损害,以及动物园的动物造成损害的,适用过错推定原则;五是在物件损害责任中,建筑物以及建筑物上的搁置物悬挂物致人损害、堆放物致人损害、林木致人损害,在公共场所危险施工等,都适用过错推定原则。其他侵权责任不适用过错推定原则。

过错推定责任仍以过错作为承担责任的基础,因而它不是一项独立的归责原则,只是过错责任原则的一种特殊形式。过错责任原则一般实行"谁主张,谁举证"

的原则,但在过错推定责任的情况下,对过错问题的认定则实行举证责任倒置原则。受害人只需证明加害人实施了加害行为,造成了损害后果,加害行为与损害后果间存在因果关系,无须对加害人的主观过错情况进行证明,就可推定加害人主观上有过错,应承担相应的责任。加害人为了免除其责任,应由其自己证明主观上无过错。过错推定责任不能任意运用,只有在法律进行明确规定的情况下才可适用。

【案情】 2017年6月11日下午3时40分许,孟某在回家途中步行至自家小区10号楼和11号楼之间的道路上,此时于某正弯腰拽自家小狗,在回身时不慎将在其身后的孟某刮倒。于某将孟某送至辽源市中心医院,后转入辽源矿业集团总医院住院治疗,于某垫付医疗费3 000元。辽源矿业集团总医院门诊诊断孟某为右股骨颈骨折、头部外伤等,住院治疗20天,住院期间护理等级均为二级护理,孟某于2017年7月1日出院,出院诊断为右股骨颈骨折、头部外伤等。经孟某申请,法院委托吉林正义司法鉴定所鉴定,出具司法鉴定意见书,鉴定意见为:(1)被鉴定人孟某右髋关节假体置换术后为九级伤残。(2)被鉴定人孟某无护理依赖,护理期150日,护理人数在住院期间遵医嘱,出院后1人护理。孟某向一审法院提出诉讼请求:于某赔偿孟某医疗费11 353.96元、护理费150天×125.66元/天=18 849元、住院伙食补助费20天×100元/天=2 000元、交通费360元、伤残补助金26 530.42元/年×5年×20%=26 530.42元、精神抚慰金10 000元、司法鉴定费2 100元、诉讼邮寄费60元,上述各项费用总计71 253.38元。

【问题】 非故意侵害他人的民事权益,是否要承担侵权责任?

【法律规定】 《民法典》第一千一百六十五条规定:"行为人因过错侵害他人民事权益造成损害的,应当承担侵权责任。"

【法律运用及结果】 行为人因过错侵害他人民事权益,应当承担侵权责任。本案中,于某不慎将孟某刮倒致其受伤,虽不是故意但存在过错,应当承担侵权责任。孟某作为完全民事行为能力人,应当对自身的安全具有一定的注意义务,酌情减轻于某的侵权责任,减轻10%为宜,于某对孟某的损失承担90%的赔偿责任。综合本案案情并结合孟某的诉讼请求,法院根据《吉林省高级人民法院关于二〇一七年度人身损害赔偿执行标准的通知》,确定孟某的合理损失如下:(1)医疗费10 403.96元,外购药及气垫床由于无医嘱,所支出的费用不予支持;(2)根据鉴定意见及医嘱,护理费:150天×125.66元/天/人×1人=18 849元;(3)住院伙食补助费:20天×100元/天=2 000元;(4)交通费:结合孟某伤情,酌定支持300元;(5)残疾赔偿金:经鉴定机构鉴定孟某构成九级伤残,故孟某主张残疾赔偿金法院予以支持:26 530.42元/年×5年×20%=26 530.42元;(6)精神抚慰金:孟某因伤致残,精神遭受巨大痛苦,孟某主张精神抚慰金10 000元予以支持;(7)鉴定费:因司法鉴定支出2 100元予以支持。上述各项费用总计70 183.38元。于某应承担90%,即70 183.38元×90%=63 165.04元,扣除于某垫付3 000元,于某应赔偿孟某63 165.04元-3 000元=60 165.04元。综上所述,依照《民法典》的相关规定以及《最高人民法院关于民事诉讼证据的若干规定》第二条规定,判决如下:一、于某于判决生效后三日内给付孟某60 165.04元。二、驳回孟某其他诉讼请求。案件受理费250元,邮寄费60元,共计310元,由孟某负担31元、于某负担279元。于某不服上诉,二审判决驳回上诉,维持原判。

(案件改编自吉林省辽源市龙山区人民法院裁判文书,案号:〔2017〕吉0402民初1792号;吉林省辽源市中级人民法院裁判文书,案号:〔2018〕吉04民终88号)

(二) 非过错责任原则

《民法典》第一千一百六十六条规定:"行为人造成他人民事权益损害,不论行为人有无过错,法律规定应当承担侵权责任的,依照其规定。"因此,无过错责任原则是指在法律有特别规定的情况下,以已经发生的损害结果为价值判断标准,与该损害结果有因果关系的行为人,不问其有无过错,都要承担侵权赔偿责任的归责原则。

随着工业化的发展和危险事项的增多,加害人没有过错致人损害的情形时有发生,证明加害人的过错也越来越困难,为了实现社会公平和正义,更有效保护受害人的利益,无过错责任原则开始逐渐作为一种独立的归责原则在侵权行为法中得到运用。在我国《民法典》上,实际上非过错责任又可以分为相对非过错责任与绝对非过错责任两类。

1. 相对非过错责任

相对非过错责任,也即可以在符合法定情形下如受害人故意、第三人的原因等情形下得以免责的无过错责任,具体列举如下:

(1) 用人单位就工作人员职务侵权承担的责任。
(2) 承揽人、定作人的侵权责任。
(3) 接受个人劳务方就提供劳务方的劳务侵权承担的责任。
(4) 生产者的产品责任。
(5) 机动车侵害非机动车的交通事故责任。
(6) 环境污染责任。
(7) 高度危险作业责任。
(8) 饲养动物侵权。
(9) 物件倒塌损害责任。
(10) 网络侵权责任避风港原则的通知责任。
(11) 自愿承担风险责任。

2. 绝对非过错责任

绝对无过错责任,也称严格责任,也即即使受害人具有故意、重大过失的,加害人也不得免责的无过错责任,采用这种归责原则的只有产品责任、生态环境损害责任、高度危险责任、饲养动物损害责任适用无过错责任原则。非过错责任的适用应注意三个方面:

(1) 非过错责任原则的适用必须有法律的明确规定,不能由法官或当事人随意扩大适用。

(2) 适用非过错责任,受害人无须证明加害人的过错,加害人亦不能通过证明自己无过错而免责,但原告应证明损害事实及其因果关系。

(3) 我国实行的是有条件的、相对的非过错责任原则,在出现某些法定免责事由时,有关当事人也可全部或部分免除其民事责任。如我国《环境保护法》规定,完全由于不可抗拒的自然灾害并经及时采取合理措施,仍然不能避免造成环境污染损害的,免予承担责任。

【案情】 陆某承包鱼塘进行养殖,但近来发现塘内饲养的鱼、虾大量死亡,一查原来是某公司将污水排放到自己的鱼塘,致使鱼塘的水体污染。陆某于是将该公司告上法庭,要求其赔偿因此造成的经济损失。但该公司辩称流入鱼塘的污水并不是自己一家,另外还有其他生活污水,而自己排放的污水是沿着污水沟排放的,当日流入的污水是因为有大雨所致,是不可抗力,原告陆某也负有责任。

【问题】 陆某的损失该由谁负责任呢?

【法律规定】《民法典》第一千二百三十条规定："因污染环境、破坏生态发生纠纷,行为人应当就法律规定的不承担责任或者减轻责任的情形及其行为与损害之间不存在因果关系承担举证责任。"

【法律运用及结果】《民法典》规定的环境污染责任是适用无过错责任原则的特殊侵权责任。根据《民法典》第一千二百三十条规定,也就是说,在环境污染纠纷中,实行举证责任倒置。本案中,被告某公司提出流入原告鱼塘的污水并不是被告一家,另外还有生活污水,否认被告鱼塘内鱼、虾的死亡系其排放污水造成,这些都应由被告举证证明,但被告某公司并没有证据证明其排污行为与原告鱼塘内鱼、虾死亡不存在因果关系,因此,原告鱼塘内鱼、虾死亡的损害后果应认定系被告某公司排污行为造成,被告某公司应当承担赔偿责任。

(案件改编自侵权责任经典案例,http://wenku.baidu.com/view/fa2f4195dd88d0d233d46ac0.html)

(三)公平责任原则

公平责任原则是指损害双方的当事人对损害结果的发生都没有过错,但如果受害人的损失得不到补偿又显失公平的情况下,由人民法院根据具体情况和公平的观念,要求当事人分担损害后果。《民法典》第一千一百八十六条规定:"受害人和行为人对损害的发生都没有过错的,依照法律的规定由双方分担损失。"公平责任原则并不是一个归责原则,而是独立于过错责任与无过错责任原则之外、在两原则不足以公平调整某些利益关系时的补充性法律规则。所以在性质上,此时的责任性质不是"赔偿",而是"补偿"。公平责任原则的适用要注意以下几个问题:

(1)适用公平责任的前提,必须是当事人既无过错,又不能推定其过错的存在,同时也不存在法定的承担无过错责任的情况。如果可以适用过错责任、法定无过错责任或推定过错责任,就不能适用公平责任。

(2)当事人如何分担责任,由法官根据个案的具体情况,包括损害事实与各方当事人的经济能力进行综合衡量,力求公平。

根据《民法典》的规定,可能适用公平责任原则的情形主要有第一百八十二条第二款规定:"危险由自然原因引起的,紧急避险人不承担民事责任,可以给予适当补偿。"受害人要求补偿的,可以责令受益人适当补偿。当事人对造成损害均无过错,但一方是在为对方的利益或者共同的利益进行活动的过程中受到损害的,可以责令对方或者受益人给予一定的经济补偿。《民法典》第一千二百五十四条规定："禁止从建筑物中抛掷物品。从建筑物中抛掷物品或者从建筑物上坠落的物品造成他人损害的，由侵权人依法承担侵权责任；经调查难以确定具体侵权人的，除能够证明自己不是侵权人的外，由可能加害的建筑物使用人给予补偿。"

第三节　一般侵权行为的构成要件

《民法典》第一千一百六十五条规定："行为人因过错侵害他人民事权益造成损害的，应当承担侵权责任。"《民法典》所称民事权益，包括人格权、身份权、物权、债权、知识产权、继承权和股权及其他投资性权利以及一般人格权保护的其他人格利益、胎儿的人格利益、死者的人格利益、其他身份利益和其他财产利益。

一般侵权行为的构成要件，是指在一般情况下，构成侵权行为所必须具备的因素。只有同时具备这些因素，侵权行为才能成立。一般侵权行为的构成要件包括：有侵害行为、有损害事实的存在、加害行为与损害事实之间有因果关系、行为人主观上有过错四个方面。

一、有侵害行为

有侵害行为的存在，又叫法益损害，是构成侵权责任的行为要件。需要强调的是，此处的侵害行为，指只要客观上侵害了他人的民事权益，与既往民法理论上所强调的"行为的违法性"要件截然不同。所谓行为的违法性，是指对法律禁止性或命令性规定的违反。但未要求侵害行为具有违法性。任何一个民事损害事实都与特定的加害行为相联系，亦即民事损害事实都由特定的加害行为所造成。没有加害行为，损害就无从发生。从表现形式上看，加害行为可以是作为，也可以是不作为，以不作为构成加害行为的，一般以行为人负有特定的义务为前提。

二、有损害事实的客观存在

损害事实，是指因一定的行为或事件对他人的财产或人身造成的不利影响。损害事实既包括财产损失，也包括非财产损失，如人的死亡、人身伤害、精神损害（痛苦、疼痛）等。作为侵权行为构成要件的损害事实须具备以下特点：损害是侵害合法权益的结果、损害具有可补救性、损害是已经发生的确定的事实。依侵权损害的性质和内容，大致可分为财产损失、人身伤害和精神损害三种。

（一）财产损失

民法理论认为财产损失，是指一切财产上的不利变动，包括财产的积极减少和消极的不增加，主要是指由于行为人对受害人的财产权利施加侵害所造成的经济损失，既包括积极损失，如人身伤害的费用支出，也包括消极损失，如误工减少的收入等。《民法典》第一千一百六十七条所列举的实际上都是民事权利，没有列举民事利益，但实际上也包括法律所保护的利益（法益），如占有人基于占有物的事实所享有的利益等。《民法典》第二百三十五条、第二百三十六条以及第二百三十八条规定，占有的不动产或者动产被侵占的，占有人有权请求返还原物；对妨害占有的行为，占有人有权请求排除妨害或者消除危险；因侵占或者妨害造成损害的，占有人有权请求损害赔偿。此处所保护的正是占有人对占有物所享有的占有利益。

（二）人身伤害

人身伤害是指由于行为人对受害人的人身施加侵害所造成的人身上的损害。具体包括生命的损害、身体的损害、健康的损害三种情况。同时，对自然人人身的损害往往也会导致其财产的损失，如伤害他人身体致其支付医疗费、护理费、交通费和误工减少的收入等。

（三）精神损害

精神损害主要是指自然人因人格受损或人身伤害而导致的精神痛苦，当然广义上还包括法人的商誉损失等。与其他损害不同的是，精神损害具有无形性，难以用金钱来衡量，司法实践也只是补偿责任。《民法典》第一千一百八十三条规定："侵害自然人人身权益造成严重精神损害的，被侵权人有权请求精神损害赔偿。因故意或者重大过失侵害自然人具有人身意义的特定物造成严重精神损害的，被侵权人有权请求精神损害赔偿。"

三、侵害行为与损害事实间的因果关系

因果关系是指社会现象之间的一种客观联系，即一种现象在一定条件下必然引起另一种现象的发生，则该种现象为原因，后一种现象为结果，这两种现象之间的联系，就称因果关系。理论上认定因果关系具体有根据事件发生的先后顺序来认定、根据事件的客观性来认定、根据原因现象是结果现象的必要条件规则来认定三种方法。

侵权行为只有在加害行为与损害事实之间存在因果关系时，才能构成。如果加害人有加害行为，他人也有民事权益受损害的事实，但两者毫不相干，则仍不能

构成侵权行为。因此,加害行为与损害事实之间有因果关系,是构成一般侵权行为的必要要件。

四、行为人主观上具有过错

过错是行为人对其行为的一种心理状态。行为人是否有过错直接关系到对其行为性质的认定。与刑法上区分过错为故意与过失不同,民法上将过错区分为故意、重大过失与一般过失,区分标准是过错程度的大小。行为人明知自己的行为会发生损害他人民事权利的结果而实施行为的,为故意。行为人根据一般人的见识应当预见自己的行为可能损害他人的民事权利但因为疏忽大意而没有预见导致损害结果发生的,为过失。一般认为一个专业人士违反了普通预见的水平的即构成重大过失。衡量行为人对其作为和不作为是否有主观故意或过失,应根据具体的时间、地点和条件等多种因素综合进行确定,这也是侵权行为归责原则应当考虑的因素。

例如,甲搬家公司指派员工郭某为徐某搬家,郭某担心人手不够,请同乡蒙某帮忙。搬家途中,因郭某忘记拴上车厢挡板,蒙某从车上坠地受伤。本例中,就郭某"忘记拴上车厢挡板"的行为肯定具有过失,再考虑到郭某作为搬家工人的专业背景,应当认定为构成重大过失。

五、关于特殊侵权责任的构成要件

特殊侵权行为的构成要件是指根据法律的规定,构成侵权行为所必须具备的各个因素,主要包括:损害事实的存在、行为人的行为与损害事实之间有因果关系等。在特殊侵权行为中,职务侵权行为的发生必须是执行职务中的不当行为,且造成了实际损害,存在因果关系;产品侵害责任、高度危险作业的损害责任、环境污染的损害赔偿责任、动物致人损害的责任、监护责任等,根据侵权主体和损害事实的法定关系,实行非过错责任原则;但建筑物等致人损害、地面施工致人损害是根据损害事实和因果关系,实行过错推定原则。

因此,对于特殊侵权行为的构成要件主要结合侵权主体、损害事实和法律的明确规定,参照一般侵权行为的构成要件,来认定是否构成侵权行为以及侵权责任承担原则。

【案情】 原告张某某出生于 2003 年 11 月 4 日。由于没有母乳,张某某出生的第二天,原告的父亲张某就到镇上的一个超市为其购买了两袋"美乐滋"婴幼儿奶粉。在张某某吃完该两袋奶粉后,张某又连续购买了十多袋同一超市出售的同一品牌奶粉。到了 2004 年 2 月初,张某某哭闹不肯进食,被送往涟水县医院门诊治疗,后转淮安市第一人民医院住院治疗,经诊断为因营养不良导致"败血症、低蛋白血症、多脏器功能失控"。2004 年 2 月 27 日张某某治愈出院,共花去医疗费 12 000 元,出院医嘱"加强营养"。2004 年 3 月 23 日,张某征得零售商同意,对"美乐滋"婴幼儿奶粉取样送涟水县疾病预防控制中心检测,检测结果显示"美乐滋"奶粉营养含量普遍不符合标准值,特别是蛋白质含量低于标准值 14 个百分点(正常值含量要求大于 18%,该奶粉实际含量仅为 3.18%)。根据原告张某某出生时医院出生证记载,原告出生时健康状况为良好。为此,原告张某某的父亲张某作为法定代理人向涟水县人民法院提起诉讼,请求法院判令被告零售商赔偿有关费用损失。被告答辩称:其所出售的奶粉虽然是存在质量问题,但只是营养差一些,不可能导致原告"败血症、低蛋白血症、多脏器功能失控",原告的这些疾病应当是由于自身身体原因所致。质量差的奶粉与原告的症状没有因果关系,自己不应当承担责任。

【问题】 原告所受损伤与被告销售劣质奶粉的因果关系如何认定?

【法律规定】 一般侵权行为的构成要件包括:有加害行为、有损害事实的存在、加害行为与损害事实之间有因果关系、行为人主观上有过错四个方面。

【法律运用及结果】 有一段时间劣质奶粉事件在全国闹得沸沸扬扬,引起了社会各界的广泛关注。在这次劣质奶粉事件中,虽然有关机关已经对有关责任人采取了相应的措施,但对于一些受害儿童及其家人而言,还存在一个请求有关生产商与销售商损害赔偿的问题。其中必须明晰一个问题,就是劣质奶粉与所受损害之间的因果关系。本案作为一起劣质奶粉致害案件,其对因果关系的认定,对有关劣质奶粉损害问题的处理可以提供一个良好的视角。侵权民事责任构成中的因果关系要件,就是侵权法中的因果关系。它指的是违法行为作为原因,损害事实作为结果,在它们之间存在的前者引起后者、后者被前者所引起的客观联系。具体到本案,所谓的因果关系就是指食用被告销售的劣质奶粉与原告所受损害之间的引起与被引起的关系。

本案作为一起产品质量问题致人损害案件,对被告的产品与原告的损害后果之间的因果关系的证明尤为重要。在缺陷产品致消费者索赔案件中,世界各国在实践中运用间接证明的方法来认定因果关系。其中包括以经验法则为依据的大致推定,即虽非绝对确实,但依众所周知的现实经验,某项事实的发生在大多数情况下均以另一项事实为原因,则可大致认定:如果这两项事实同时存在,即推定两事实间存在因果关系。具体到本案,依经验法则,在对被告所售奶粉质量不合格与原告所受损伤没有争议的情况下,可以推定两者的因果关系成立。

进一步分析,在本案中,就劣质奶粉与原告所受损害的因果关系的认定方面而言,原告方所举各项证据具有关联性,且经被告质证认可,形成完整的证据链,可以证明的相应事实为:原告健康出生后食用被告销售的劣质奶粉出现了相应症状。而且原告已经治愈出院,结合医生出院医嘱加强营养来看,两者是存在因果关系的。

另外,从我国民事诉讼立法规定看,我国民事诉讼的证明标准是采用高度盖然性的证明标准,即证据证明力的高度可能性。在证据对某一争议的证明无法达到确实清楚的情况下,对可能性较高的事实予以认可。从本案查明的事实来看,认定损害的发生与食用劣质奶粉间存在因果关系的可能性符合民事诉讼中所要求的高度盖然性的证明标准。

在对本案因果关系的认定上,我们认为不能完全依赖于所谓权威的专业鉴定机构进行鉴定确认,还应当发挥法官的自由裁量,根据案件的具体事实对因果关系作出认定。本案中原告的损害排除了其他可能的因素,而且被告销售劣质奶粉的事实客观存在,可以据此认定被告销售劣质奶粉与原告所受损害之间存在因果关系,可以判令被告承担相应的损害赔偿责任。因此,对本案因果关系的认定,应该予以认定。原告出生时经医院确认为身体状况良好,因此,对原告在两三个月后出现前述症状系自身因素导致的情况基本可以排除。被告销售劣质奶粉已经被确认是事实,原告出生后由母亲专门照顾,除上述奶粉外原告未食用其他营养品,原告所患"败血症、低蛋白血症、多脏器功能失控"病症,经医生病案成因分析系营养不足所致,以上事实,可推定因果关系成立,无须通过专门机构鉴定。

(案件改编自侵权责任法案例及习题,http://wenku.baidu.com/view/7d28ae3f580216fc700afdaa.html)

第四节 免责事由

一、免责事由的概念

免责事由是指行为人虽违反法律规定的义务而致人损害者依法可以不承担民事责任的事由。免责事由一般由法律规定,但在不违反国家法律和社会公序良俗的前提下,也可由当事人约定。民法理论将免责事由分为两大类:一是正当理由,包括职务授权行为、正当防卫、紧急避险、自助行为、受害人同意;二是外来原因,包括不可抗力、受害人过错、第三人过错、意外事件、自甘风险。职务授权行为、正当防卫和不可抗力都是法定的,人们较易理解,另外六种情形相对有一定难度。

二、免责事由的分类

(一)过失相抵(受害人的过错)

1. 适用效力

过失相抵是指就损害的发生或者扩大,受害人也有过错(包括故意与过失),法院可依其职权,依一定的标准减轻加害人赔偿责任,从而公平、合理地分配损害的一种制度。

《民法典》第一千一百七十三条规定:"被侵权人对同一损害的发生或者扩大有过错的,可以减轻侵权人的责任。"

2. 适用范围

(1)在适用过错责任的场合。在此场合下,过失相抵均可以适用,此时的过错包括故意、重大过失与一般过失,被侵权人的过错程度越大,侵权人责任被减轻的幅度越大。

(2)在适用非过错责任的场合。在非过错责任领域,从保护受害人的角度出发,仅限于受害人有"故意与重大过失"的情形方可适用过失相抵,且只能将受害人的重大过失作为减轻责任而不能作为免责的事由;如受害人具有一般过失,则不能作为减轻责任的理由更勿论免除责任的理由。结合《民法典》第一千二百四十五条"饲养的动物造成他人损害的,动物饲养人或者管理人应当承担侵权责任,但是能够证明损害是因被侵权人故意或者重大过失造成的,可以不承担或者减轻责任",过失相抵在非过错责任的场合下的适用情形包括:一是由于受害人的故意而造成的,饲养人或管理人免除责任;二是由于受害人的重大过失造成的,饲养人或管理人减轻责任;三是由于受害人的一般过失造成的,饲养人或管理人承担全责。

(二)受害人的故意

1. 适用效力

受害人的故意指受害人明知自己的行为会发生损害自己的后果,而希望或放任此种结果的发生。《民法典》第一千一百七十四条规定:"损害是因受害人故意造成的,行为人不承担责任。"这一规定的基本含义是:受害人故意作为免责事由,适用的后果就是完全免除加害人的责任。

受害人故意作为免责事由,适用于过错责任的场合,也适用于采用相对非过错责任的特殊侵权场合,但可能不适用于个别采用绝对非过错责任的特殊侵权的场合。如《民法典》第一千二百四十七条的规定。

2. 适用范围

(1)民用核设施发生核事故致人损害的,民用核设施的运营单位应当承担侵权责任,但能够证明损害是因战争、武装冲突、暴乱等情形造成的或者受害人故意,不承担责任。

(2)民用航空器致人损害的,经营者应当承担侵权责任,但能够证明损害是因受害人故意造成的,不承担责任。

(3)占有或者使用易燃、易爆、剧毒、放射性等高度危险物致人损害的,占有人或者使用人承担侵权责任,但能够证明损害是因受害人故意或者不可抗力造成的,不承担责任;被侵权人对损害的发生有重大过失的,可以减轻前者的责任。

(4)从事高空、高压、地下挖掘活动或者使用高速轨道运输工具致人损害的,经营者承担侵权责任,但能够证明损害是因受害人故意或者不可抗力造成的,不承担责任;被侵权人对损害的发生有过失的,可以减轻经营者的责任。

(5)饲养动物致人损害的,饲养人或者管理人应当承担侵权责任,但能够证明损害是因被侵权人故意或者重大过失造成的,可以不承担或者减轻责任。

(三)第三人的原因

1. 适用效力

第三人的原因是指原告、被告之外的第三人造成了原告损害的发生或者扩大而无论第三人是否具有过错。其特征有:第三人与被告之间不存在共同过错,既无共同故意,也无共同过失;第三人的过错可以免除或减轻被告的责任。《民法典》第一千一百七十五条规定:"损害是因第三人造成的,第三人应当承担侵权责任。"第一千二百五十二条规定:"建筑物、构筑物或者其他设施倒塌塌陷造成他人损害的,由建设单位与施工单位承担连带责任,但是建设单位与施工单位能够证明不存在质量缺陷的除外。建设单位、施工单位赔偿后,有其他责任人的,有权向其他责任人追偿。因所有人、管理人、使用人或者第三人的原因,建筑物、构筑物或者其他设施倒塌、塌陷造成他人损害的,由所有人、管理人、使用人或者第三承担侵权责任。"

2. 适用范围

《民法典》第一千一百七十五条关于第三人的原因作为免责事由的一般规定,属于一般条款,但在特别规定里,第三人的原因并不作为免责事由,具体分为三种情况:

(1) 导致加害人完全免责。《民法典》第一千二百五十二条第二款对物件损害责任作了规定:"因所有人、管理人、使用人或者第三人的原因,建筑物、构筑物或者其他设施倒塌、塌陷造成他人损害的,由所有人、管理人、使用人或者第三人承担侵权责任。"

(2) 在加害人与第三人之间建立不真正连带责任。也即受害人可以选择加害人或者第三人中的一人承担责任,加害人承担责任后再向第三人追偿,这实际上是在加害人与第三人之间形成一个不真正连带之债。包括《民法典》第一千二百二十三条规定的情形:"因药品、消毒产品、医疗器械的缺陷,或者输入不合格的血液造成患者损害的,患者可以向药品上市许可持有人、生产者、血液提供机构请求赔偿,也可以向医疗机构请求赔偿。患者向医疗机构请求赔偿的,医疗机构赔偿后,有权向负有责任的药品上市许可持有人、生产者、血液提供机构追偿。"《民法典》第一千二百三十三条规定的情形:"因第三人的过错污染环境、破坏生态的,被侵权人可以向侵权人请求赔偿,也可以向第三人请求赔偿。侵权人赔偿后,有权向第三人追偿。"《民法典》第一千二百五十条规定的情形:"因第三人的过错致使动物造成他人损害的,被侵权人可以向动物饲养人或者管理人请求赔偿,也可以向第三人请求赔偿。动物饲养人或者管理人赔偿后,有权向第三人追偿。"

(3) 加害人不能免责。还有的规定第三人并不直接面对受害人承担责任,只有加害人对受害人承担责任,而后再向第三人追偿,这样一来,第三人的原因并不作为免责事由。包括《民法典》第一千二百零四条规定的情形:"因运输者、仓储者等第三人的过错使产品存在缺陷致人损害的,产品的生产者、销售者赔偿后,再向第三人追偿。"《民法典》第一千二百五十二条第一款规定的情形:"建筑物、构筑物或者其他设施倒塌、塌陷造成他人损害的,由建设单位与施工单位承担连带责任,但是建设单位与施工单位能够证明不存在质量缺陷的除外。建设单位、施工单位赔偿后,有其他责任人的,有权向其他责任人追偿。"

(四) 自甘风险

《民法典》第一千一百七十六条"自愿参加具有一定风险的文体活动,因其他参加者的行为受到损害的,受害人不得请求其他参加者承担侵权责任;但是,其他参加者对损害的发生有故意或者重大过失的除外"是对自甘风险的规定,《民法典》首次确认自甘风险作为侵权责任的免责事由。

自甘风险,是指受害人自愿参加具有一定风险的文体活动,因其他参加者的行为受到损害的,受害人不得请求其他参加者承担侵权责任,如果其他参加者对损害的发生有故意或者重大过失的除外的免责事由。其构成要件:第一,组织者组织的文体活动有一定的风险,如蹦极;第二,受害人对该危险有意识,但是自愿参加;第三,受害人参加此活动,因其他参加者的行为造成损害;第四,组织者没有故意或者过失。具备这些构成要件的,即免除组织者的侵权责任,其他参加者也不承担侵权责任。如参加足球比赛活动受到参加者的损害就是自甘风险。

【案情】 2004年9月18日20时许,慈文公司《小鱼儿与花无缺》摄制组在北京市怀柔飞腾影视公司拍摄该剧第34集第8场戏,根据调整后的剧情安排,由小鱼儿(张某某饰演)与花无缺(谢某某饰演)击打杀父仇人江别鹤尸体(王某饰演),具体由小鱼儿掌掴江别鹤脸部,由花无缺踢江别鹤腿部。拍摄前,该剧组导演提出"以不伤害对方(王某)"为准的要求,张某某、谢某某根据导演拍摄要求在正式拍摄前与王某进行演示,剧组为王某加装防护垫。但实际拍摄过程中,张某某、谢某某未按拍摄前演示的力度击打王某,致使其受伤。当日,王某经怀柔区第一医院诊断为左大腿软组织挫伤,休息三天。2004年9月19日至10月4日,王某在中国人民解放军第三〇四医院住院治疗,该院诊断为:左大腿严重软组织损伤,左肾轻度挫伤,左面部软组织挫伤,频发性心房早搏。事发当日,王某向北京市公安局怀柔分局杨宋派出所报案,要求给予张某某和谢某某治安管理处罚。经北京市公安局法医检验鉴定中心鉴定,王某的损伤属轻微伤(上限)。杨宋派出所经过调查,作出京公(怀杨)行不字〔2004〕第026号不予处理决定书。王某不服,向北京市公安局怀柔分局提出行政复议。该单位以京公怀复决字〔2004〕第1号行政复议决定书维持杨宋派出所不予处理决定。王某仍不服,向北京市怀柔区人民法院提起行政诉讼。一审判决后,王某不服,向北京市第二中级人民法院提起上诉。2004年12月21日,王某向北京市第二中级人民法院提起民事诉讼,要求张某某与谢某某对其各项损失承担赔偿责任并书面赔礼道歉，由慈文公司承担连带赔偿责任。三被告均以表演真实和剧情所需为由进行抗辩。

【法律问题】 本案争议的焦点是三被告是否应当对王某在拍摄电视剧《小鱼儿与花无缺》过程中遭受的人身损害承担民事侵权责任并予以赔偿的问题。

【法律规定】《民法典》第一千一百七十六条规定："自愿参加具有一定风险的文体活动，因其他参加者的行为受到损害的，受害人不得请求其他参加者承担侵权责任；但是，其他参加者对损害的发生有故意或者重大过失的除外。"

【法律运用及结果】 自甘风险是指受害人明知可能遭受来自特定危险源的风险，却依然冒险行事。在自甘风险中，因受害人对损害的发生具有过错，加害人可以相应地减轻赔偿责任。尽管在有些自甘风险的情形，可以认定受害人存在过失，从而适用过失相抵减轻加害人的赔偿责任。在这个意义上来看，自甘风险有时只是过失相抵的特别情形。但是，这不意味着自甘风险就等于过失相抵。这是因为，一方面，并非在所有的自甘风险的情形中，受害人都是有过错的，进而能够适用过失相抵。例如，在体育比赛中，参与者自愿承担特定的风险，属于自甘风险，但此时不能认为体育比赛中的受害人对损害的发生具有过失。另一方面，自甘风险可以属于违法阻却事由，免除加害人的责任，这一点尤其适用于那些危险性较高的合法活动，如对抗性激烈的足球、篮球、拳击等体育比赛等。在这些活动中，只要加害人不是故意或重大过失，其行为可因受害人自甘冒险而被阻却违法性，不承担责任。反之，应当承担责任。正如《民法典》第一千一百七十六条规定，自甘风险发生的场景往往是"具有一定风险的文体活动"，体育活动尤其是具有激烈对抗性的体育项目风险性显而易见，但具有风险性的文艺活动却并不多见。本案即为发生在影视表演这一具有一定风险的文艺活动过程中。在本案中，演员参与表演出于自愿，根据剧本的安排，饰演相应角色的王某需要自行承担在武打动作中遭受损害的相应风险。但自甘风险的适用是有限度的，其不适用于行为人有故意或重大过失的情形。影视表演为追求效果的逼真，需要演员承担在武打动作或者拍摄过程中所可能遭受的风险，但相关行为人也必须尽必要的谨慎注意义务，若违反注意义务则存在过错，过错程度一旦达到故意或重大过失的程度，则不能以自甘风险作为免责事由。本案中，行为人张某某、谢某某遵循影视制作公司的指令表演击打王某,其真实性的要求仅在于其击打行为,而非结果,因此造成被侵权人王某轻微伤,显属超出必要限度。在缺乏充分证据证明行为人属故意的情形下,应认为演员具有重大过失,因此不能以自甘风险为由免除其侵权责任。虽张某某、谢某某及慈文公司对王某的伤情提出质疑,但未提供充足证据予以证实,故法院对张某某、谢某某及慈文公司的质疑不予支持。关于王某主张的经济损失和精神损害赔偿一节,因王某受伤后慈文公司已支付相关费用,王某提出的经济损失未在法院规定的举证期限内提供证据予以证实,同时也未提供证据证实因张某某、谢某某的表演过失,造成其精神损害的严重后果,故对该部分请求不予支持。关于王某请求张某某、谢某某书面赔礼道歉一节,虽张某某与谢某某已构成侵权,但考虑到张某某与谢某某已在媒体上两次刊登"致歉声明",对给王某造成的伤害和影响表示了歉意,不良影响已经消除,故对王某的该项请求也不予支持。

(案例改编自北京市第二中级人民法院裁判文书,案号:〔2005〕二中民终字第00026号案件)

(五)自助行为

自助行为是指权利人为了保护自己的合法权益,在情事紧迫而又不能获得国家机关及时救助的情况下,对他人的财产或者自由在必要范围内采取扣押、拘束或者其他相应措施,为法律或社会公德所认可的行为。自助行为的性质属于自力救济。《民法典》第一千一百七十七条规定:"合法权益受到侵害,情况紧迫且不能及时获得国家机关保护,不立即采取措施将使其合法权益受到难以弥补的损害的,受害人可以在保护自己合法权益的必要范围内采取扣留侵权人的财物等合理措施;但是,应当立即请求有关国家机关处理。受害人采取的措施不当造成他人损害的,应当承担侵权责任。"该条没有规定可以对他人人身自由施加拘束的内容,但是在"等"字中包含这个意思。如去饭店吃饭未带钱而不能付费,店主不让其离开,等待他人送钱来结账的拘束自由的行为,就是自助行为。

自助行为的构成要件:第一,行为人的合法权益受到侵害;第二,情况紧迫且不能及时获得国家机关保护;第三,不立即采取措施将使其权益受到难以弥补的损害;第四,对侵权人实施扣留财产或者限制人身自由等在保护自己合法权益的必要范围内的行为。在行为人实施了自助行为、权益得到保障后,即应解除相应措施;如果仍需继续采取上述措施的,应当立即请求有关国家机关依法处理。行为人如果对受害人采取自助行为的措施不适当,造成受害人损害的,应当承担侵权责任,赔偿损失。

【案情】 2000年3月6日,青岛市人民政府颁发了青海临证〔2000〕017号《国家海域临时使用许可证》。该许可证上记载:临时使用单位为兴隆路街道办事处,海域面积1200亩,使用时间为2000年3月6日至2000年12月31日,临时使用海域范围为湖岛湾4号养殖海区,用途及作业方式为筏式贝藻养殖。3月8日,市海洋局与兴隆路街道办事处签订了《青岛市国家海域临时使用合同》,市海洋局同意兴隆路街道办事处临时使用与上述使用许可证记载的许可使用范围相同的海域。3月28日,被告王某与兴隆路街道办事处签订了《承包合同》,兴隆路街道办事处将湖岛湾4号养殖海区计1200亩承包给王某经营,合同期暂定为三年,自2000年4月1日至2003年3月31日。2000年8月2日,被告带人到湖岛湾4号养殖海区割毁了包括原告宋某在内的9个养殖户的111行养殖筏架,其中属于宋某所有的为33行。

【法律问题】 被告割除原告的养殖筏架,是被告行使自己权利的行为,还是对原告的侵权行为。

【法律规定】 《民法典》第一千一百七十七条规定:"合法权益受到侵害,情况紧迫且不能及时获得国家机关保护,不立即采取措施将使其合法权益受到难以弥补的损害的,受害人可以在保护自己合法权益的必要范围内采取扣留侵权人的财物等合理措施;但是,应当立即请求有关国家机关处理。受害人采取的措施不当造成他人损害的,应当承担侵权责任。"

【法律运用及结果】 根据《民法典》第一千一百七十七条的规定,自助行为的构成要件包括:第一,行为人的合法权益受到侵害;第二,情况紧迫且不能及时获得国家机关保护;第三,不立即采取措施将使其权益受到难以弥补的损害;第四,对侵权人实施扣留财产或者限制人身自由等在保护自己合法权益的必要范围内的行为。在本案中,被告自2000年4月1日获得该海域的承包经营权,因此原告占用被告享有承包经营权的海域放置养殖筏架的行为已经对被告的合法权利造成侵害。但该侵害状态并不构成情势紧迫,被告完全有充裕时间通过法定程序向法院请求以公力救济停止侵权、排除妨碍,因此不符合实施自助行为的条件。所以,被告自行拆除原告养殖筏架的行为不构成自助行为。而且,相比于被告保护合法承包经营权的目的,其所采取的割断原告养殖筏架并任其自沉海底以致发生毁损的行为超出了必要限度,明显不当。因此,法院认为,被告应依据《民法典》第一千一百七十七条第二款的规定对原告的损害承担侵权责任。因为被告的行为不但不是对其权利的合法保护,反已超过正当界限,构成了权利的滥用。

(案件改编自山东省青岛海事法院裁判文书,案号:〔2001〕青海法海事初字23号案)

(六) 不可抗力

《民法典》第一百八十条规定:"因不可抗力造成他人损害的,不承担责任。法律另有规定的,依照其规定。"

不可抗力作为免责事由,既适用于采用无过错的特殊侵权责任,也适用于采用过错责任的一般侵权责任情形,同时也适用于《民法典》合同编上的违约责任的免责事由。但在特别法或者特别规定的某一情形下对于不可抗力免责效力有特别规定的,适用之,也即并不能作为免责事由。比如《环境保护法》第四十一条第三款,不可抗力并不当然作为环境污染责任的免责事由。

(七) 正当防卫

《民法典》第一百八十一条规定:"因正当防卫造成损害的,不承担责任。正当防卫超过必要的限度,造成不应有的损害的,正当防卫人应当承担适当的责任。"

(八) 紧急避险

《民法典》第一百八十二条规定:"因紧急避险造成损害的,由引起险情发生的人承担责任。危险由自然原因引起的,紧急避险人不承担责任,可以给予适当补偿。紧急避险采取措施不当或者超过必要的限度,造成不应有的损害的,紧急避险人应当承担适当的责任。"

紧急避险免责效果可以分解为:

(1) 险情由人为原因引起的,由引起人承担责任。

(2) 险情由自然原因引起,行为人采取的措施又无不当的,原则上行为人不承担民事责任;但受害人要求补偿的,可以责令受益人适当补偿。

(3) 上述两种情形下,若行为人采取措施不当或超过必要限度,造成不应有的损害的,应承担适当的民事责任。

【案情】 行为人甲持砖头在路口等候,遇有闯红灯的车辆即直接用砖头砸向该车。

【法律问题】 这种行为是否属于正当防卫？

【法律规定】 《民法典》第一百八十一条规定："因正当防卫造成损害的，不承担责任。正当防卫超过必要的限度，造成不应有的损害的，正当防卫人应当承担适当的责任。"

【法律运用及结果】 有人主张这种行为属于正当防卫。理由是闯红灯的司机正在侵犯的是他人的生命权或者是作为公共利益的交通秩序，行为人甲有计划地阻止司机闯红灯，有充分的时间考虑，能够选择足以阻止闯红灯司机的损害最小的办法，没有造成不必要的损害，应该是正当防卫。这种主张不能成立。因为正当防卫针对的不法侵害应该是客观的、正在发生的事实。司机闯红灯固然是对作为公共利益的交通秩序的破坏，但是，这种破坏程度尚不足以引起行为人用砸车的方式来阻止。正当防卫的主要目的是救济权利，而救济的是正在被侵害的权利。闯红灯并不必然会造成他人生命权、健康权的损害，对交通秩序的破坏，可以通过其他方式来弥补救济。用砸车的方式来救济交通秩序被破坏的损失超过了必要限度。不仅如此，砸车除了可能震慑司机之外，还有更大的可能使司机为此分散注意力而发生意外的交通事故，引发更大的公共危险。所以，行为人甲的行为不能作为正当防卫，不值得提倡。

（案件改编自中国律师网侵权损害赔偿责任之正当防卫认定以案说法，http://www.govwq.com/article/2855.html）

第五节　共同侵权责任

一、共同侵权的概念和特征

（一）共同侵权的概念

共同侵权行为是侵权行为中的一种特殊类型，相对于一般单独侵权行为而言。共同侵权行为，是指两个或两个以上的行为人，基于共同的故意或者过失，侵害他人人身权利或财产权利的行为。《民法典》第一千一百六十八条规定："二人以上共同实施侵权行为，造成他人损害的，应当承担连带责任。"

（二）共同侵权的特征

共同侵权行为，当然首先是侵权行为，其构成应当符合某一特定侵权行为的构成要件，即具有行为的侵害行为、损害、因果关系、过错这四个条件。除了具有一般侵权行为的四个要件以外，还具有如下一些特征：

1. 主体的复数性

即加害人至少为两人或两人以上。若仅为一个人，则只能构成普通侵权。共同侵权的主体可以是公民，也可以是法人或非法人团体。

2. 侵害对象及损害结果的同一性

即受到损害的对象可以是人身或者财产或者非财产利益，但这些权利或利益必须属于同一主体，而且几个侵害行为造成同一个不可分割的结果。

3. 行为（或意思）的共同性

数个侵权主体实施了共同的加害行为，这是行为人是否应当承担共同侵权责任的关键性特征，即所谓的"共同性"。各国立法无一例外地将共同性作为共同侵权的构成要件。

4. 共同行为与损害结果之间的因果性

即受害人的损失只有当是由侵权主体的共同行为造成时，侵权主体才可能承担共同侵权责任。

5. 侵权责任的连带性

此处所谓责任的连带性，系针对受害人而言，是共同侵权行为的外部效果。共同侵权主体基于共同的加害行为及其行为所产生的结果，决定了主体责任的不可分割性。各侵权主体都应对共同的损害结果承担全部赔偿责任，此后侵权主体之间根据责任大小发生内部追偿关系。

二、共同侵权的类型

由于共同侵权行为主体的复数性、行为和结果的共同性以及责任的不可分性，决定了共同侵权行为的复杂性和多样性，因此有必要将其类型化。

（一）共同过错侵权行为

共同过错侵权行为指共同侵权行为人之间，存在着共同的意思联络，即共同的故意或者共同的过失，损害了他人的人身或财产权利。这是一种最典型的共同侵权行为。

（二）共同危险行为

《民法典》第一千一百七十条规定："二人以上实施危及他人人身、财产安全的行为，其中一人或者数人的行为造成他人损害，能够确定具体侵权人的，由侵权人承担责任；不能确定具体侵权人的，行为人承担连带责任。"

共同危险行为又称准共同侵权行为,是指数人共同实施危及他人人身安全的行为并造成损害结果,而实际侵害行为人又无法确定的侵权行为。共同危险行为成立后,虽然真正侵害行为人只能是其中一人或一部分人,但如果无法确定谁是真正的侵害行为人,共同实施危险行为的数人承担连带责任。虽实施了共同危险行为,但如能证明受害人的损害后果并非由其危险行为造成(即不存在因果关系,而不是举证无过失),可予免责。

1. 构成要件

(1) 共同行为人的行为均具有共同的危险性质:每一人的行为都具有违法性;每一人的行为客观上都有危及他人财产和侵害他人人身的现实可能性;这种危险性的性质与指向是相同的。

(2) 实际侵害行为人不明。

(3) 整个共同危险行为与损害结果之间具有关联性。

2. 共同危险行为与原因力结合的无意思联络数人分别侵权行为的区别

两者在构成要件上的区别如前所述,在效力上的区别也很明显:共同危险行为人承担连带责任;原因力结合的无意思联络数人分别侵权行为,实属"多因一果"的情形,各个侵权行为人承担按份责任。

3. 共同危险行为与不明高空抛物责任的区别

《民法典》第一千二百五十四条规定:"从建筑物中抛掷物品或者从建筑物上坠落的物品造成他人损害的,由侵权人依法承担侵权责任;经调查难以确定具体侵权人的,除能够证明自己不是侵权人的外,由可能加害的建筑物使用人给予补偿。"虽然不明高空抛物行为与共同危险行为存在极大类似性,但区别亦十分明显:

(1) 没有证据证明该建筑物全体使用人具有共同实施危险行为的意思联络,且都实施了共同危险行为即抛物行为。

(2) 免责事由也不一样。不明高空抛物行为的免责事由是证明自己不是具体侵权人,比如能够证明自己当时不在建筑物中或未实施抛物行为,或者指明具体侵权人;而共同危险行为的免责事由是证明损害后果与自己的行为之间不存在因果关系,或者指明其他共同危险人所致。

(3) 责任不一样。前者是补偿责任,后者是侵权损害赔偿责任。

(三) 教唆人与实行行为人共同侵权行为

教唆行为指行为人以损害他人为目的,用言语或利益开导或诱导实行行为人侵害他人权益,而教唆人本身不直接参与侵权。由于教唆人本身具有过错,实施了教唆行为,并导致损害他人的后果,因此其应当与行为人共同承担侵权责任。

帮助和教唆侵权是拟制的共同加害行为,也被称为"视为共同侵权行为"。其中,实施教唆行为者,称为教唆人;实施帮助行为者,称为帮助人。教唆人指故意使他人产生实施侵权行为决意的人。帮助人指基于故意而为他人实施的故意侵害行为提供帮助的人。

《民法典》第一千一百六十九条规定:"教唆、帮助他人实施侵权行为的,应当与行为人承担连带责任。教唆、帮助无民事行为能力人、限制民事行为能力人实施侵权行为的,应当承担侵权责任;该无民事行为能力人、限制民事行为能力人的监护人未尽到监护职责的,应当承担相应的责任。"根据《民法典》的规定,对教唆人、帮助人承担侵权连带责任的规则如下:

(1) 教唆、帮助完全民事行为能力人:教唆人是造意者,是提出实施侵权行为主张的人,教唆人与实行人承担相同的责任;帮助人是明知侵权行为而对实行人提供帮助的人,也是共同侵权行为人,应当根据其过错程度和帮助行为的原因力承担责任份额。承担责任的规则与共同侵权行为一致,都是连带责任。

(2) 教唆、帮助无民事行为能力人:教唆无民事行为能力人实施侵权行为,教唆人是侵权人,无民事行为能力人的监护人无过失,不承担责任;帮助无民事行为能力人实施侵权行为,帮助人为共同侵权行为人,监护人有过失,帮助人应当承担主要的侵权责任。

(3) 教唆、帮助限制民事行为能力人:教唆限制民事行为能力人实施侵权行为,教唆人为共同侵权行为人,监护人有过失,教唆人应当承担主要的侵权责任;帮助限制民事行为能力人实施侵权行为,帮助人为共同侵权行为人,监护人有过失,双方承担同等责任。

(4) 在第一种情形下,教唆人、帮助人承担连带责任。在第二种情形下,教唆无民事行为能力人实施侵权行为的,是教唆人的单独责任。帮助无民事行为能力人或者教唆、帮助限制民事行为能力人实施侵权行为的,承担的责任为单向连带责任,即教唆人和帮助人承担连带责任,监护人只承担按份责任。被侵权人可以向教唆人或者帮助人请求承担全部责任,教唆人或者帮助人而后向监护人追偿;被侵权人主张监护人承担责任的,监护人只承担按份责任,不承担连带责任。

【案情】 2014年11月左右,季某与案外人陈某合伙经营"永久彩钢厂",在经营过程中,因陈某原先欠季某数十万元货款未付,季某未及时分红给陈某。陈某为了家庭日常生活所需以及偿还其他一些外债,便经常以需要资金进货为由从季某处要款用于个人额外经营业务之用。2015

年8月以后,因陈某多次从季某处所要款项未能及时偿还,于是季某便不再信任陈某,也不再同意继续拨款给陈某进货使用。2015年9月,陈某为了达到其个人目的,与王某(王某系陈某的生意伙伴,又系陈某债权人和同乡,且与季某比较熟悉)电话联系,并陈述季某对其已不信任,其本人已无法从季某处再拿到资金使用,请求王某帮助,并教唆王某向季某虚构订货事实,以便其能套取季某资金使用。后王某按照陈某的要求与季某电话联系,谎称其需要订购数万元彩钢材料等,陈某以此为由从季某处套取了部分资金使用。几天后,陈某又请求王某以同样理由再次帮助其向季某套取资金,王某便又与季某电话联系,谎称其还需要订购数万元彩钢材料等。通过王某两次协助,陈某共从季某处套取资金19万元。同期,陈某还请求案外其他人帮助其从季某处套取相关资金。季某知晓内幕后于2015年10月16日向盱眙县公安局报警,称陈某诈骗其钱财,后公安机关对陈某立案侦查,法院审理时此案仍在公安机关处理之中,但王某未被公安机关立案侦查。对于该19万元款项,王某与陈某至今未付。后季某认为王某与陈某系合伙骗取其钱财,向王某索款未果,遂诉至法院。

【问题】 本案中是否存在教唆、帮助他人实施侵权行为?

【法律规定】《民法典》第一千一百六十五条第一款规定:"行为人因过错侵害他人民事权益,应当承担侵权责任。"第一千一百六十七条规定:"被侵权人有权请求侵权人承担停止侵害、排除妨害、消除危险等侵权责任。"第一千一百六十九条规定:"教唆、帮助他人实施侵权行为的,应当与行为人承担连带责任。"

【法律运用及结果】 在教唆、帮助他人实施侵权行为的案件中,教唆人和帮助人并非直接实施加害行为的人。受害人要证明直接实施侵害行为者的行为与损害之间的因果关系,并不太困难。但是,其要证明并未直接实施加害行为的教唆人、帮助人的行为与损害之间的因果关系和原因力的大小,则比较困难。毕竟,教唆人或帮助人并未直接参与实施侵权行为。为消除这种困难,《民法典》第一千一百六十九条规定教唆人、帮助人也被视作共同加害行为人,要与直接加害人一起就受害人的全部损害承担赔偿责任。此一规定使受害人无须证明教唆人、帮助人的行为与损害之间的因果关系,而只要证明存在教唆行为或帮助行为,即可使得教唆人或帮助人与直接侵权人承担连带责任,有利于保护受害人的合法权益。所谓帮助行为,是指给予他人帮助(如提供工具或者指导方法),以使该人易于实行侵权行为。由此可见,帮助行为并不要求帮助人的行为是加害行为的原因,即只要帮助行为客观上使加害行为易于实施即可。在本案中,陈某故意教唆王某先后两次向季某虚构订货事实,以便陈某从季某处套取资金19万元。在此期间,王某明知陈某对季某存在欺骗行为,却碍于情面,仍然帮助陈某虚构订货事实,两次套取季某资金。其中,王某的行为构成对陈某套取资金侵害季某财产权的帮助行为,王某与陈某作为共同侵权人应对季某的财产损害承担连带责任。而根据《民法典》第一千一百六十九条规定,权利人有权请求部分或者全部连带责任人承担责任,因此王某作为连带责任人应在向季某承担全部赔偿责任之后,对于超过自己责任份额的部分再向连带责任的其他责任人追偿。

(案件改编自江苏省淮安市盱眙县人民法院裁判文书,案号:〔2017〕苏0830民初2359号;江苏省淮安市中级人民法院裁判文书,案号:〔2017〕苏08民终3417号)

(四)帮助他人实行共同侵权行为

通常是在实行行为人决定实施加害行为或正在实行侵害过程中,帮助人主动提供工具、技术或制造条件,帮助行为比较复杂,可以是主动帮助,也可以是消极帮助;有合意的帮助,也有未经合意的帮助;有物质帮助,也有精神鼓励。要正确确认帮助人及帮助的含义,才能全面维护受害人的合法权利。

(五)无意思联络的共同侵权行为

在这种情况下,行为人之间不存在共同的过错,但存在共同的侵权行为。数人侵权的行为作为必要条件叠加在一起,构成受害人损失的直接原因。比如甲、乙两人不慎开车发生碰撞因而撞伤丙;再比如数报纸之间转载失实的文章造成某人名誉受损。在这些情形中,致害人之间并无事先的意思联络,其行为的发展是各自独立的,只是在时间和地点上偶然发生竞合,致同一主体损害。这种情形,在侵权法上称之为"无意思联络的数人侵权",区别于"有意思联络的数人侵权"。构成无意思联络的数人侵权,应当具备下列条件:

(1)须有两个以上侵权行为存在。

(2)数个行为人之间无意思联络。

(3)各行为人的行为偶然结合造成对受害人的同一损害。由于数人在主观上无意思联络,只是因为偶然因素使无意思联络人的各行为偶然结合而造成同一结果。使各行为人的行为结合在一起的因素,不是主观因素,而是行为人所不能预见的认识以外的客观的、外来的、偶然的情况,个别行为偶然聚合而成为损害的原因,每个人的行为只不过是损害产生的一个条件,对有意思联络的共同侵权,损害必较单一的行为为重,所以法律对各致害人课以比较严重的连带责任,如此既能周全保护受害人的利益,又能对致害人起到惩戒的作用。而对于无意思联络的数人侵权,情况则比较复杂,不能一概而论。

依据侵害的是否为受害人的同一类民事权益,可以将无意思联络的数人侵权分成两类:无意思联络的数人侵权造成他人之不同民事权益损害和无意思联络的数人侵权造成他人之同一民事权益损害。在前一类情形,例如,甲、乙无意思联络于半夜侵入丙宅,甲窃取财物,乙打伤丙。于此,甲侵犯的是丙的财产权,乙侵犯的是丙的人身权。两种民事权益在性质上是不同的,故甲、乙不对丙承担连带责任,而仅就各自的加害行为承担侵权责任。在后一类情况,又应当依据损害是否可分来判定。此所谓损害不可分,是指法律意义上的不可分。法律意义上的损害不可分与事实上的损害不可分是既有联系又有区别的一组概念。事实上的损害不可分,是指受害人所受损害在物理意义上的不可分割。一般而言,损害在事实上不可分则在法律上必然不可分,但是如果损害在事实上可分,则在法律上未必可分。例如,甲、乙无意思联络侵权致丙眼伤,我们认为丙所受之损害无论在事实上还是在法律上都是不可分的。但如果甲、乙无意思联络侵权致丙眼伤和腿伤,则我们认为丙所受之损害在事实上是可分的,即分为腿伤和眼伤。但这并不意味着丙所受之损害在法律上是可分的。如果能够判定眼伤由甲所致,腿伤由乙所致,那么丙所受之损害在法律上是可分的;如果不能判定,则我们认为丙所受之损害在法律上是不可分的。可见,损害在事实上可分是法律上可分的基础,但事实上的可分并不意味着在法律上必然可分。对于可分的无意思联络的数人侵权情形,大多数学者均认为是不构成共同侵权行为,属于应由各致害人就自己造成之损害分别承担责任(结果与侵犯受害人不同民事权益相同)的情形。而对于不可分的情况,从共同侵权客观说出发,无意思联络的数人侵权天然就属于共同侵权行为的范畴,自应适用连带责任。

第六节　责任主体的特殊规定

一、监护人的责任

监护人责任是指无民事行为能力人或者限制民事行为能力人造成他人损害,其监护人承担的侵权责任。

(一) 监护人责任的构成条件

监护人责任适用过错推定责任原则,其责任构成包括如下条件:

1. 损害事实

该损害事实包括物质损害和精神损害,与一般侵权的损害事实没有区别。

2. 违法行为

构成监护人责任的行为人的违法行为,应当是无民事行为能力人或者限制民事行为能力人自己实施的行为,而不是他人利用无民事行为能力人或者限制民事行为能力人而实施的侵权行为。关于无民事行为能力人和限制民事行为能力人在实施致人损害的行为时,应否具有识别能力,《民法典》侵权责任编并没有行为人须无识别能力或者责任能力的要求,只是以是否有完全民事行为能力为标准。

监护人在监护人责任构成中的行为是未尽监护职责的行为,主要表现为不作为的行为方式。法律明确规定,监护人对于无民事行为能力人或者限制民事行为能力人负有监护义务,这种义务是作为义务,监护人必须履行。监护人没有履行监护义务,没有教育管教好无民事行为能力人或者限制民事行为能力人,使之造成他人的损害,因此构成不作为的违法行为。如果监护人将监护职责委托他人,监护人应当承担侵权责任,受托人有过错的,承担相应责任。

3. 因果关系

因果关系监护人责任构成中的因果关系,具有双重关系:第一,加害行为人的行为与损害事实之间须具有因果关系,即损害事实须因行为人的行为引起,两者之间有引起与被引起的客观联系。第二,监护人的疏于监督责任与损害事实之间亦应有因果关系。

4. 主观过错

监护人的主观过错只能是过失,不能是故意。监护人主观过错的内容是未能善尽监督责任,具体表现为疏于教养、疏于监护或者疏于管理。这些都是监护人应当注意而未能注意,因而为过失的心理状态。假如监护人故意指使受监督之人实施侵权行为,则不构成监护人责任,而是监护人自身的侵权行为,应由监护人自己单独承担侵权责任或者刑事责任,被监护人实际上是监护人的侵权工具而已。此外,监护人责任构成中的主观过错要件不采证明形式,而采推定形式。如果监护人认为自己无过错,则举证责任倒置,由监护人自己举证,证明自己已尽监督责任。至于监护人如何证明自己已尽监督之责,并没有统一的标准。

(二) 履行赔偿责任的具体规则

(1) 造成他人损害的无民事行为能力人或者限制民事行为能力人自己有财产

的,由他们自己的财产支付赔偿金,如被监护人是成年人,自己有收入或者有积蓄等。

(2)用被监护人的财产支付赔偿金有不足的,监护人承担补充责任,不足部分由监护人补充赔偿。

(3)造成他人损害的无民事行为能力人或者限制民事行为能力人没有财产的,不适用前两项规则,全部由监护人承担侵权责任。

对于完全民事行为能力人对自己的行为暂时没有意识或者失去控制造成他人损害有过错的,是否也应当依照发生侵权时无民事行为能力人方式来处理呢?《民法典》对暂时没有意识或者失去控制造成他人损害有过错的完全民事行为能力人,仍然应当承担侵权责任;如果没有过错的,根据行为人的经济状况对受害人适当补偿。完全民事行为能力人因醉酒、滥用麻醉药品或者精神药品对自己的行为暂时没有意识或者失去控制造成他人损害的,仍然应当承担侵权责任。

二、用人单位替代责任及劳务派遣责任

《民法典》第一千一百九十一条规定:"用人单位的工作人员因执行工作任务造成他人损害的,由用人单位承担侵权责任。用人单位承担侵权责任后,可以向有故意或者重大过失的工作人员追偿。劳务派遣期间,被派遣的工作人员因执行工作任务造成他人损害的,由接受劳务派遣的用工单位承担侵权责任;劳务派遣单位有过错的,承担相应的责任。"根据以上规定,对用人单位的责任规定如下:

(一)用人单位责任

1. 用人单位责任的概念和特征

(1)用人单位责任是指用人单位的工作人员在工作过程中造成他人损害,由用人单位作为赔偿责任主体,为其工作人员致害的行为承担损害赔偿责任的特殊侵权责任。

(2)用人单位责任的基本特征:一是其实施侵权行为的主体特定化,只有用人单位的工作人员造成侵权后果的时候,才能够成立这种侵权行为。二是其侵权行为发生的场合特定化,只有用人单位的工作人员在工作过程中造成他人损害,才能构成这种侵权行为。三是其侵权损害的被侵权人即损害赔偿权利人特定化,只有用人单位的工作人员在工作过程中造成第三人的损害,才能构成这种侵权责任。四是这种侵权行为的责任形态是替代责任,用人单位工作人员造成第三人损害,承担责任的不是行为人即用人单位的工作人员,而是用人单位,因此是典型的替代责任形态。

2. 举证责任

法院受理赔偿权利主体的起诉,不要求原告举证证明用人单位有过错,而以证明违法行为、损害事实、工作人员执行职务行为与损害结果有因果关系、加害人为用人单位工作人员为已足。至于用人单位是否已尽选任、监督之注意义务,则须用人单位自己举证证明,用人单位欲免除自己的责任,应当证明其选任工作人员及监督工作人员职务的执行已尽到相当的注意。

(二)劳务派遣责任

1. 劳务派遣责任的概念和要件

(1)劳务派遣责任是指在劳务派遣期间,被派遣的工作人员在工作过程中造成他人损害的,由接受劳务派遣的用工单位承担责任,劳务派遣单位承担补充责任的特殊侵权责任。

(2)构成劳务派遣责任,应当具备以下要件:一是在当事人之间存在劳务派遣的劳动关系构成劳务派遣责任,首先必须在三方当事人之间存在劳务派遣的劳动关系。二是被派遣的工作人员在劳务派遣工作过程中造成他人损害,包括人身损害和财产损害。三是损害事实的发生与被派遣工作人员的执行职务行为有因果关系造成他人损害的行为,应当是被派遣的工作人员执行派遣工作的职务行为所致,两者之间有因果关系。四是用工单位在指挥监督工作人员工作中有过失构成劳务派遣责任,用工单位须有过失。过失的表现是用工单位在指挥、监督工作人员执行职务行为中,应当注意而未尽注意义务。确定用工单位的过失,应当采用推定方式,在被侵权人已经证明前述三个要件的基础上,推定用工单位存在上述过失。用工单位认为自己没有过失者,应当自己提供证据证明。能够证明自己没有过失的,不承担侵权责任。不能证明的,过失推定成立,应当承担赔偿责任。

需要指出的是,在个人之间产生劳务关系,由于不存在单位,那么发生侵权时该由谁承担侵权责任呢?《民法典》第一千一百九十二条规定:"个人之间形成劳务关系,提供劳务一方因劳务造成他人损害的,由接受劳务一方承担侵权责任。接受劳务一方承担侵权责任后,可以向有故意或者重大过失的提供劳务一方追偿。提供劳务一方因劳务受到损害的,根据双方各自的过错承担相应的责任。提供劳务期间,因第三人的行为造成提供劳务一方损害的,提供劳务一方有权请求第三人承担侵权责任,也有权请求接受劳务一方给予补偿。接受劳务一方补偿后,可以向第三人追偿。"

三、承揽人、定作人的侵权责任

加工、定作和承揽统称为定作,法律关系主体主要是定作人和承揽人,定作人委托承揽人进行加工、定作、承揽,承揽人依照定作人的指示进行加工、定作。由于承揽人在接受定作之后是独立进行定作、加工,尽管是按照定作人的指示进行,也应当独立负责,承揽人在完成承揽任务过程中,造成第三人损害或者自己损害,定作人不承担赔偿责任,由承揽人承担责任或者负担自己的损失。

如果定作人对于定作、指示有过失,或者对定作人的选任有过失的,则定作人承担相应的赔偿责任。定作过失是指定作人确定的定作任务本身就存在过失,这种定作有可能造成他人损害或者定作人的损害,如加工易燃、易爆物品。指示过失是指定作人下达的定作任务没有问题,但指示承揽人的定作方法存在过失,如不应该采用危险方法进行加工,却作出这样的错误指示。这两种过失,都构成定作人指示过失责任中所要求的过失。

四、网络用户、网络服务者的侵权责任

(一)网络侵权责任的一般规则

网络侵权责任的规则包括网络用户在他人的网络上实施侵权行为的责任承担规则,以及网络服务提供者利用自己的网络实施侵权行为的责任承担规则。无论上述两种情形中的哪一种,都适用过错责任原则确定侵权责任,网络用户或者网络服务提供者对自己实施的网络侵权行为负责。

(二)网络侵权责任"避风港原则"中的通知规则

1. 避风港原则

避风港原则指在网络用户利用网络服务者提供的网络实施侵权行为时,如果网络服务提供者不知道侵权行为存在,则只有在受害人通知网络服务提供者侵权行为存在,并要求其采取必要措施以后,网络服务提供者才有义务采取必要措施以避免损害的扩大。

2. 避风港原则中的通知规则

(1)权利人的通知权:认为自己权益受到损害的权利人,有权通知网络服务提供者,对网络用户在该网站上发布的信息采取删除、屏蔽、断开链接等必要措施,消除侵权信息及其影响。

(2)通知的主要内容:行使通知权的通知,应当包括构成侵权的初步证据及权利人的真实身份信息,没有这些必要内容的通知无效。

(3)网络服务提供者的义务:网络服务提供者接到权利人的通知后,应当实施两个行为,一是及时将该通知转送相关网络用户,二是对侵权信息根据构成侵权的初步证据和服务类型等实际情况需要,及时采取删除、屏蔽或者断开链接等必要措

施。网络服务提供者履行了上述两项义务的,就进入"避风港",不承担侵权责任。

(4) 网络服务提供者违反义务的责任:网络服务提供者未及时采取必要措施的,构成侵权责任,要对损害的扩大部分与该网络用户承担部分连带责任。

(5) 对错误行使通知权的所谓权利人进行惩罚的措施:因权利人错误行使通知权进行通知,依照该通知采取的必要措施造成了网络用户或者网络服务提供者损害的,错误通知的行为人应当对网络用户和网络服务提供者的损害承担侵权赔偿责任。不过,法律另有规定的,依照其规定。比如,《电子商务法》第四十二条规定了在电子商务知识产权侵权领域,恶意通知须承担惩罚性赔偿责任。

(三)"避风港原则"的反通知规则

1. 反通知规则的概念

所谓反通知规则是指网络服务提供者根据被侵权的通知采取必要措施之后,发布信息的网络用户认为其发布的信息不构成侵权,要求网络服务提供者予以恢复的规则。

2. 反通知规则的主要内容

(1) 网络用户享有反通知权:当权利人行使对网络用户发布的信息采取必要措施的通知权,网络服务提供者将该通知转送网络用户,网络用户接到该通知后,即产生反通知权,可以向网络服务提供者提交自己不存在侵权行为的声明。提交该声明就是行使反通知权的行为。

(2) 反通知的主要内容:提交的反通知声明应当包括不存在侵权行为的初步证据以及网络用户的真实身份信息,不符合这样的要求的反通知声明不发生反通知的效果。

(3) 网络服务提供者对反通知的义务:网络用户行使反通知权发送声明,网络服务提供者在接到该反通知声明后负有的义务,一是应当将该声明转送给发出通知的权利人,二是告知其可以向有关部门投诉或者向人民法院起诉,而不是一接到反通知声明就立即终止所采取的必要措施。

(4) 反通知声明送达后的期限:网络服务提供者在转送反通知的声明到达权利人后的合理期限,为权利人对反通知作出反应的期限。时间的计算采到达主义,在转送的反通知声明到达权利人后,权利人应当在该期限内通知网络服务提供者自己已经投诉或者起诉。

(5) 权利人超出合理期限的后果:权利人在收到反通知的声明合理期限内,未通知网络服务提供者其已经投诉或者起诉通知的,网络服务提供者应当及时对网络用户发布的信息终止所采取的删除、屏蔽或者断开链接的必要措施,保护网络用户即反通知权利人的表达自由。

不论是权利人的通知权还是网络用户的反通知权,其义务主体都是网络服务提供者。网络用户服务提供者负有满足通知权人或者反通知权人权利要求的义务。网络用户和权利人不是对方的义务主体。

(四) 红旗原则的概念与适用要件

1. 红旗原则的概念

红旗原则是指网络用户在网络服务提供者提供的网络上实施侵权行为,侵害他人的民事权益,侵权性质非常明显,网络服务提供者知道或者应当知道而不采取必要措施,即应承担侵权责任的规则。

2. 适用红旗原则的要件

(1) 网络用户在网络服务提供者的网站上实施侵权行为;

(2) 该侵权行为的侵权性质明显,不必证明即可确认;

(3) 网络服务提供者知道或者应当知道网络用户在自己的网站上实施了这种侵权行为;

(4) 网络服务提供者对这样的侵权信息没有采取删除、屏蔽或者断开链接的必要措施。

在第三个要件中,知道就是明知,应当知道一是可以被解释为在没有确定证据证明网络服务提供者确实知道侵权行为时,根据一些明显的事实可以推定其知道的状态;二是可以被用来描述网络服务提供者"不知但是因为过失而不知"的状态。

【案情】 2008年10月17日,著名导演谢某因参加浙江省上虞市春晖中学百年校庆活动入住上虞国际大酒店。当晚6时许,谢某在春晖中学的安排下到酒店自助餐厅用晚餐。用餐后,谢某回客房休息。次日凌晨1时许,谢某心源性猝死。谢某去世后,在宋某开设的新浪、腾讯、搜狐公开博客中出现了《千万别学谢某这样死!》《谢某和刘××在海外有个重度脑瘫的私生子谢××!》《中国电影家协会等四大协会应该给谢老垫棺材底!》《李××的男人原来是个性虐待狂!》《2008年10大疯狗排行榜提前揭晓》五篇博客文章;在刘某开设的搜狐、网易公开博客中出现了《刘某愿出庭作证谢某嫖妓死,不良网站何故黑箱操作撤博文?》《美×确是李××女儿》《宋某十五大预言件件应验!》《宋某22大精准预言!》四篇博客文章。2009年2月23日,谢某遗孀徐某以宋某、刘某无中生有,连续发表博客文章恶意诋毁谢某名誉为由诉至上海市静安区人民法院,请求判令宋某、刘某立即停止侵害并撤销网络上的博客文章,消除影响、赔礼道歉;并判令宋某、刘某共同赔偿徐某直接经济损失10万元及精神损害抚慰金40万元。

【问题】 被告是否构成网络侵权?

【法律规定】《民法典》第一千一百九十四条规定:"网络用户、网络服务提供者利用网络侵害他人民事权益的,应当承担侵权责任。法律另有规定的,依照其规定。"

【法律运用及结果】 一审法院认为,本案是一起侵害死者名誉的案件,但涉案博客文章所说的谢某因嫖妓致死及与他人有私生子均非事实。涉案文章内容均系捏造,属诽谤性文章。文章发表后,引起社会广泛的关注,一些不明真相的人见到博客文章不仅有较为详尽的细节描述,还有保证文章真实性并愿承担法律责任的所谓特别声明,纷纷对涉案文章表示认同,故涉案博客文章刊登后,大大降低了谢某的社会评价,侵害了谢某的名誉。关于本案侵权责任的构成,法院认为:首先,在谢某逝世后不久,宋某、刘某开设的博客中即开始出现涉案文章,宋某、刘某应当对涉案文章内容的来源及真实性负责。宋某、刘某声称其博客曾有过被黑客入侵的事实属实,但不能推论得出涉案九篇文章系他人上传的结论。而且宋某、刘某在涉案文章上传后,未有任何不同于博客内容的意思表示。在相关单位及媒体向宋某表达批评或求证时,宋某不曾否认涉案博客中的内容,故可以认定涉案侵权博客文章系由宋某、刘某分别发表上传于互联网。其次,博客的性质是网络日志,选择以公开为属性的博客则具有了类似于发表文章的实际效果,能使公开的博客日记成为一种宣传工具。涉案博客为公开博客,任何人都能点击进入相关博客查看文章内容,故博客注册使用人对博客文章的真实性负有法律责任,有避免使他人遭受不法侵害的义务。宋某、刘某不仅各自实施了侵权行为,而且对于侵犯谢某的名誉有意思联络,构成共同侵权。最后,关于徐某提出的赔偿请求由两部分组成,一是直接经济损失,二是精神遭受侵害的赔偿。本案是一起网络侵权案件,在徐某起诉后,宋某、刘某迟迟不提出答辩意见,徐某为此继续向各方媒体取证及收集证据印证合法合理,故对为取证导致的合理的直接经济损失赔偿请求予以支持;关于徐某提出的精神损害抚慰金赔偿主张,综合侵权行为的严重性以及本市平均生活水平等因素,赔偿金额酌情以20万元为宜。二审法院认为,博客即网络日志,是互联网服务提供者提供给用户的自主网络空间；博客内容可包括文字、图片、音频、视频等多种形态。用户以博客作为载体，在互联网的自主空间上传文章进行公开表达，与现实生活中通过广播、电视、报刊等载体发表文字进行表达，同样应当遵守国家的法律法规，不得侵犯他人的合法权益。因此，无论开设博客的目的是否具有娱乐性，凡作为设立或掌控博客内容的具有民事行为能力的人，均应当对博客内容承担法律责任。宋某、刘某对涉案博客文章内容的非真实性在一、二审期间均未提出异议，故涉案博客文章为诽谤文章，并且在社会公众当中得到传播，导致谢某名誉权受到贬损，因此宋某、刘某应承担相应的侵权责任。原审法院认定宋某、刘某侵犯谢某的名誉具有意思联络从而构成共同侵权，并无不当。宋某、刘某辩称涉案博客文章并非其本人上传，系他人冒用其名义，对此未能提供相应的证据予以印证，也无法作出令人信服的合理解释。徐某为准备诉讼而收集证据系行使民事诉讼权利的行为，由此支出的费用确为应对侵权行为所致，原审法院将经过审核后确定的合理费用作为侵权行为导致的直接经济损失并无不当。谢某是中国著名电影导演，作为社会知名人士，他的去世无疑为各类媒体所关注。而宋某、刘某在谢某去世后次日公开发表侵权博客文章，不仅捏造事实、虚构情节，而且以各种方式强调文章的真实性，客观上加强了受众对侵权博客文章的信赖度。在此后报刊等媒体的求证过程中继续诋毁谢某名誉，上诉人侵权的主观恶意十分明显。宋某、刘某所实施的侵权行为通过网络以及应答媒体求证时的言论，扰乱视听，导致侵权后果非常严重。徐某作为谢某的遗孀为此承受了巨大的精神痛苦。原审法院根据侵权的过错程度、侵权行为的手段、侵权后果以及上海市平均生活水平等因素确定精神损害抚慰金并无不妥。综上，判决驳回上诉，维持原判。

网络侵权责任中的单独责任，是指网络用户或者网络服务提供者利用网络单独从事侵害他人民事权益的行为时，依法应独自承担的侵权责任，即《民法典》第一千一百九十四条规定的情形。其中，网络用户利用网络单独从事侵权行为的情形众多，如在网络上发表侵害他人名誉权的言论；将涉及他人隐私的视频、音频资料上传到网络上；未经同意将他人享有著作权的电影、歌曲和书籍上传供人下载；利用网络黑客技术窃取他人账户的资金等。本案即为网络用户利用博客这一网络服务平台发表侵害他人名誉权的典型案例。博客作为互联网服务提供者提供给用户的自主网络空间,网络用户可将文字、图片、音频、视频等多种形态的内容发布在博客上,即以博客作为载体,在互联网的自主空间上传文章进行公开表达。诚然,公民享有言论自由,但在行使其言论自由时应当遵守国家的法律法规,不得侵犯他人的合法权益,即遵循禁止权利滥用原则。

(案例改编自上海市静安区人民法院裁判文书,案号:〔2009〕静民一(民)初字第779号;上海市第二中级人民法院裁判文书,案号:〔2010〕沪二中民一(民)终字第190号)

五、违反安全保障义务的侵权责任

违反安全保障义务侵权责任是指经营者、管理者或者组织者对经营场所、公共场所、群众性活动场所未尽安全保障义务,造成他人损害的赔偿责任。

(一)违反安全保障义务侵权责任类型

1. 设施、设备违反安全保障义务

经营场所、公共场所的经营者、管理者或者群众性活动的组织者在设施、设备方面未尽安全保障义务,主要是违反相关的安全标准。

2. 服务管理违反安全保障义务

服务管理违反安全保障义务主要包括:

(1)未加强管理,不能提供安全的消费、活动环境。公共场所的管理人或者群众性活动的组织者在提供服务的时候,应当保障服务的内容和服务的过程是安全的,不能存在不安全的因素和危险,这些要求集中体现在公共场所或者群众性活动的组织、管理和服务上。

(2)在经营和活动中,未能按照确定的服务标准进行,违反服务标准。

(3)未尽必要的提示、说明、劝告、协助义务。在经营或者社会活动中,如果存在不安全因素,可能出现伤害或者意外情况,应当进行警示、说明。对于有违安全的消费者或者参与者进行劝告,必要时还要通知有关行政部门进行必要的强制。

(二)违反安全保障义务侵权责任的基本规则

1. 责任形态为自己责任的违反安全保障义务侵权责任

其责任的构成要件如下:

(1)负有安全保障义务的场所,是宾馆、商场、银行、车站、体育场馆、娱乐场所等经营场所、公共场所或者群众性活动场所。

(2)负有安全保障义务的义务主体,是这些场所的经营者、管理者或者群众性活动的组织者。

(3) 经营者、管理者和组织者的安全保障义务来源，是《消费者权益保护法》第十八条以及其他法律的规定或者当事人的约定。

(4) 经营者、管理者或者组织者未尽到法律规定或者约定的安全保障义务，造成消费者或者活动参与者在内的他人损害，且未尽安全保障义务与他人损害之间有因果关系。具备上述要件，经营者、管理者或者活动组织者须对受到损害的他人承担侵权责任。

2. 防范、制止侵权行为未尽安全保障义务侵权责任

其责任的构成要件如下：

(1) 负有安全保障义务的场所是经营场所、公共场所或者群众性活动场所。

(2) 这些场所的经营者、管理者或者活动的组织者负有防范制止侵权行为侵害消费者和参与者的义务。

(3) 第三人实施侵权行为，致使这些场所的消费者、参与者受到损害。

(4) 经营者、管理者或者组织者未尽防范制止侵权行为的安全保障义务，是造成损害的原因。

3. 防范、制止侵权行为未尽安全保障义务承担责任的规则

(1) 实施侵权行为的第三人是直接责任人，对造成的受害人损害承担侵权责任。

(2) 经营者、管理者或者组织者未尽到防范、制止侵权行为的安全保障义务，使侵权行为得以发生的，就自己的过错和行为对损害发生的原因力，承担与其过错程度和原因力相应的补充责任。

(3) 经营者、管理者或者组织者承担补充责任后，由于第三人才是侵权行为的直接责任人，故可以向第三人追偿。

【案情】 2009年12月14日晚，原告赵某至被告也宁阁酒店住宿。当晚23时许，赵某通过酒店4号通道行至该建筑物靠近中兴路的一楼通道内，因该通道内的电梯井空置（电梯轿厢已被拆除）且未设防护装置，原告酒后步入该空置电梯井而坠至井底受伤。事发后，赵某于次日凌晨4时许报警，民警赶至现场将其送至第二军医大学第二附属医院救治。后多次门诊复查，其间原告共支付医疗费66 394.33元、辅助器具费528元。另查明，被告也宁阁酒店与被告静升公司签订有房屋租赁合同，约定静升公司将位于共和新路452号的房屋出租给也宁阁酒店，并注明一楼靠近中兴路通道（即事发通道）为静升公司使用。租赁合同签订后，也宁阁酒

店经静升公司同意,拆除了位于通道内的电梯轿厢,并将二楼以上电梯井位置改为仓储室,由也宁阁酒店使用。施工过程中,未对空置的电梯井设置相应的防护装置。

【问题】 (1)被告也宁阁酒店是否履行了合理限度的安全保障义务?(2)也宁阁酒店作为承租人在装修过程中拆除电梯轿厢,出租人被告静升公司是否应当承担监督管理之责?(3)原告赵某自身是否对事故的发生存在过错?

【法律规定】 《民法典》第一千一百九十八条:"宾馆、商场、银行、车站、机场、体育场馆、娱乐场所等经营场所、公共场所的经营者、管理者或者群众性活动的组织者,未尽到安全保障义务,造成他人损害的,应当承担侵权责任。因第三人的行为造成他人损害的,由第三人承担侵权责任;经营者、管理者或者组织者未尽到安全保障义务的,承担相应的补充责任。经营者、管理者或者组织者承担补充责任后,可以向第三人追偿。"

【法律运用及结果】 关于问题一,法院认为,从事住宿、餐饮、娱乐等经营活动或者其他社会活动的自然人、法人、其他组织,未尽合理限度内的安全保障义务致使他人遭受人身损害的,赔偿权利人请求其承担相应赔偿责任的,人民法院应予支持。被告也宁阁酒店作为提供住宿服务的企业,应在合理限度内确保入住酒店的消费者的人身安全,避免因管理、服务瑕疵而引发人身伤害。就本案现有证据证实,被告也宁阁酒店未对可能出现的伤害和意外情况作出明显警示,其辩称在通往事发通道的拉门上已张贴警示标志,但根据原、被告双方陈述,该拉门所在位置当晚并无照明设施,即使存在该标志,也完全不足以起到警示作用。对于也宁阁酒店所持事发通道以及电梯并不包含在租赁范围内,故其无须承担责任的辩称,法院认为,事发通道是一个相对封闭的区域,可通过也宁阁酒店内的安全出口进入,事发时该区域内的电梯井因轿厢被拆除而空置,也宁阁酒店明知上述情况且对于事发通道及电梯具有事实上的控制力,却未能做好安全防范工作,其提供服务过程中所存在的安全隐患与原告赵某的受损结果有直接因果关系,应对涉诉事故承担民事赔偿责任,故对也宁阁酒店的相关辩称意见法院不予采纳。关于问题二,法院认为,被告静升公司和被告也宁阁酒店签订了房屋租赁合同,后静升公司同意也宁阁酒店拆除位于靠近中兴路的一楼通道内的电梯轿厢并对二楼以上电梯井部位进行改造、由也宁阁酒店使用,可视为双方对租赁合同内容的变更,但变更内容并未涉及事发通道以及一楼电梯井部位,故静升公司作为权利人仍应当负有管理义务。现也宁阁酒店在诉讼中表示愿意一并承担静升公司的相应责任,原告赵某对此亦表示同意,各方当事人的一致意见于法不悖,法院予以准许。关于问题三,法院认为,受害人对于损害的发生也有过错的,可以减轻侵害人的民事责任。原告赵某作为完全民事行为能力人,也应当对自己的行为尽到合理的注意义务,以确保自身的安全。2009年12月15日《上海市公安局案件接报回执单》上记载:"民警到现场后了解系酒店4号通道一楼消防门外近中兴路转角空铺面的电梯井,未设防护措施,致使一醉酒客人掉落电梯井内。"结合原告自述可以认定,赵某酒后在没有灯光照明的情况下进入事发通道,疏于观察周围环境,步入空置电梯井,未尽到一般的注意义务,其饮酒影响正常判断力也与事故的发生有一定关联,故根据过失相抵原则可适当减轻被告也宁阁酒店的责任。一审法院判决:被告也宁阁酒店应于本判决生效之日起十日内一次性赔偿原告赵某医疗费、住院伙食补助费、营养费、护理费、交通费、误工费、残疾赔偿金、辅助器具费、精神损害抚慰金、诉讼代理费、查档费共计人民币157 000元(已履行人民币40 000元)。一审判决后,双方当事人均未提起上诉,判决已发生法律效力。

(案件改编自案号:〔2010〕闸北一(民)初字第4399号案件)

六、教育机构的责任

(一) 教育机构对无民事行为能力人受到人身损害的过错推定责任

在幼儿园、学校或者其他教育机构学习、生活的无民事行为能力人,在校内发生的损害,适用过错推定责任。即只要能够证明无民事行为能力的学生在校园内受到损害,直接推定校方存在未尽教育、管理职责的过失;实行举证责任倒置,校方可以举证证明自己已尽教育、管理职责,能够证明者,不承担侵权责任;不能证明者,推定成立,校方应当承担侵权赔偿责任。

(二) 教育机构对限制民事行为能力人受到人身损害的过错责任

与无民事行为能力人不同,对限制民事行为能力的学生的校园人身伤害采取过错责任。这是因为与无民事行为能力人相比,限制民事行为能力人的心智已渐趋成熟,对事物已有一定的认知和判断能力,能够在一定程度上辨识和控制自己行为的后果,因此学校等教育机构的注意义务的程度相对于无民事行为能力的学生较轻。受到人身损害的限制民事行为能力学生主张校方承担赔偿责任的,须证明校方未尽教育、管理职责的过失,只有校方构成侵权的一般条件,校方才承担侵权责任。

（三）第三人在教育机构造成人身损害的侵权责任和补充责任

所谓的第三人是指幼儿园、学校或者其他教育机构以外的人员,亦即幼儿园、学校或者其他教育机构的教师及其他工作人员之外的人员。第三人在校园实施的侵权行为,造成了校园的无民事行为能力或者限制民事行为能力的学生人身损害的,第三人承担侵权责任,赔偿受害人的损害;如果校方存在未尽管理职责的过失的,应当承担相应的补充责任,即在自己过失所致损失的范围内,就第三人不能承担的赔偿责任,承担补充性的赔偿损失责任。校方承担了相应的补充责任之后,还可以就其损失向第三人请求追偿,其原因是第三人才是真正的侵权人,对于损害的发生具有全部原因力,校方只是存在不作为的间接原因而已。

第七节 特殊侵权行为

一、特殊侵权行为的概念、特征与归责原则

（一）特殊侵权行为的概念

特殊侵权行为是指针对某些侵权类型,法律对其构成要件及法律效果,予以特别规定的侵权行为,这些规定有别于一般侵权行为的构成要件和法律效果。

（二）特殊侵权行为的特征

1. 特殊侵权不采用一般侵权行为构成要件中的过错要件

特殊侵权行为的构成要件不具有普遍性,每种特殊侵权的要件在法律上有着具体、明确的要求。特殊侵权的这一特征是因为特殊侵权责任中大多数责任的替代性,使得特殊侵权行为一般不以过错作为追究责任的构成要件。

2. 特殊侵权行为通常不是由造成损害的具体行为人承担责任

从特殊侵权行为的法律效果看,特殊侵权行为通常不是由造成损害的具体行为人承担责任,而是由与该损害有关系的人来承担责任,如公务、职务侵权以及因为物件而引起的损害赔偿。这就表现出承担责任的"替代性"。替代性反映的是承担责任的人与致害行为人或致害物件之间存在的某种联系,并不是对受害人发生直接的致害关系,在法律上属于间接的致害关系,如果责任人是以自己的直接行为致人损害就应当以一般侵权标准承担责任。

3. 特殊侵权行为以法律明确的特殊条款作为承担责任的依据

这种特殊表现为该类条款只适用于某项具体的侵权行为而设立的责任条款,

对其他侵权行为不普遍适用。

4. 特殊侵权行为在举证责任上与一般侵权行为存在不同

多数特殊侵权行为适用无过错和推定过错的归责原则，但也有一些特殊侵权行为适用过错责任原则，比如医疗事故侵权。不过，对于一些特殊的侵权行为而言，即使适用过错责任归责，在举证责任分配问题上与一般侵权也不同，适用举证责任倒置，目的是为了加强对受害人的保护和救济。

（三）特殊侵权行为的归责原则

（1）特殊侵权行为的归责原则主要是无过错责任原则，但在某些情况下也适用过错推定责任原则。

（2）适用过错责任的特殊侵权行为一般不采用"谁主张，谁举证"的方法，而采用举证责任倒置的方法，即先推定加害人有过错，然后由加害人承担证明自己没有过错的责任。

（3）在特殊侵权行为案件中有一些是因为受害人的过错引起的，对此，我国法律规定受害人有过错，可以减轻侵害人的民事责任。

（4）特殊侵权行为中适用无过错责任原则的主要是国家赔偿、高度危险作业致人损害、污染环境致人损害、产品责任、地面施工致人损害、饲养动物致人损害等。

二、特殊侵权行为的分类

（一）产品缺陷致人损害的侵权行为

1. 产品缺陷致人损害的侵权行为概念

产品缺陷致人损害的侵权行为是指产品的生产者和销售者，因生产、销售的产品造成他人的人身或财产损害应承担侵权责任的行为。

2. 产品缺陷致人损害的侵权行为构成要件

（1）产品有缺陷。所谓产品，依《产品质量法》第二条规定，是指"经过加工、制作，用于销售的产品"。《产品质量法》第四十六条规定："本法所称缺陷，是指产品存在危及人身、他人财产安全的不合理的危险；产品有保障人体健康，人身、财产安全的国家标准、行业标准的，是指不符合该标准。"通常人们将缺陷分为设计缺陷、制造缺陷和营销缺陷。设计缺陷是指制造者在设计产品时，其产品的结构、配方等方面存在不合理的危险性。制造缺陷是指因产品原材料或配件存在缺陷或者在装配成最终产品的过程中出现某种错误，而导致产品具有不合理的危险性。营销缺陷是指生产者没有提供警示与说明，致使其产品在使用、储运等情形具有不合理的危险。

（2）人身、财产遭受损害的事实。产品缺陷致人损害的事实包括人身伤害、财产损失和精神损害等。

（3）产品缺陷与受害人的损害事实之间存在引起与被引起的因果关系。我国《产品质量法》规定了产品生产者的几种抗辩事由：一是未将产品投入流通，所谓投入流通，是指产品进入流通领域，包括任何形式的出售、出租以及抵押、质押、出典等；二是产品投入流通时，引起损害的缺陷尚不存在；三是将产品投入流通时的科学技术尚不能发现缺陷存在的；四是其他免责事由。比如，被告未从事此产品的生产、销售或其他经营活动；受害人的过错，包括误用、滥用、过度使用、不听警示进行改装、拆卸等。

3. 生产者、销售者的缺陷产品不真正连带责任即追偿权

（1）因产品存在缺陷造成他人损害的，被侵权人可以向产品的生产者请求赔偿，也可以向产品的销售者请求赔偿。这是不真正连带责任的中间责任规则，是无过错责任，被侵权人可以按照自己的意愿选择责任人承担赔偿责任。

（2）最终责任是由造成缺陷的生产者或者销售者承担。通常情况下，缺陷是由生产者造成的，生产者是最终责任人；如果是因销售者的过错使产品存在缺陷，销售者就是最终责任人，应当承担最终侵权责任，且为全部赔偿责任。

（3）通过行使追偿权实现最终责任的归属，即产品缺陷由生产者造成的，销售者赔偿后，有权向生产者追偿，使生产者承担最终责任；因销售者的过错使产品存在缺陷的，生产者赔偿后，有权向销售者追偿，使销售者承担最终责任。

4. 生产者、销售者的第三人追偿权

在典型的产品责任中，承担产品责任的不真正连带责任的主体是生产者和销售者。除此之外，在产品责任中要承担责任的责任主体就是第三人，即在产品责任中，除了生产者、销售者之外其他对产品存在缺陷有过错、造成受害人损害而应当承担侵权责任的责任主体。

产品责任中第三人责任的责任形态叫先付责任，是因为在不真正连带责任中，数个责任主体都是要承担中间责任的，被侵权人作为请求权人可以向任何一方请求承担全部赔偿责任。但是，第三人责任的规则特殊，被侵权人须先向无过错的生产者、销售者要求赔偿，在他们承担了赔偿责任之后，由他们再向第三人追偿。

（二）机动车交通事故责任

机动车发生交通事故造成损害的，依照《道路交通安全法》和《民法典》的有关

规定承担赔偿责任。

1. 租用、借用机动车交通事故责任

因租赁、借用等情形，机动车所有人、管理人与使用人不是同一人时，发生交通事故造成损害，属于该机动车一方责任的，由机动车使用人承担赔偿责任；机动车所有人、管理人对损害的发生有过错的，承担相应的赔偿责任。

2. 买卖机动车未过户交通事故责任

当事人之间已经以买卖或者其他方式转让并交付机动车但是未办理登记，发生交通事故造成损害，属于该机动车一方责任的，由受让人承担赔偿责任。

3. 挂靠机动车交通事故责任

以挂靠形式从事道路运输经营活动的机动车，发生交通事故造成损害，属于该机动车一方责任的，由挂靠人和被挂靠人承担连带责任。

4. 擅自驾驶他人机动车交通事故责任

未经允许驾驶他人机动车，发生交通事故造成损害，属于该机动车一方责任的，由机动车使用人承担赔偿责任；机动车所有人、管理人对损害的发生有过错的，承担相应的赔偿责任，但是《民法典》另有规定的除外。

5. 拼装车、报废车交通事故责任

以买卖或者其他方式转让拼装或者已经达到报废标准的机动车，发生交通事故造成损害的，由转让人和受让人承担连带责任。

6. 盗抢机动车交通事故责任

盗窃、抢劫或者抢夺的机动车发生交通事故造成损害的，由盗窃人、抢劫人或者抢夺人承担赔偿责任。盗窃人、抢劫人或者抢夺人与机动车使用人不是同一人，发生交通事故造成损害，属于该机动车一方责任的，由盗窃人、抢劫人或者抢夺人与机动车使用人承担连带责任。保险人在机动车强制保险责任限额范围内垫付抢救费用的，有权向交通事故责任人追偿。

7. 驾驶人逃逸责任承担规则

机动车驾驶人发生交通事故后逃逸，该机动车参加强制保险的，由保险人在机动车强制保险责任限额范围内予以赔偿；机动车不明、该机动车未参加强制保险或者抢救费用超过机动车强制保险责任限额，需要支付被侵权人人身伤亡的抢救、丧葬等费用的，由道路交通事故社会救助基金垫付。道路交通事故社会救助基金垫付后，其管理机构有权向交通事故责任人追偿。

8. 好意同乘规则

非营运机动车发生交通事故造成无偿搭乘人损害，属于该机动车一方责任的，应当减轻其赔偿责任,但是机动车使用人有故意或者重大过失的除外。

9. 交通事故侵权救济来源的支付顺序

机动车发生交通事故造成损害,属于该机动车一方责任的,先由承保机动车强制保险的保险人在强制保险责任限额范围内予以赔偿;不足部分,由承保机动车商业保险的保险人按照保险合同的约定予以赔偿;仍然不足或者没有投保机动车商业保险的,由侵权人赔偿。

(三) 医疗损害责任

1. 医疗损害的过错责任与替代责任

医疗机构或者其医务人员只有在诊疗活动中有过错的,才对在该医疗机构就医的患者所受损害承担赔偿责任。但是因药品、消毒产品、医疗器械的缺陷,或者输入不合格的血液造成患者损害的,可以适用无过错责任原则,即患者可以向药品上市许可持有人、生产者、血液提供机构请求赔偿,也可以向医疗机构请求赔偿。患者向医疗机构请求赔偿的,医疗机构赔偿后,有权向负有责任的药品上市许可持有人、生产者、血液提供机构追偿。

2. 医疗机构过错推定的情形

《民法典》第一千二百二十二条规定:"患者在诊疗活动中受到损害,有下列情形之一的,推定医疗机构有过错:(一)违反法律、行政法规、规章以及其他有关诊疗规范的规定;(二)隐匿或者拒绝提供与纠纷有关的病历资料;(三)遗失、伪造、篡改或者违法销毁病历资料。"医疗技术损害责任适用过错责任原则,原告负有举证责任。根据《民法典》规定,在以下三种情形下,直接推定医务人员有医疗技术过失,原告不必举证证明:

(1) 违反法律、行政法规、规章以及其他有关诊疗规范的规定。就是受害患者一方如果能够证明医务人员在客观上违反了应当遵循的法律、行政法规、规章以及其他有关诊疗规范的规定,就推定医务人员有医疗技术过失,应当承担医疗技术损害责任。

(2) 隐匿或者拒绝提供与纠纷有关的病历资料。这是医疗机构及其医务人员在发生医疗损害之后,当需要有关病历资料证明医务人员是否存在医疗技术过失时,却采取不作为的方式,拒绝提供与纠纷有关的病历资料的,直接推定医务人员有过失,不必再举证证明。

(3) 遗失、伪造、篡改或者违法销毁病历资料。在医疗损害责任纠纷发生后,只要医疗机构及其医务人员遗失、伪造、篡改或者违法销毁病历资料,无论是故意还是过失(遗失是过失,伪造、篡改和违法销毁是故意),都使医疗损害责任纠纷的责任确定失去客观的书证，对此，应当向造成灭失证据的一方不利的方向推定，直接推定医务人员有过失，承担侵权责任。

3. 医疗损害免责事由

（1）患者或者其近亲属不配合医疗机构进行符合诊疗规范的诊疗。医疗机构及其医务人员对患者进行符合诊疗规范的诊疗活动，患者及其近亲属却采取不配合的方式进行妨碍、干扰、拒绝等，使医务人员无法进行正常的诊疗活动，因此造成的损害，医疗机构不承担赔偿责任。

（2）医务人员在抢救生命垂危的患者等紧急情况下已经尽到合理诊疗义务。医务人员为了救助患者、挽救生命而采取紧急救助措施，只要医务人员已经尽到合理诊疗义务，对于损害的发生就不承担赔偿责任。

（3）限于当时的医疗水平难以诊疗。在发生医疗损害时，由于当时的医疗水平难以诊断或者难以治愈，因而发生损害后果，也不构成医疗损害责任，医疗机构不承担赔偿责任。

如果患者及其家属不配合治疗是构成医疗损害后果的原因之一，医护人员也有医疗过失，则构成与有过失，应当根据过失相抵的规则，减轻医疗机构的赔偿责任。具体方法是根据双方的过错程度和原因力程度，确定医疗机构一方的赔偿责任。

（四）环境污染和生态破坏责任

1. 环境污染和生态破坏责任的概念

污染环境、破坏生态致人损害的侵权行为是指污染环境造成他人财产或人身损害而应承担民事责任的行为。

2. 环境污染和生态破坏责任的构成要件

（1）违反国家保护环境防止污染的规定。在实践中，污染环境的行为通常表现为排放废水、废气、废渣（所谓"三废"）、粉尘、恶臭气体、放射性物质以及噪声、振动、电磁波辐射等对环境造成污染和危害。

（2）造成他人损害。损害是指受害人因接触或暴露于被污染的环境，而受到的人身伤害、死亡以及财产损失等后果。

3. 承担无过错责任

因第三人的过错污染环境、破坏生态的，被侵权人可以向侵权人请求赔偿，也可以向第三人请求赔偿。侵权人赔偿后，有权向第三人追偿。违反国家规定造成生态环境损害，生态环境能够修复的，国家规定的机关或者法律规定的组织有权请求侵权人在合理期限内承担修复责任。侵权人在期限内未修复的，国家规定的机关或者法律规定的组织可以自行或者委托他人进行修复,所需费用由侵权人负担。

(五)高度危险责任

1. 高度危险责任的概念

高度危险作业致人损害的侵权行为是指因从事对周围的环境具有高度危险的作业造成他人损害所应承担的民事责任的行为。

2. 高度危险责任的构成要件

(1)行为人必须是从事对周围环境有高度危险的作业。《民法典》列举了从事民用核设施、民用航空器、高度危险物(易燃、易爆、剧毒、高放射性、强腐蚀性、高致病性等)、高度危险活动(高空、高压、地下挖掘活动、使用高速轨道运输)、遗失、抛弃高度危险物、非法占有高度危险物六种高度危险作业。所谓周围环境是指危险作业人和作业物以外的,处于该危险作业及其所发生事故可能危及范围内的一切人和财产。如铁路、高速公路两旁沿线的居民及其财产,机场周围的居民及其财产,高压输电线路沿线的居民及其财产,飞机坠落地点一定范围内的居民及其财产等。

(2)这种危险作业必须有损害后果,并且损害后果与高度危险作业活动有因果关系。此类侵权行为的损害后果既包括人身损害也包括财产损害。最高人民法院的司法解释还将"严重威胁他人人身、财产安全"作为可以提起"消除危险"的诉因。在我国承担高度危险作业致人损害民事责任的责任人,应当为该作业的所有者或者经营者,在所有者与经营者为同一主体的情形(如集体所有或私人所有并直接经营的汽车运输作业),责任人为所有者。

对高度危险作业致人损害的侵权行为适用无过错责任原则。

(六)饲养的动物致人损害的侵权行为

1. 饲养动物损害责任的概念

饲养动物致人损害的侵权行为指因饲养的动物造成他人人身或财产损害而依法由动物饲养人或管理人承担损害赔偿责任的行为。

2. 饲养动物损害责任的归责原则与构成要件

(1)饲养动物损害责任的归责原则实行二元化。原则上适用无过错责任原则,例外适用过错推定原则。即除《民法典》第一千二百四十八条规定的动物园饲养的动物损害责任适用过错推定原则外,其他情形都适用无过错责任原则。

(2)饲养动物损害责任的构成要件:一是动物加害行为。动物加害行为顾名思义为动物施加于他人损害的行为。动物加害仍然是行为,其性质是动物饲养人或者管理人的间接行为,而不是直接的加害行为。二是被侵权人受到了人身损害或者财产损害。三是造成被侵权人人身损害或者财产损害的原因是该民事主体饲养的动物，两者之间有因果关系。在动物损害责任中的因果关系，是被侵权人的损害与动物的加害行为之间的引起与被引起的客观关系，只有被侵权人的损害与动物加害行为之间存在因果关系，动物损害责任才能成立，否则不构成动物损害责任。四是动物为饲养人或者管理人所饲养或者管理。

3. 动物损害责任的减责、免责事由

（1）受害人的故意。受害人故意系指受害人由于自己的故意导致损害。如果受害人故意是造成损害的全部原因，动物饲养人或者管理人毫无过失，受害人故意就是免除责任的事由。如果受害人故意是造成损害的主要原因，动物饲养人或者管理人在管束动物中也有一定的疏忽，尚未善尽管束职责，则应当属于减轻责任的事由，实行过失相抵。

（2）被侵权人的重大过失是造成损害的主要原因，动物饲养人或者管理人在管束动物中也有一定的疏忽，尚未善尽管束职责，则应当属于减轻责任的事由，实行过失相抵。

（七）建筑物和物件损害责任

1. 不动产倒塌、塌陷损害责任

不动产倒塌、塌陷损害责任分为两种类型：

（1）不动产建设缺陷损害责任：一是该损害责任适用过错推定原则，建筑物、构筑物或者其他设施倒塌、塌陷造成他人损害的，推定该建筑物、构筑物或者其他设施存在建设缺陷，由建设单位与施工单位对被侵权人的损害承担连带责任。二是建设单位与施工单位能够证明自己的建筑物、构筑物或者其他设施不存在质量缺陷，建设单位与施工单位就不承担赔偿责任。三是建设单位与施工单位不能证明自己的建筑物、构筑物或者其他设施不存在建设缺陷，但是能够证明建设缺陷是由其他责任人所致，如勘察单位、设计单位、监理单位或者建筑材料供应单位造成的建设缺陷，则建设单位、施工单位在赔偿后，有权向其他责任人追偿。

（2）不动产管理缺陷损害责任：建筑物、构筑物或者其他设施的倒塌、塌陷，不是因建设缺陷所致，而是因所有人、管理人、使用人或者第三人存在管理缺陷所致，在建筑物、构筑物或者其他设施倒塌、塌陷时造成他人人身损害或者财产损害的，不是由建设单位与施工单位承担赔偿责任，而是由建筑物、构筑物或者其他设施的所有人、管理人、使用人或者第三人承担侵权责任。

确定赔偿责任主体的方法是，证明是谁造成的管理缺陷致使建筑物等倒塌、塌陷，就向谁请求承担赔偿责任，而不适用不真正连带责任规则分担损失赔偿责任。

【案情】 蒋某因公出差到某市一家旅馆住宿,夜晚在房间休息时,天花板上的吊灯突然脱落,正好砸到蒋某身上,致使蒋某身上多处受伤,为此,蒋某花去医疗费2 093元。蒋某要求旅馆赔偿损失,但旅馆老板不同意,理由是吊灯属于某装修队安装的,旅馆本身没有过错。蒋某又只得去找某装修队,但该装修队认为,吊灯脱落是由于吊灯经多年使用螺丝磨损严重造成的,装修队不承担责任。两家相互推诿,蒋某于是诉诸法院。

【问题】 本案适用什么归责原则?有何法律依据?装修队与旅馆谁该承担责任?

【法律规定】 《民法典》第一千二百五十三条:"建筑物、构筑物或者其他设施及其搁置物、悬挂物发生脱落、坠落造成他人损害,所有人、管理人或者使用人不能证明自己没有过错的,应当承担侵权责任。所有人、管理人或者使用人赔偿后,有其他责任人的,有权向其他责任人追偿。"

【法律运用及结果】 根据《民法典》第一千二百五十三条规定,本案中的归责原则应是过错推定责任原则。旅馆作为吊灯的所有人和管理人,对于吊灯脱落致人损害应当依法承担民事赔偿责任。如果能够证明这一损害结果是由装修队造成的,举证责任在于旅馆方。即使在这种情况下,也应由旅馆首先负责赔偿,然后再向真正过错方——装修队追偿。如果旅馆不能证明自己无过错,则推定其有过错,并承担蒋某的损失赔偿责任。

(案例改编自特殊侵权行为,http://wenku.baidu.com/view/8720d11d59eef8c75fbfb340.html)

2. 不动产及其搁置物、悬挂物脱落、坠落损害责任

不动产及其搁置物、悬挂物脱落、坠落损害责任,是建筑物、构筑物或者其他设施及其搁置物、悬挂物因设置或保管不善而脱落、坠落等,造成他人人身或财产损害,不动产或者物件的所有人或管理人应当承担损害赔偿责任的物件损害责任。

3. 高空抛物坠物责任

(1) 禁止从建筑物中抛掷物品这是一个禁止性规定,是对建筑物抛掷物、坠落物损害责任的基础性规定。在建筑物中抛掷物品,是非常危险的危害公共安全的行为。很多建筑物的居民习惯于向窗外抛掷物品,是非常不道德、违反公序良俗的,这些行为必须严格禁止。

(2) 从建筑物中抛掷物品或者坠落物品造成损害由侵权人承担责任。任何人

从建筑物中抛掷物品,或者建筑物坠落物品,造成他人损害,都由侵权人承担责任,侵权人就是抛掷物品的行为人,或者坠落物品的建筑物的所有人、管理人或者使用人。他们的作为或者不作为造成他人损害,当然要由他们自己承担侵权责任。

(3) 经调查难以确定具体侵权人,由可能加害的建筑物使用人给予补偿。建筑物抛掷、坠落的物品致人损害侵权人不明补偿责任的构成要件:一是行为人在建筑物中抛掷物品,或者建筑物有坠落物品;二是抛掷的物品或者坠落的物品造成他人损害,主要是人身损害;三是对实施抛掷行为的人或者坠落物品的所有人不明,不能确定真正的加害人;四是在特定建筑物的使用人中,有的不能证明自己不是侵权人。具备上述四个要件,该建筑物的使用人是可能加害的建筑物使用人。责任承担的方式,是由可能加害的建筑物使用人对受害人的损失给予补偿,而不是承担连带责任。补偿的责任范围,应当依照每一个人的经济状况适当确定。能够证明自己不是加害人,即没有实施建筑物抛掷物品行为,也不是建筑物坠落物品的权利人的,不承担补偿责任。

(4) 可能加害的建筑物使用人补偿后有权向侵权人追偿,由可能加害的建筑物使用人承担补偿责任,其中必定有无辜者,即没有加害的建筑物使用人。为公平起见,可能加害的建筑物使用人承担了补偿责任后,查到了侵权人,当然对其享有追偿权,可以向其进行追偿。

(5) 建筑物管理人未采取安全保障必要措施依法承担责任。建筑物管理人,是建筑物的管理者,即物业管理企业或者物业管理人,他们对建筑物的安全负有安全保障义务。因此,《民法典》规定,建筑物管理人应当采取必要的安全保障措施,防止高空抛掷物品或者坠落物品造成损害的发生。未尽此安全保障义务,造成损害的,应当依照《民法典》第一千一百九十八条规定,承担违反安全保障义务的损害责任。

(6) 公安等机关应当依法及时查清责任人。在加害人不明的高空抛物损害责任中,出现高空抛物损害案件,公安机关应当及时立案侦查,查清责任人,依法处置。

【案情】 管某的车辆停放在青阳新村5栋住宅楼北面3单元楼下。2016年7月9日7时40分左右,管某的亲戚沈某发现管某的车辆在停放期间被高空掉下的花盆砸坏。报警后,公安机关出警,但无法查明侵权人。管某为维修该车辆实际支出9 550元。管某系居住于青阳新村的住户。朱某、刘某、董某、徐某均系青阳新村业主。本案事发时董某的房屋实际租赁给他人使用,徐某房屋的北面窗户安装防盗窗。管某遂向一审法院起诉请求:判令朱某、刘某、董某、徐某对其花费的车辆维修费9 550元予以全额补偿。

【问题】 高空抛掷物、坠落物致人损害而加害人不明,该由谁承担侵权责任?

【法律规定】 《民法典》第一千二百五十四条规定:"禁止从建筑物中抛掷物品。从建筑物中抛掷物品或者从建筑物上坠落的物品造成他人损害的,由侵权人依法承担侵权责任;经调查难以确定具体侵权人的,除能够证明自己不是侵权人的外,由可能加害的建筑物使用人给予补偿。可能加害的建筑物使用人补偿后,有权向侵权人追偿。物业服务企业等建筑物管理人应当采取必要的安全保障措施防止前款规定情形的发生;未采取必要的安全保障措施的,应当依法承担未履行安全保障义务的侵权责任。发生本条第一款规定的情形的,公安等机关应当依法及时调查,查清责任人。"

【法律运用及结果】 本案是一起典型的高空抛掷物、坠落物致人损害而加害人不明的案件。抛掷物、坠落物致人损害,应当由侵权人承担侵权责任,自不待言。当无法查清加害人时,根据《民法典》第一千二百五十四条第三款的规定,"公安等机关应当依法及时调查,查清责任人"。也就是说,公安等机关负有法定的查清加害人的义务。经过有关机关的调查,仍然难以确定具体侵权人,根据《民法典》第一千二百五十四条第一款第二句的规定:"除能够证明自己不是侵权人的外,由可能加害的建筑物使用人补偿。"本案中,公安机关出警后,仍然无法查明花盆来源于哪家业主。徐某与董某纷纷提供了充足的证据证明自己不是侵权人。朱某提供的房屋租赁合同以及刘某的陈述,均不能排除其实施侵害行为的可能性。故应由刘某、朱某来补偿原告管某的损失。刘某、朱某承担补偿责任后,根据《民法典》第一千二百五十四条第一款第三句的规定,有权向真正的加害人追偿。尚需提及的是,尽管可能的加害人承担补偿责任可以填补受害人的损失,但是此类案件的核心依旧在于查明真正的加害人。这就要求真正的加害人主动承认,不主动承认加害行为,有关机关应当恪尽职守,积极查清责任人,避免无辜的业主遭受金钱损失。故法院一审、二审判决:本案中管某车辆受损,虽经公安机关调查,但无法确定具体侵权人,故应由可能实施侵权行为的业主对其所受损害予以补偿。徐某房屋安装了防盗窗,花盆不可能从其窗户坠落,故徐某可不承担侵权责任。董某房屋已出租,本人不在楼上居住,不可能实施侵害行为,可不承担侵权责任。因管某不主张董某房屋的承租人承担责任,该户应分担的补偿份额由管某自行承担。朱某提供的房屋租赁合同不能排除其实施侵害行为的可能性。刘某未提供证据。故朱某、刘某应对管某的损失承担补偿责任。本案管某车辆紧靠居民住宅楼随意停放,影响业主正常通行,发生车辆损害事件,自身存在一定过错。结合本案具体情况,综合确定管某对其自身过错承担40%的责任,由可能实施侵权行为的住户承担60%的责任。管某车辆维修共花费9 550元,除管某应自担董某相应补偿份额外,朱某、刘某应按户补偿管某车辆损失1 910元。

(案例改编自安徽省合肥市中级人民法院裁判文书,案号:〔2017〕皖01民终4324号)

4. 堆放物致害的过错推定责任

堆放物致害责任是指由于堆放物滚落、滑落或者倒塌,致使他人人身或者财产权益受到损害,由所有人或者管理人承担赔偿责任的物件损害责任。堆放物损害责任的归责原则,适用过错推定原则。

堆放物损害责任的构成要件:一是须有堆放物的致害事实,如堆放物倒塌、滚落、滑落。二是须有受害人受到损害的事实,即受害人遭受人身伤害或者财产损失。三是堆放物滚落、滑落或者倒塌与受害人损害事实之间具有因果关系。堆放物滚落、滑落或者堆放物倒塌,直接造成受害人的人身伤害,为有因果关系;滚落、滑落或者倒塌等物理力并未直接作用于他人的人身,而是引发其他现象,致他人的人身受损害,亦为有因果关系。四是须堆放物的所有人或管理人有过错,如堆放或管理不当,使用方法不当,均为过失方式。

5. 障碍通行物损害责任

障碍通行物损害责任是指在公共道路上堆放、倾倒、遗撒妨碍通行的障碍物,造成他人损害的,行为人承担过错责任,公共道路管理人承担过错推定责任的侵权赔偿责任。

障碍通行物损害责任的特征:一是造成损害的物件是在公共道路上堆放、倾倒、遗撒的障碍物,该障碍物妨碍通行。二是造成的损害,可以是人身损害,也可以是财产损害。三是承担责任的人是行为人、公共道路管理人。四是承担的侵权责任方式主要是损害赔偿,也包括停止侵害、排除妨碍等侵权责任。

6.林木致害的过错推定责任

林木损害责任是指林木折断、倾倒或者果实坠落等造成他人人身损害、财产损害的,由林木所有人或者管理人承担损害赔偿责任的物件损害责任。

林木损害责任的归责原则是过错推定原则。被侵权人请求赔偿无须举证证明林木所有人或者管理人对造成他人损害有过错,从损害事实中推定林木所有人或者管理人在主观上有过错。所有人或者管理人主张自己无过错者,应当举证证明。不能证明或者证明不足,则推定成立,即应承担损害赔偿责任;确能证明者,免除其损害赔偿责任。

林木损害责任的构成要件:一是须有林木的致害行为。二是须有被侵权人的人身或者财产的损害事实。林木折断、林木倾倒、果实坠落造成被侵权人的人身损害或者财产损害,即构成此要件。林木折断、林木倾倒、果实坠落造成的人身伤害,包括致人轻伤、重伤致残和死亡,其侵害的是生命权、健康权、身体权。造成财产的损失,包括已经造成的一切财产损失。三是损害事实须与林木致害行为之间有因果关系。四是须林木的所有人或管理人有主观过错,一般是指管理不当或欠缺,均以过失方式表现出来。

7.地下工作物损害责任

地下工作物损害责任是指在公共场所或者道路上挖坑、修缮安装地下设施等形成的地下物或者窨井等地下工作物,施工人或者管理人没有设置明显标志和采取安全措施,或者没有尽到管理职责,造成他人人身或者财产损害,施工人或者管理人应当承担赔偿损失责任的物件损害责任。地下工作物损害责任适用过错推定原则。

地下工作物损害责任构成要件:一是致害物件为地下工作物。地下工作物可以是有体物,也可以是无体物,都是在地下形成的空间。包括在自己院子内挖坑、在农田中挖井等。二是须对"设置明显标志和采取安全措施"或者"管理职责"作为义务不履行。三是地下工作物造成了他人的损害。地下工作物造成的损害,主要是被侵权人的人身损害,但也存在造成被侵权人财产权损害的可能。如被侵权人掉进正在施工的坑中,造成人身伤害,是人身损害的事实;马路上的窨井井盖缺损,被侵权人驾驶汽车经过,使汽车陷在窨井内造成汽车损害,是财产损害的事实。四是地下工作物损害责任的赔偿责任主体是地下工作物的施工人或者管理人,其施工中具有过失,就应当对地下工作物因施工人自己的过失所造成的损害,承担赔偿责任。五是过错要件实行特定。在主观过错的要件上,实行推定,只要未设置明显标志、未采取安全措施,就直接推定有过错,不必由原告证明被告的过错。被告主张自己没有过错的,应当证明自己设置了明显标志、采取了安全措施。如果是管理人承担责任,则由被告证明自己已尽管理职责,否则为有过错。

【案情】 某市政管理处承担该市龙源街东段排水施工工程,已挖好东西走向长20米、宽1米、深3米的排水沟。某日下午,被告市政管理处在排水沟的西端设置了红色标志灯和栏杆路障,在排水沟的东端设置了南北排列的各长2米、直径70厘米的水泥管四根为路障,但南侧水泥管与排水沟施工土堆之间有约1.5米的空隙。天黑后,原告陈某骑自行车回家,由东向西经过龙源街东段排水施工工程处,骑行进入了工程东端路障南侧水泥管与施工土堆之间的空隙处,连人带车掉入排水沟内,后被行人救出送往医院,致原告骨盆双侧耻骨下肢骨折,为七级伤残。

【问题】 施工单位是否设置明显标志和采取安全措施?

【法律规定】《民法典》第一千二百五十八条规定:"在公共场所或者道路上挖掘、修缮安装地下设施等造成他人损害,施工人不能证明已经设置明显标志和采取安全措施的,应当承担侵权责任。窨井等地下设施造成他人损害,管理人不能证明尽到管理职责的,应当承担侵权责任。"

【法律运用及结果】 人民法院判决被告赔偿原告医疗费等经济损失。按照《民法典》规定,只要施工人不能证明在施工现场设置了符合要求的明显标志和采取了符合要求的安全措施,在造成他人损害时,就推定其有过错,并应承担民事责任。没有设置明显标志和采取安全措施,不能仅理解为没有作为,还包括虽有作为但没有达到必要程度,即虽设置了标志,但标志不足以引起他人注意,或虽采取了一定的防护措施,但该措施不足以起到正常安全防护的作用。本案就属于这种情况。被告在施工现场西端设置了红色标志灯和栏杆路障,是符合法律要求的。但在施工现场东端所采取的防护措施明显不符合法律要求:一是没有设置红色标志灯,以在各种情况下提醒路人注意;二是虽采取了一定的安全防护措施,但该措施有明显漏洞,不足以在正常情况下起到防护作用。因此施工单位存在过错,应当承担致原告损害的全部赔偿责任。

(案例改编自《中华人民共和国民法典释义与案例评注·侵权责任编》)

三、一般侵权与特殊侵权的区别

（一）构成要件不同

特殊侵权行为不要求行为人对其造成的损害后果具有过错；而一般侵权行为以行为人有过错为成立要件。

（二）抗辩理由不同

一些在一般侵权行为中适用的抗辩理由，如正当防卫、紧急避险等，不能成为特殊侵权的抗辩理由。

（三）承担责任的方式不同

特殊侵权民事责任的承担方式主要为赔偿损失；而一般侵权民事责任的承担方式除赔偿损失外，还有如返还财产、排除妨碍、停止侵害等。

（四）适用的范围不同

为了防止特殊侵权行为民事责任被滥用，特殊侵权只被限制在法律有明文规定的范围内，而一般侵权行为的范围则没有该限制。

【本章思考题】

一、案例思考题

1. 案情：2003年9月10日，王某邀了几个朋友去附近的一鱼塘钓鱼。由于该鱼塘上空架设了1万伏的高压电线，在钓鱼过程中，王某手持的鱼竿与高压线相触，导致王某当场被电击死亡。事后，由于双方就赔偿问题达不成一致意见，王某的家属便将鱼塘的所有人某村村民委员会、承包人张某及高压输电设施的产权人某供电公司告上法庭，要求他们共同赔偿李先生的医疗费、丧葬费、死亡补偿费、未成年子女的生活费等共计10余万元。而供电公司认为，供电公司在供电协议中已经告知村民委员会不得在高压线下挖鱼塘，其已尽了提醒义务，而且该鱼塘上方的高压线距离地面的高度符合法定标准，故供电公司对事故的发生不具有过错，不应承担赔偿责任。

问题：（1）村委会应否承担王某死亡的赔偿责任？为什么？

（2）承包人张某应否承担王某死亡的赔偿责任？为什么？

（3）供电公司应否承担王某死亡的赔偿责任？为什么？

(4) 如果你是法官,如何处理本案?

2. 案情:北京江民公司是闻名全国的以开发和销售 KV 系列杀毒软件的软件技术公司,外界长期对其生产的软件存在盗版现象。设在美国境内称为"中国毒岛"的一个网站,公开发布对 KV300 的解密软件,只要进入该网站,即可无偿下载该解密软件。江民公司针对"中国毒岛"发布的解密软件,在其生产的 KV300L++版杀病毒软件中,设置了一个主动逻辑锁。其结果是:只要使用"中国毒岛"解密软件解密所购买的 KV300L++版盗版软件,即可造成用户计算机死机,一般用户只能对其硬盘进行格式化,造成数据部分丢失,用户损失严重。某用户起诉江民公司,认为江民公司违反了《中国计算机信息系统安全保护条例》中规定的"任何单位不能生产对他人计算机功能有破坏的程序"的规定,已构成侵权行为,要求其承担侵权行为赔偿责任。江民公司称,本公司在所生产的 KV300L++版杀病毒软件中设置的主动逻辑锁只是暂时锁住机器,告诉使用解密工具的盗版用户,此属盗版行为。机器锁住后,用户可以给江民公司打"自首"电话,公司可告知如何开锁,不会对用户数据造成损害。公司的行为是为了反击盗版行为,属是正当防卫。

问题:(1) 江民公司的行为是否构成侵权行为? 说明理由。
(2) 江民公司的行为是否为正当防卫? 说明理由。
(3) 此案应如何处理?

3. 案情:2001 年 2 月,原告福建省邵武市种子公司与被告李继明签订房屋租赁合同,约定原告将其坐落在邵武市和平镇的和平种子仓库出租给被告使用,用途为仓储,租期一年(2001 年 3 月 1 日至 2002 年 3 月 1 日)。合同签订后原告按约将仓库交付被告使用。2001 年 12 月 13 日,和平种子仓库发生一场大火,仓库的屋顶、门、窗户等被烧毁。事故发生后,有关部门未对火灾事故的原因及责任作出认定。原告多次找被告协商,要求被告恢复被损毁部分的原状或赔偿损失,均遭被告拒绝。为此,原告以被告未履行合同之义务,损毁租赁物,向法院提起诉讼,请求判令被告赔偿原告损失 73 500 元。被告认为,本案原告主张被告赔偿损失,属损害赔偿之诉,原告必须举证证实被告有过错行为,且其过错行为与损害结果之间有因果关系,原告不能提供消防部门作出火灾事故的原因和责任认定书,就不能证实被告有过错,且过错行为与损害后果之间有因果关系,原告应承担举证不能的败诉后果。

问题:此案应如何处理?

二、简答思考题

1. 简述侵权行为归责原则体系。

2. 简述一般侵权行为的构成要件。
3. 简述共同危险行为的构成要件。
4. 简述污染环境致人损害的侵权行为的构成要件。

参 考 文 献

1. 王利明.物权法论(修订二版)[M].中国政法大学出版社,2008.
2. 王利明.物权法研究(上、下)[M].中国人民大学出版社,2007.
3. 梁慧星,陈华彬.物权法[M].法律出版社,2010.
4. 梁慧星.中国物权法研究(上、下)[M].法律出版社,1998.
5. 陈华彬.物权法原理[M].国家行政学院出版社,1998.
6. 钱明星.物权法原理[M].北京大学出版社,1994.
7. 孙宪忠.物权法[M].社会科学文献出版社,2005.
8. 高富平.物权法原论:中国物权立法基本问题研究(上、中、下卷)[M].中国法制出版社,2001.
9. 史尚宽.物权法论[M].中国政法大学出版社,2000.
10. 王泽鉴.民法物权(1—3)[M].中国政法大学出版社,2001.
11. 尹田.法国物权法(第二版)[M].法律出版社,2009.
12. 王轶.物权变动论[M].中国人民大学出版社,2001.
13. 王家福.中国民法学·民法债权[M].法律出版社,1991.
14. 张广兴.债法总论[M].法律出版社,2004.
15. 王泽鉴.债法原理[M].中国政法大学出版社,2001.
16. 史尚宽.债法总论[M].中国政法大学出版社,2000.
17. 史尚宽.债法各论[M].中国政法大学出版社,2000.
18. 林诚二.民法理论与问题研究[M].中国政法大学出版社,2000.
19. 崔建远.合同法(修订本)[M].法律出版社,2010.
20. 王利明,崔建远.合同法新论·总则(修订版)[M].中国政法大学出版社,2000.
21. 王利明.民商法研究[M].法律出版社,2001.
22. 江平,李显冬.中华人民共和国侵权责任法条文释义与典型案例详解[M].

法律出版社,2010.

23. 江平.中华人民共和国合同法精解[M].中国政法大学出版社,1999.

24. 李开国,张玉敏.中国民法学[M].法律出版社,2002.

25. 刘素萍.继承法[M].中国人民大学出版社,1988.

26. 郭明瑞,房绍坤.继承法(第二版)[M].法律出版社,2004.

27. 史尚宽.继承法论[M].中国政法大学出版社,2000.

28. 江平.民法学[M].中国政法大学出版社,2000.

29. 杨立新.人身权法论[M].人民法院出版社,2002.

30. 王利明.人格权法新论[M].吉林人民出版社,2005.

31. 王利明.人格权法研究[M].中国人民大学出版社,2005.

32. 王利明,杨立新.人格权与新闻侵权[M].中国方正出版社,2010.

33. 杨大文.亲属法(第四版)[M].法律出版社,2004.

34. 张新宝.名誉权的法律保护[M].中国政法大学出版社,1997.

35. 张新宝.隐私权的法律保护(第二版)[M].群众出版社,2004.

36. 杨立新.《民法典释义与案例评注》[M].中国法制出版社,2020.

37. 最高人民法院民法典观测实施工作领导小组.《中华人民共和国民法典总则编理解与适用》[M].人民法院出版社,2020.

38. 最高人民法院民法典观测实施工作领导小组.《中华人民共和国民法典物权编理解与适用》[M].人民法院出版社,2020.

39. 最高人民法院民法典观测实施工作领导小组.《中华人民共和国民法典人格权编理解与适用》[M].人民法院出版社,2020.

40. 最高人民法院民法典观测实施工作领导小组.《中华人民共和国民法典婚姻家庭编理解与适用》[M].人民法院出版社,2020.

41. 最高人民法院民法典观测实施工作领导小组.《中华人民共和国民法典继承编理解与适用》[M].人民法院出版社,2020.

42. 最高人民法院民法典观测实施工作领导小组.《中华人民共和国民法典侵权编理解与适用》[M].人民法院出版社,2020.